ANTOLOGIA

DE LA

POESIA MEXICANA MODERNA

ANTOLOGIA
DE LA
POESIA MEXICANA MODERNA

Selección, introducción,
comentarios y notas de
ANDREW P. DEBICKI

TAMESIS BOOKS LIMITED
LONDON

Colección Támesis

SERIE B - TEXTOS, XX

ISBN: 0-7293-0028-5

Depósito Legal: M. 42044.—1976

Printed in Spain by Talleres Gráficos de Selecciones Gráficas (Ediciones)
Paseo de la Dirección, 52 - Madrid-29

for
TAMESIS BOOKS LIMITED
LONDON

PROLOGO

La falta de asequibilidad de la poesía mexicana moderna en España me ha impulsado a preparar esta antología, y también ha determinado algunos de sus rasgos. Decidí incluir un número suficiente de poemas de cada autor para dar alguna idea de los rasgos principales de su obra; para hacerlo he tenido que limitar la cantidad de poetas incluidos. He dejado fuera algunos poemas excelentes escritos por poetas de menor importancia. La extensión de la introducción y de algunos de los comentarios acerca de los poetas se debe al deseo de ayudar al lector que se está iniciando en el estudio de la poesía mexicana de este siglo.

A pesar de la dificultad de valorar poesía reciente, he decidido incluir obras de poetas jóvenes, en vista del talento y de la fecundidad aparentes en la poesía mexicana de hoy en día. Antes de la selección de cada poeta he nombrado sus libros poéticos (omitiendo poesía en revistas y pliegos sueltos), y ofrecido una breve bibliografía. Sobre algunos de los poetas incluidos se ha escrito una abundante crítica de la cual sólo pude mencionar una pequeña parte. Algunos poetas recientes, en cambio, apenas han sido reseñados.

En la selección he seguido un criterio personal: he leído, en cuanto esto fue posible, toda la obra de cada poeta, escogiendo los poemas que me parecieron más valiosos. Luego hice algunos ajustes para representar diversos tipos y fases de la obra de algunos autores. La cantidad de poemas de cada poeta se debe principalmente a su relativa importancia, pero refleja en algunos casos la necesidad de incluir un número mayor o menor de textos para representar diversas facetas de su obra. He incluido sólo poemas completos, con muy pocas excepciones. Generalmente he indicado debajo de cada poema el título del libro del cual procede (en algunos casos he explicado la procedencia de los poemas en una nota); cuando debajo de un poema no se reproduce el título de un libro, debe entenderse que el poema pertenece al último libro consignado.

Quisiera dar las gracias a mi colega y buen amigo John Brushwood, cuyos consejos mejoraron mucho esta obra, y a Lucía Guerra de Cunningham, que leyó la introducción con atención especial al estilo. Estoy también muy agradecido a David Huerta, Manuel Maples Arce, José Emilio Pacheco, Carlos Pellicer y Jaime Torres Bodet por la amabilidad con que me recibieron, el interés que tomaron en esta obra, y las valiosas sugerencias que ofrecieron. Jaime García Terrés y Joaquín Díez-Canedo merecen mi mayor gratitud no sólo por sus consejos, sino también por su ayuda en obtener los permisos necesarios. Sin el apoyo económico del comité de investigaciones de la Universidad de Kansas, y sin la cooperación de la biblioteca de esta universidad, mi labor hubiera sido mucho más difícil. Finalmente agradezco mucho el permiso concedido para figurar en esta antología por los poetas (o sus herederos) y por las editoriales que tienen los derechos de sus obras.

INTRODUCCION

Delimitar lo que constituye poesía «moderna» será necesariamente un proceso arbitrario. Existen razones, sin embargo, para ver la obra de los autores *modernistas* de fines del siglo XIX como el comienzo de la época moderna —una época que luego podremos dividir en dos períodos, el modernista y el contemporáneo (los cuales pueden a su vez subdividirse)—. Como cualquier clasificación histórica, ésta simplificará varios fenómenos literarios y agrupará obras diferentes entre sí. (Cualquier poema valioso, después de todo, tiene que trascender la clasificación que se le atribuye.) Pero nos permitirá ver los principios teóricos y las características generales que forman un fondo para la poesía incluida en este tomo.

Vale subrayar que el modernismo implica una renovación de formas poéticas que separa a los modernistas de los escritores anteriores. Más importante aún, marca la aparición de una nueva actitud ante la creación poética, actitud que difiere radicalmente de las anteriores pero que se asemeja a la de los poetas más contemporáneos (si bien las obras de éstos difieren de las de los modernistas). Para ver esto con más claridad, ofreceré una visión general del modernismo antes de hablar de los poetas mexicanos de la época.

Es cierto que en sus temas los modernistas se asemejan a la poesía romántica que les precede. Subrayan significados emotivos, ponen énfasis en el estado de ánimo del «yo», retratan una naturaleza que refleja las emociones del hombre. También ven al poeta como un ser aislado de la sociedad que le rodea, a menudo como un rebelde en contra del materialismo de ésta. Cuando sitúan sus obras en paisajes remotos o exóticos, están evitando los problemas detallados del mundo social y buscando visiones más amplias. Por eso puede trazarse un contraste entre los modernistas por una parte y las corrientes positivistas en la literatura por otra. Los modernistas oponen su visión subjetiva, su actitud estética y su anhelo de captar mítica y simbólicamente las esencias del universo a la manera pragmática de ver el mundo que domina la época del positivismo y del desarrollo industrial a fines del siglo XIX. Esta búsqueda de valores trascendentes por los modernistas toma varias formas. Inicialmente predomina el culto a la belleza y a la creación de cuadros estilizados (piénsese en la poesía temprana de Rubén Darío); más tarde se nota un mayor énfasis en la indagación de temas filosóficos como el de la vida y de la muerte, y también un esfuerzo de afirmar la unidad y la grandeza cultural hispanoamericana (muchas veces en contra del materialismo norteamericano). Ambas fases pueden verse, sin embargo, como una reacción antipositivista.

Donde los modernistas difieren de los románticos que les preceden es en su actitud ante la forma poética y la manera de configurar sus obras. A diferencia del poeta romántico, el modernista atribuye gran importancia a encarnar sus visiones en un lenguaje exacto, a encontrar formas verbales

11

que capten perfectamente sus experiencias. Esto marca un gran cambio en la historia de la poesía. Pone énfasis en la obra misma y en su manera de configurar valores, y revela una actitud altamente artística y nada confesional (actitud que, como ya he notado, caracterizará toda la época moderna) [1].

Este cambio de perspectiva se refleja en los descubrimientos formales modernistas, y también en el interés que surge en el parnasianismo y el simbolismo franceses. El rechazo del endecasílabo, el interés en una variedad de metros, así como la experimentación con diversos esquemas rítmicos y acentuales, todos muestran el deseo de objetivar experiencias subjetivas por medio del lenguaje. Los diversos ambientes artificiales que aparecen en poemas modernistas sirven para crear ambientes sensoriales que puedan reproducir las intuiciones subjetivas del poeta. El interés en la lírica parnasiana, tan orientada a la forma, obedece también al deseo de forjar por medio del arte una realidad superior.

El influjo de la poesía simbolista, tan diferente de la parnasiana, parece contradictorio; sin embargo, hay que recordar que la poesía era para los simbolistas una manera de comunicar visiones insustituibles. Mediante los símbolos y sus sugerencias, el poeta vertía en el lenguaje valores que van más allá de la lógica y del concepto; encontraba en la realidad objetiva equivalentes a su estado de ánimo. Tal actitud naturalmente evoca asentimiento por parte de los modernistas. Poetas como Manuel Gutiérrez Nájera emplearán símbolos que sugieren toda una actitud o experiencia esquiva (véanse sus poemas número 5, 6 y 7 en esta antología). Utilizan imágenes de color para aludir a significados básicos (el azul, por ejemplo, sugiere los diversos atributos de la belleza). Se valen del ritmo para crear efectos musicales y así reproducir en el texto las emociones y sensaciones del asunto tratado. Su empleo de la sinestesia es tal vez el mejor ejemplo de su impulso para forjar experiencias totales. De todas estas maneras, los modernistas se esfuerzan en describir verbalmente ambientes y escenas que encarnen sus visiones. Diferirán de los poetas contemporáneos, los cuales, siguiendo el mismo propósito, tratarán de crear sus experiencias directamente en el lenguaje.

En México el modernismo juega un papel dominante a partir de 1894, cuando se funda la *Revista Azul* (seis años después de la publicación de *Azul*, de Rubén Darío). Su apogeo lo representa la *Revista Moderna,* que dura desde 1898 hasta 1911 y recoge mucha de la mejor poesía modernista mexicana, española y americana —colaboran en ella no sólo Efrén Rebolledo y Amado Nervo, sino también Darío, Leopoldo Lugones, Azorín, Valle Inclán y tantos otros. Vale recordar que este florecimiento del modernismo ocurre durante la dictadura de Porfirio Díaz. En un sentido, este período de paz y de estancamiento político permite a la literatura desarro-

---

[1] Acerca de esta actitud véase el ensayo de John Brushwood, «An Introductory Essay on Modernism», en *Swan, Cygnets and Owl* (Columbia, Missouri, University of Missouri Studies, 1956), págs. 1-33. Consúltese también Frank Dauster, *Breve historia de la poesía mexicana* (México, Ediciones de Andrea, 1956), capítulo VI.

llarse independientemente de preocupaciones históricas o sociales, y apoya el universalismo de los modernistas. En otro sentido, la influencia del positivismo, tan prevalente en la administración de Díaz, y el interés del régimen en el desarrollo económico motivan una reacción en contra de toda actitud pragmática por parte de los poetas modernistas, y les llevan a subrayar la belleza creada por el arte.

Los poetas modernistas mexicanos difieren mucho entre sí; la búsqueda de un nuevo arte que capte intuiciones subjetivas y las esencias de la belleza toma diversas formas en sus obras. Manuel Gutiérrez Nájera, considerado por algunos como «precursor», me parece uno de los modernistas más importantes. Su manera de controlar la expresión y de captar temas subjetivos sin caer en el confesionalismo refleja el impulso artístico del movimiento. Su interés en lo francés, sus temas emotivos y su creación de efectos sensoriales son otras notas de la época. Otro poeta, Salvador Díaz Mirón, queda incluido en esta antología para ilustrar el impulso a rehacer el lenguaje e inventar nuevos metros y nuevas formas y así sobreponerse a la retórica romántica. Un tercer poeta incluido, Amado Nervo, ilustra otras facetas del modernismo: la habilidad de crear imágenes sensoriales y efectos exóticos o decorativos, la musicalidad, y, en su poesía tardía, la presencia de una búsqueda filosófico-religiosa.

Hay otros poetas mexicanos de esta época cuya obra merece ser mencionada. Tal vez el más conocido sea Manuel José Othón (1858-1906). Sus mejores poemas describen la naturaleza, y reflejan una variedad de sentimientos personales y religiosos. Othón no produjo muchas innovaciones formales y desconfió del movimiento modernista; pero en sus mejores poemas, como «Idilio Salvaje», logró expresar con precisión su visión poética. Efrén Rebolledo (1877-1929) mostró gran preocupación por la forma, por la construcción de imágenes exóticas, y por la producción de efectos sensoriales. Su contribución más importante a la poesía mexicana es la introducción del tema erótico, desarrollado por medio de imágenes carnales. Hoy en día, sin embargo, sus poemas nos parecen muy artificiosos. Otros poetas modernistas conocidos son Luis Urbina (1868-1934), autor de obras melancólicas y crepusculares, y Francisco A. de Icaza (1863-1925), que escribió algunos poemas logrados acerca del dolor de la existencia.

En la primera década de este siglo el modernismo está cambiando en México, igual que en otros países hispanoamericanos. Los paisajes exóticos, la profusión decorativa, el lenguaje artificioso y los juegos métricos se han convertido muchas veces en mera fórmula. (La elaboración modernista, que representó una reacción contra el descuido romántico y contra el literalismo positivista y realista, presentó el peligro de hacer demasiado amanerada la obra literaria.) Aunque la poesía modernista mexicana es menos decorativa que la de otros países, aun ella parece pasada de moda. En toda Hispanoamérica se nota una reacción contra el preciosismo, un interés en temas profundos y filosóficos, y una preocupación especial por lo americano. Del momento estético se pasa a un momento ético; éste se asemeja en muchos sentidos a la orientación de la «Generación del 98» en España. Puede hablarse ahora de una segunda fase del modernismo, en la que dominan más los temas metafísicos como el de la angustia del vivir y el del problema de la muerte. Al mismo tiempo crece la conciencia del americanismo, y se dejan ver temas políticos como el del imperialismo norteamericano. El resultado de estos cambios no es siempre propicio al valor poético de la obra: el poema «A Roosevelt», de Darío, parece más alegato que otra cosa, y las obras filosóficas de Nervo no logran objetivar sus intuiciones y caen en el sentimentalismo [2].

De acuerdo con la interpretación que sigo aquí, el modernismo termina en la segunda década del siglo. No sólo desaparece por completo la artificiosidad modernista, sino que también llega a su fin la obra de muchos de los poetas importantes de la época (Darío, Nervo, Gutiérrez Nájera, Othón y López Velarde ya han muerto antes de 1922). La vida intelectual mexicana en esta década se ve dominada por los escritores del Ateneo, cuya orientación filosófica y racional los aleja de la visión poética de los modernistas . Hacia fines de la década aparecen nuevos experimentos que apuntan a la vanguardia y ya difieren radicalmente de la innovación modernista (como indicaré más tarde al comentar la obra de Tablada, López Velarde y Maples Arce). Es cierto que algunos de los poetas dominantes de esta época, como González Martínez y López Velarde, todavía pueden situarse dentro del modernismo; pero aun así hay que hacer muchas distinciones entre sus obras y las de los modernistas anteriores. Estamos claramente en un período de transición en el que confluyen varias tendencias y en el cual empiezan a aparecer progresivamente indicios de una nueva época, la de las vanguardias de los años 20.

Hay que notar que varios críticos, principalmente Ricardo Gullón e Ivan Schulman, ven en el modernismo un movimiento mucho más amplio, que continúa en el siglo xx y abarca a la vanguardia. Su interpretación tiene la ventaja de subrayar una correspondencia importante entre los modernistas de fin de siglo y los poetas de los años 20; destaca la actitud creadora que comparten ante la literatura, y la oposición que representan en contra del positivismo y de una literatura pragmática [3]. Yo he preferido, sin embargo, acentuar las diferencias entre los dos grupos y limitar el término «modernista» a los primeros. Reconozco, por otra parte, las correspondencias entre ambos grupos, y emplearé el concepto de poesía moderna para incluirlos a ambos. Toda esta poesía se distingue por su visión del arte poético como modo de configurar experiencias por medio del lenguaje artísticamente manejado.

[2] En un excelente ensayo, José Emilio Pacheco (siguiendo a Federico de Onís) divide el modernismo en tres fases —la preciosista, la metafísica y la criollista-coloquialista. A mi modo de ver, sin embargo, es casi imposible delinear una diferencia cronológica entre las dos últimas, ambas aplicables a poesía escrita a partir de 1900. Véase Pacheco, *Antología del modernismo, 1884-1921* (México, U. N. A. M., 1970), tomo I, páginas xiv-xvi; también de Onís, «Sobre el concepto del modernismo», *Estudios críticos sobre el modernismo,* ed. Homero Castillo (Madrid, Ed. Gredos, 1968), págs. 35-42; y su introducción a la *Antología de la poesía española e hispanoamericana,* 2.ª ed., (New York, Las Américas, 1961).

[3] Ver GULLÓN, *Direcciones del modernismo,* 2.ª ed. (Madrid, Editorial Gredos, 1971), y Schulman, «Reflexiones en torno a la definición del modernismo», en *Estudios críticos sobre el modernismo,* ed. Homero Castillo (Madrid, Gredos, 1968), págs. 325-357.

Las circunstancias históricas juegan un papel importante en estos cambios que he notado en las dos primeras décadas del siglo XX. La guerra de 1898 aumenta la preocupación hispanoamericana con el imperialismo de los Estados Unidos. Surgen sacudimientos sociales en varios países, y especialmente en México; se deja entrever el final del sistema político del siglo XIX y de la rígida estructura de clases sociales. En México la dictadura de Díaz llega a su fin, y se hace clara la derrota del positivismo y del materialismo pragmático en que se basaba este régimen. Todo esto contribuye a las preocupaciones históricas y filosóficas que he notado y a una reacción contra el esteticismo.

En esta época aparece en México un grupo de escritores e intelectuales que se da a conocer en la revista *Savia de México* (1906) y forma el Ateneo (1910); este grupo, que incluye a Alfonso Reyes, José Vasconcelos, Antonio Caso y Pedro Henríquez Ureña, abre el país a una cultura humanista más amplia. Inicia el conocimiento de la literatura y de la filosofía europea a partir de Homero y de Platón; examina la cultura mexicana y su originalidad, pero siempre ante el fondo de un conocimiento profundo de la literatura universal. Aunque puede verse un paralelo entre ateneístas y modernistas en su oposición al positivismo y en su interés en la creación literaria y en la universalidad, hay también grandes diferencias entre ellos. Los ateneístas son hombres de letras y ensayistas más que poetas. Desarrollan una visión más filosófica y más ecléctica de la cultura, se atienen más a lo ideológico, rechazan por lo general todo decorativismo, y no se preocupan tanto de la comunicación de experiencias personales. Por eso el grupo influye más en el clima intelectual y en la crítica que en la creación de grandes obras líricas.

El hecho histórico más importante en México en esta época es desde luego la Revolución, que comienza en 1910, altera la organización social del país, y produce una serie de sacudimientos que duran más de diez años. La revolución afecta la labor del escritor: cambia las circunstancias de su vida diaria, dificulta una labor literaria despegada de asuntos político-sociales y le invita a tratar en su obra el México que se está reformando. En la novela esto lleva primero a una serie de textos panfletistas, pero también contribuye, a la larga, a la creación de obras excelentes. En la vida cultural afecta e inicialmente dificulta el empeño humanista del Ateneo. A partir de 1920, por otra parte, el afán cultural del nuevo gobierno mexicano contribuirá a un desarrollo intelectual notable y a la realización de muchos ideales ateneístas. En la poesía la revolución tiene menos efecto directo aunque marca el final definitivo de la ya agonizante poesía preciosista. Tiene un efecto indirecto, que se subraya aun más después de 1920: hace menos popular y más «minoritaria» toda obra que no se preocupe directamente con «lo mexicano», y por esta razón condena la poesía de los «Contemporáneos» a ser mal interpretada e incomprendida por el público.

Fijándonos ahora en la poesía mexicana escrita entre principios de siglo y 1915, vemos que sobresale la obra de Enrique González Martínez. Conocido principalmente como autor de un soneto de supuesta reacción contra el modernismo, González Martínez no ha recibido la importancia que merece. Su obra recoge un propósito común a los modernistas: el esfuerzo de encarnar significados insustituibles por medio del lenguaje poético. González Martínez constantemente trata de reproducir por medio de la palabra su percepción de las esencias de la vida. Igual que los simbolistas, se vale de imágenes y vocablos para impartir un valor más profundo a los episodios y los detalles que menciona, para emplear la realidad externa como modo de sugerir algo más profundo. Desconfía de la retórica y de todo efecto decorativo, y evita los peligros del sentimentalismo y del verbiaje excesivo en que cayeron muchos modernistas anteriores. También evita, por otra parte, la tendencia al mensaje filosófico o político que aparece en la segunda fase del modernismo. No puede llamarse a González Martínez un autor de vanguardias: no introduce un lenguaje nuevo, ni rompe tampoco con el orden lógico de la expresión o con la realidad externa. Pero su búsqueda de una expresión poética más profunda servirá de ideal a los que le siguen, y en este sentido representa una liga entre la mejor poesía modernista y la lírica contemporánea.

Otros poetas de este período son menos importantes. Rafael López (1875-1943), que publicó poemas en la *Revista Moderna* y más tarde fue miembro del Ateneo, combina imágenes y vocablos exóticos con un dominio cuidadoso del ritmo y de la estrofa. Puede vérsele como un modernista tardío que trata de controlar su expresión y de orientar la poesía a temas político-históricos —algunas de sus obras tratan el origen del mexicanismo, la oposición al yanqui y la realidad provinciana. Mayor de edad pero más moderno en su expresión es Francisco González León (1862-1945), que crea escenas provincianas por medio de imágenes sencillas y precisas, con matices visuales detallados. (Aparecen también en esta época varios otros poetas provincianos de escaso valor.) Al mencionar a todos estos poetas menores, se dejan ver las características de la época: esfuerzos por evitar el exotismo, por profundizar los temas y por acercarse a la realidad circundante; poca evidencia de un nuevo lenguaje poético o de una expresión altamente original. La poesía se va haciendo menos creadora. Hay que recordar, también, que entre 1900 y 1915 Amado Nervo publica siete libros de versos y gana gran popularidad. Las formas modernistas pueden haberse vuelto fórmula, pero siguen atrayendo al lector medio, especialmente cuando se usan para expresar con mucha emoción una actitud filosófico-religiosa.

Enfocando ahora la situación de la poesía mexicana después de 1915, debemos destacar la importancia de Ramón López Velarde. Sus dos libros más significativos se publican en 1916 y 1919, e imponen una nueva dirección a la poesía mexicana —aunque esto no se vea claro sino desde una perspectiva más tardía. López Velarde trata a menudo un ambiente provinciano; pero se vale de viñetas, detalles descriptivos, palabras e imágenes para objetivar estados de ánimo y no para describir. Algunos de sus poemas emplean ricas imágenes sensoriales; éstas crean asociaciones y «visiones» lógicamente inexplicables pero correspondientes a experiencias emotivas básicas. La experiencia, y no un cuadro visual, forma la base del poema. En otras obras, López Velarde alude a detalles cotidianos en un lenguaje ordinario; pero aquí también emplea la descripción sólo como modo de encarnar una actitud o un tema básico. La poesía de López Velarde, al mismo tiempo que se opone al empleo externo y rutinario de las convenciones modernistas, lleva hasta un extremo profundo la sensibilidad estética del Modernismo. Su gran importancia radica en que subraya la posibilidad creadora del lenguaje poético y su potencialidad para trascender el orden lógico y visual del mundo. Los modernistas anteriores vislumbraron esta posibilidad, pero no lograron aprovecharse plenamente de ella —sus obras quedaron demasiado ancladas al orden lógico o visual de la presentación. López Velarde va un paso más allá y marca el comienzo de la lírica contemporánea.

La obra de López Velarde se relaciona sólo superficialmente con otra tendencia posterior, de importancia muy limitada: la de una poesía provinciana y descriptiva, de tono menor. Ya he mencionado a Francisco González León; pudiera anotar también los nombres de Enrique Fernández Ledesma (1888-1939) y de Alfredo Ortiz Vidales (1895). Esta poesía provinciana tiene paralelos con la obra colonialista de Alfonso Cravioto (1883), que contiene cuadros históricos descriptivos, bastante externos. Todos estos autores representan un esfuerzo de aislarse de las turbulencias revolucionarias por una parte, y de cualquier estilo poético elaborado y artificioso por otra. Ninguno de ellos ofrece una obra creadora de primer orden, o afecta la dirección que tomará la poesía mexicana de más valor en la década siguiente. Después de la muerte de López Velarde en 1921 y antes de que se difundiera la obra de los «Contemporáneos», sin embargo, esta poesía y la de los últimos modernistas parecen tener más importancia de la que en efecto tienen.

A partir de 1918 se publican también varios libros de un poeta algo mayor de edad, pero que se liga con la vanguardia. José Juan Tablada había empezado escribiendo poemas modernistas, llenos de sensaciones exóticas y decadentes. Pero luego desarrolla un interés en lo oriental, compone una serie de poemas cortos basados en los *haiku,* y experimenta con obras ideográficas. Sus cuatro libros publicados entre 1918 y 1922 demuestran su afán experimentador, su oposición a una lírica sentimental y su impulso de concentrar la expresión. Todos estos rasgos servirán de modelo a poetas más jóvenes. Tablada experimenta tanto que no desarrolla un estilo propio y original, pero abre nuevos caminos a la poesía mexicana.

Una figura literaria importante de esta época, y coetáneo de López Velarde, es Alfonso Reyes. Este es, como se ha dicho, el ateneísta por excelencia; su obra crítica y ensayística y su labor de profesor y hombre de letras contribuyen a la manera en que México trasciende el positivismo y ensancha su ámbito cultural. La lírica de Reyes no presenta grandes innovaciones ni influye en la poesía posterior; refleja más bien la madurez de las letras mexicanas y hace resaltar, en contraste, la ingenuidad sentimental de mucha poesía anterior. (Hay que notar que Reyes escribe la mayor parte de sus poemas más tarde, entre 1920 y 1950.)

A pesar de las enormes diferencias que existen entre los tres, López

2

Velarde, Tablada y Reyes todos ilustran la situación de la poesía mexicana al comenzar la década de los 20. El país ha dejado atrás una época de estrecha vida cultural por una parte, y una lírica que se expresaba en lenguaje convencional y se anclaba en la realidad externa por otra. Se está abriendo el camino a una nueva poesía que aparecerá en esta década de los 20 y que culminará con la obra de los «Contemporáneos».

* * *

La época que pudiéramos denominar vanguardista y que abre el período contemporáneo tiene en México dos vertientes. Una, más externa y combativa, la representan los *estridentistas*; la otra, más duradera y profunda, consta de los «Contemporáneos». Aunque los estridentistas nunca definen sistemáticamente sus principios estéticos, siguen el futurismo italiano en su interés en las máquinas, su búsqueda de un nuevo lenguaje poético basado en imágenes chocantes del mundo moderno, y su esfuerzo en combinar la rebelión literaria con una versión algo ingenua de la rebelión social. Su principal efecto —y en esto paralelan a los *ultraístas* españoles— es el de crear un sentido de choque y atacar la retórica y la complacencia de la literatura anterior. Los estridentistas más conocidos son Arqueles Vela (1899), Germán List Arzubide (1898) y Manuel Maples Arce. El grupo patrocina las revistas *Horizonte* (1926-1927) e *Irradiador* (1926), y produce más declaraciones que poesía. Su único poeta importante es Maples Arce, que sí ha escrito obras de valor permanente. Estas demuestran las posibilidades de la imagen irracional y de objetos modernos; pero también representan un esfuerzo de adoptar nuevas perspectivas ante temas emotivos que tratados convencionalmente resultarían sentimentales. Sus esfuerzos de componer versos sociales tienen menos éxito, tal vez porque revelan actitudes ingenuas. (Otro movimiento de la época, el *agorismo,* defendió el valor social del arte, pero no produjo poesía de valor.)

En general, pudiéramos relacionar el período entre 1918 y 1923 ó 1924 en México con la época correspondiente en España, en la que surgen las revistas y los experimentos ultraístas y se nota más el afán de reaccionar contra tradiciones anteriores y de crear nuevas formas de expresión. La obra publicada en este período por Tablada y por los estridentistas correspondería a la que aparecía en España en *Ultra, Grecia* y otras revistas ultraístas, y a la poesía temprana de Gerardo Diego, Juan Larrea, Pedro Garfias y Guillermo de Torre. Igual que en España, esta época precede en México la aparición de poetas de gran importancia, los «Contemporáneos» (que corresponderían a los poetas españoles Jorge Guillén, Federico García Lorca, Rafael Alberti, Vicente Aleixandre, etc.).

Si los estridentistas barrieron el aire estancado, los «Contemporáneos» abrieron las puertas a una poesía duradera. El grupo está constituido por escritores muy diferentes entre sí, todos de los cuales ponen menos énfasis en definir su actitud ante la literatura que en crear obras originales, artísticas y valiosas. Nacidos entre 1899 y 1905, los poetas del grupo llegan a la madurez cuando López Velarde ha muerto, el modernismo está pasado de moda y no se está escribiendo mucha poesía importante (aunque aparecen los experimentos de Tablada y Maples Arce). En la prosa el énfasis cae en la novela de la revolución mexicana y en obras de corte realista, a menudo con una orientación social. En busca de una literatura más creadora y más permanente, los jóvenes poetas descubren en la obra de López Velarde su índole antirracionalista y su búsqueda de lo esencial. También les impresiona el afán estético de Tablada y la dedicación a la poesía, si no el estilo, de González Martínez. Pero estos jóvenes se interesan además en la literatura europea contemporánea: en la poesía francesa, en el surrealismo, en la literatura inglesa, en la vanguardia española. Algunos de ellos ya publican poemas en las revistas *Gladios* (1916), *Pegaso* (1917) y *México Moderno* (1920-1923), y fundan *La Falange* (1922-1923) y *Ulises* (1927-1928).

En esta época forman parte del gobierno mexicano varios hombres de letras. José Vasconcelos, entonces Ministro de Educación Pública, patrocina a los jóvenes poetas y les ofrece puestos, creándoles una situación propicia para el intercambio de ideas y la continuación de su labor literaria. Con la ayuda del sucesor de Vasconcelos, Bernardo Gastélum, el grupo funda en 1928 su órgano más importante, *Contemporáneos*. Indican que su propósito será el de formar una revista de prestigio internacional y de establecer un contacto entre la realización literaria europea y la literatura americana que se está formando. *Contemporáneos* publicará, en efecto, obras de autores españoles y franceses, reseñas de libros europeos recientes, y la excelente obra creadora del grupo mismo. Revelará un conocimiento notable de la literatura mundial contemporánea y clásica, y un impulso extraordinario hacia la producción de obras muy originales. (Recuerda mucho la *Revista de Occidente* de la primera época.)

Pronto los «Contemporáneos» se ven atacados por partidarios de una literatura más nacionalista; se les acusa de ignorar lo mexicano, de evadir problemas históricos y sociales, de crear una literatura de minorías e imposible de entender. Desde la perspectiva de hoy en día, no nos parecen tan «minoritarios»: sus obras tratan temas esenciales de la vida, como el amor, la muerte, el significado de la realidad. Aunque evitan un nacionalismo superficial, la mayor parte de ellos indagan las esencias de lo mexicano y estudian literaturas europeas para conciliar lo mexicano con lo universal. Se preocupan de las relaciones entre las diversas artes y difunden el conocimiento de la pintura mexicana contemporánea. Su aportación más importante, sin embargo, es su dedicación a una poesía que utilice el poder creador del lenguaje para comunicar significados esenciales y complejos. Y el hecho que produce tal poesía, asequible al lector de hoy igual que al de 1930.

Dada la heterogeneidad de los «Contemporáneos», es difícil caracterizar en conjunto su producción. Pero importa subrayar ciertos atributos que nos permiten ver cómo su poesía difiere de la anterior. Estos atributos iluminan, por extensión, cómo la poesía vanguardista hispanoamericana difiere de la modernista, con la que comparte una conciencia del papel artístico del poeta [4].

Se destacan, primero, ciertas cualidades negativas: los «Contemporáneos» evitan la anécdota, el desarrollo lógico de un asunto, o cualquier descripción paisajista. Los detalles de la realidad tratada en un poema se organizan para acentuar el tema o la experiencia, y nunca para describir. Queda fuera todo propósito confesional: si aparece un «yo» en la obra, es parte de una perspectiva conscientemente manejada. (A veces este «yo» se parece al hablante de una novela en primera persona.) Se subraya la imagen, que nunca tiene un papel decorativo sino más bien crea la experiencia central de la obra. Aparecen lo que Carlos Bousoño llama «imágenes visionarias», en las que los dos planos comparados no tienen correspondencias objetivas entre sí, pero producen un efecto afín en el lector [5]. Se evita todo empleo puramente convencional de la forma, se tiende, con excepciones, al verso libre, se evita la rima, se forman neologismos. Se abandona el lenguaje convencionalmente «poético»; predomina el vocabulario moderno de la ciudad, y cualquier palabra puede adquirir valor poético dentro del contexto de la obra.

Simplificando demasiado, pudiera decirse que los modernistas trataron de encarnar artísticamente sus temas por medio de un lenguaje especial, que elaboraban y aplicaban a la descripción o a la anécdota para extender su valor. Su esfuerzo se centraba, por tanto, en el enriquecimiento de una realidad exterior. Los vanguardistas en cambio evitan descripción y anécdota, y crean la experiencia más directamente, por medio del lenguaje y de la imagen. Dan un paso más —un paso muy importante— en el alejamiento de la poesía del mensaje y de la confesión personal de su autor. (López Velarde puede considerarse, en este esquema, figura transicional ntre el modernismo y la vanguardia.) El así llamado «hermetismo» de la poesía vanguardista se debe en muchos casos a la falta de organización anecdótica o lógica; una vez que el lector deja de buscar tal organización y se fija en la experiencia creada directamente en el poema, éste no le parece extraño.

Algunos de los rasgos que señalaré en las introducciones a los «Contemporáneos» se relacionan estrechamente con lo antedicho: la organización de poemas alrededor de la imagen por parte de José Gorostiza, la riqueza imaginativa y la contraposición de planos en Carlos Pellicer, el uso simbólico de cuadros y viñetas en Jaime Torres Bodet, los juegos de sonidos y las imágenes visionarias de Xavier Villaurrutia y de Salvador Novo son recursos importantes de su proceso creador. Los poetas se valen de ellos para engendrar de manera sumamente original sus visiones de temas esenciales. Como fácilmente se puede ver, una descripción de los temas en sí

[4] José Olivio Jiménez ofrece una buena caracterización general de la vanguardia (y también del «postvanguardismo») en el prólogo a su *Antología de la poesía hispanoamericana contemporánea* (Madrid, Alianza Editorial, 1971). También véase Dauster, *Breve historia,* capítulo VII.
[5] Ver Bousoño, *Teoría de la expresión poética,* 5.ª ed. (Madrid, Gredos, 1970), tomo I, capítulo VIII.

no define esta poesía ni la distingue de la anterior. Para entenderla cabalmente hay que tomar en cuenta sus recursos y las experiencias que éstos producen. Los «Contemporáneos» ponen gran énfasis en el poema como creación independiente e integral, que gracias a su forma contiene significados propios e insustituibles. (En sus obras de crítica evitan cuidadosamente interpretaciones biográficas de la literatura.)

Importa notar, por otra parte, la presencia de temas fundamentales a la vida humana en la obra de los «Contemporáneos». La manera en que la poesía capta valores esenciales es un asunto central para Gorostiza y Pellicer; la armonía del mundo tiene gran importancia en la obra de éste. El tema amoroso aparece en todos estos poetas, a menudo ligado con el anhelo de hallar valores más profundos. La preocupación con el tiempo y la muerte, así como el deseo de sobreponérseles, se destaca en Gorostiza, Villaurrutia, Novo y Gilberto Owen. Estos tres últimos subrayan también lo insignificante de la vida cotidiana. Todos estos asuntos se convierten en experiencias completas mediante la expresión poética empleada. (Interesa notar la gama de actitudes que revelan estos temas, extendiéndose desde la afirmación de la vida por parte de Pellicer a la desesperación ante la realidad de Owen, desde la visión de un mundo intemporal a la crítica acerba del mundo moderno.)

Fijándonos en el desarrollo cronológico de este grupo, podremos notar ciertos cambios que ocurren en sus obras a partir de 1930, más o menos. Aumenta el enfoque en la realidad moderna (y no en paisajes intemporales); los asuntos filosóficos se hacen más aparentes, a menudo en relación con actitudes pesimistas; el tema de la muerte cobra mayor importancia (piénsese en los *Nocturnos* de Villaurrutia y en *Muerte sin fin* de Gorostiza). Al mismo tiempo aumenta el uso de imágenes irracionales y de metáforas continuadas, aparecen más poemas largos, se emplea más el verso libre y el poema en prosa. Se notan menos efectos verbales chocantes. Todo esto sugiere una doble profundización, temática e imaginativa; también indica un énfasis menor en la creación de nuevas formas (aquella batalla ya se había ganado). Este proceso de profundización puede compararse con el que ocurre en la poesía española de la época —piénsese en el contraste entre *Marinero en tierra* de Rafael Alberti o el primer *Cántico* de Jorge Guillén, por una parte, y *Sobre los ángeles,* de Alberti; *Poeta en Nueva York*, de Lorca; o *La Destrucción o el amor,* de Aleixandre, por otra. Atendiendo a este cambio de énfasis, pudiera decirse también que la poesía tardía de los «Contemporáneos» entronca con las obras de escritores mexicanos más jóvenes, y principalmente con la de Octavio Paz.

A diferencia de lo que ocurre en la poesía vanguardista de otros países hispanoamericanos (piénsese en Pablo Neruda y César Vallejo), los «Contemporáneos» no desarrollan un interés en los temas sociales en la década de los años 30. Es por otra parte difícil reunir bajo un rótulo todos los cambios que se notan en esta época: algunos poetas empiezan a emplear ritmos regulares cuando otros los abandonan, algunos concentran su expresión mientras otros la extienden. Esta diversidad en sí sugiere una actitud más pragmática y menos revolucionaria: cada poeta está desarrollando su propia expresión. De una época de innovaciones se ha pasado a un período de profundización, que encajará con la labor de la generación siguiente.

He omitido en esta antología la obra de dos miembros de los «Contemporáneos», Bernardo Ortiz de Montellano (1899-1949) y Jorge Cuesta (1903-1942). Aquél traza en su obra un mundo enigmático, donde el hombre padece una existencia incolora y limitada por la muerte. La característica central de su poesía es un esfuerzo a plasmar, por medio de imágenes oníricas e irracionales, experiencias subjetivas y esquivas. La poesía de Ortiz de Montellano se liga con el surrealismo, no tanto con sus doctrinas específicas como con su propósito de penetrar la realidad que se esconde detrás de las apariencias. Ortiz de Montellano ve en el sueño un fondo de percepciones y de visiones estéticas que deben descubrirse. Demasiado a menudo, sus imágenes resultan difíciles de captar, aun cuando uno trata de sentirlas y no de desentrañarlas. A veces el poeta impone una estructura formal rígida a su visión onírica, pero aun así la experiencia no siempre se objetiviza en el lenguaje.

Jorge Cuesta es, ante todo, un excelente ensayista que expresó muy bien el empeño de su generación en contra de una literatura superficial, decorativa y mensajista —y a favor del valor creador y original de la poesía. También editó una excelente antología de poesía mexicana moderna que revela la perspectiva artística del grupo. Su propia poesía se centra en el tema del tiempo, en la visión de la existencia como una serie de momentos aislados y esquivos. Cuesta escribió sus poemas con esmero, casi eliminando de ellos la emoción, razón por la cual la mayor parte de ellos nos parece fría, a pesar de su tema. (Pudiera situarse su obra en el otro extremo que la de Ortiz de Montellano.)

Aunque no formó parte de los «Contemporáneos», Elías Nandino (1903) puede relacionarse con ellos si tomamos en cuenta su edad y ciertos rasgos de su obra. Sus poemas tratan la muerte, la duda religiosa y el ansia de enaltecer el valor del hombre. (Esta ansia se refleja en el deseo de una comunidad social y de un amor significativo.) Aunque la poesía temprana de Nandino recuerda la de Villaurrutia (ambos escriben «nocturnos» que evocan la muerte con cadenas de imágenes y de expresiones paralelas) su estilo es más obejtivo que el de los «Contemporáneos». Nandino rehúye la metáfora y se vale más de recursos conceptuales —del contraste entre pares de ideas opuestas (fe/duda, vida/muerte), de la repetición de palabras y conceptos claves, de la paradoja. A veces personifica situaciones o actitudes, haciéndolas vívidas y claras a la vez. Revela un constante afán de depuración y de condensación. Especialmente cuando recordamos que mucha de su poesía se escribe en los años 50, cuando Nandino dirige la revista *Estaciones* y trabaja con escritores más jóvenes, podemos ligar su obra con las de la generación siguiente.

* * *

Los poetas que vienen después de los «Contemporáneos» han nacido alrededor de 1915; varios de ellos, entre los que sobresalen Octavio Paz y Efraín Huerta, dominan las revistas *Taller Poético* (1936-1938) y *Taller*

(1938-1941). Revelan varios rasgos que se han llamado «postvanguardistas»: aceptan en general la importancia de la poesía como creación, pero sin entrar en polémicas acerca de ella. Su actitud ante la forma es más pragmática: se valen de lo que les sirve artísticamente, sea el verso libre o el regular, la imagen visionaria o el cuadro descriptivo. Aquí revelan un interés mayor que el de los «Contemporáneos» en la poesía como modo de captar y comunicar experiencias; Paz ha indicado que les importa no el poema como objeto, sino más bien el acto poético y la comunión engendrada por éste.

Los poetas de *Taller* parecen caber en la definición que Roberto Fernández Retamar ofrece del «postvanguardismo»[6]. Este representa, igual que el «postmodernismo», no tanto un movimiento renovador como un verter hacia dentro del lenguaje forjado por una época anterior. Los poetas mexicanos de *Taller* tienden a los temas filosóficos, sociales e históricos como parte de este esfuerzo de «verter hacia dentro». Paz y Huerta indagan, de maneras diferentes, el asunto de la mexicanidad; éste escribe también poesía social; aquél presenta una visión existencial de la realidad. (Fernández Retamar ha notado que la poesía social aparece ahora en los países donde antes no existía, usando a México como ejemplo.) En general, los temas del amor y de la muerte y la visión del hombre que emerge en esta poesía se presentan más en función de la sociedad; la vida humana se examina en relación a las circunstancias de un mundo particular y de una época histórica dada. La angustia ante la muerte de un poema de Gorostiza ocurre en un tiempo y un sitio indeterminados; la de una obra de Paz se ancla más en nuestro siglo; la de una obra de Huerta se sitúa en la ciudad de México de los últimos años. Esto desde luego no limita el valor universal de la obra, ya que el poeta puede descubrir valores perennes en circunstancias específicas.

Un aspecto del «verter hacia dentro» de esta poesía se puede ver en un énfasis renovado en significados emotivos: Paz nos ofrece visiones subjetivas de la soledad del hombres, mientras que Huerta subraya el impacto afectivo de problemas nacionales y sociales. El empleo más frecuente de imágenes «visionarias» el aumento de juegos de asociaciones no racionales, que ligan algunas obras de esta generación con el surrealismo, son síntomas de este interés en lo emotivo. El empleo frecuente del verso libre con versos de amplia extensión, y también del poema en prosa (que Paz reintroduce, con gran maestría, a la poesía mexicana), pudieran también relacionarse con esta tendencia a forjar cuadros afectivos. (Tal vez vale notar que, a pesar de la orientación artística y del afán formal de los años 20, poetas como Villaurrutia, Novo y Owen también subrayaban valores afectivos y se valían de procedimientos visionarios.)

Los poetas de esta época revelan en su estilo nuevas características que

[6] FERNÁNDEZ RETAMAR, «Situación actual de la poesía hispanoamericana», *Revista Hispánica Moderna*, XXIV, núm. 4 (1958), págs. 321-330. Acerca de esta época y de la poesía mexicana contemporánea en general véase también OCTAVIO PAZ, *El arco y la lira*, 2.ª ed. (México, Fondo de Cultura Económica, 1967).

veremos también en poetas un poco más jóvenes, y que, por lo tanto, ayudan a definir un más amplio período «postvanguardista». (Aunque este período es tan cercano que no podemos verlo con claridad, las correspondencias entre poetas nacidos alrededor de 1915 y alrededor de 1925 sugieren que representa un concepto útil.) Entre sus características se destaca el empleo por parte de varios poetas del lenguaje de la calle, lo cual es tal vez un paso más allá de la tendencia vanguardista de emplear cualquier vocablo que resulte creador. En la obra de Huerta y en algunos poemas de Paz se nota el uso del monólogo dramático. Esta propensidad a producir significados por medio del «punto de vista» se dejará sentir aún más en ciertos poemas de Alí Chumacero y luego de Jaime Sabines. A veces Paz o Huerta imparten valor metafórico o simbólico a una escena anecdótica, procedimiento que volveremos a encontrar en García Terrés. Estos rasgos hacen que la poesía se distinga menos fácilmente de la narración. Tal vez apuntan a la extinción del mito de un poeta como «ser aparte» (aunque no tanto en el caso de Paz), y subrayan el valor de la poesía para comunicar significados afectivos.

Octavio Paz es indudablemente el gran poeta del grupo de *Taller*. Su obra demuestra el mismo dominio de la palabra que la de Villaurrutia, Gorostiza o Jorge Guillén. Por medio del vocablo, de la imagen y de la sintaxis Paz forja obras que captan perfectamente sus temas, principalmente el de la búsqueda de algún valor esencial dentro del mundo huraño en que nos vemos aislados. Se vale a menudo de un proceso dialéctico y crea cuadros míticos (a veces a base de creencias orientales) en un esfuerzo logrado de ajustar su expresión a sus temas y a su época.

Efraín Huerta revela otra faceta de la poesía «postvanguardista», enfocando más directamente los horrores de la ciudad moderna y de la situación social. Se vale del lenguaje cotidiano, de procedimientos visionarios y de juegos de perspectiva para impartir sentimiento a su asunto. Otros poetas de *Taller* incluyen a Neftalí Beltrán (1916), que trata de manera emotiva los problemas de la soledad y la muerte, y Alberto Quintero Alvarez (1914-1944), autor de algunos buenos poemas religiosos. Ninguno de los dos abre nuevas direcciones o ayuda a definir la poesía de esta época.

Casi contemporáneos a los poetas de *Taller* son los que se reúnen alrededor de la revista *Tierra Nueva* (1940-1942), y cuyo miembro más importante es Alí Chumacero. Este ha escrito poemas densos, dotados de múltiples recursos verbales, mediante los cuales configura el conflicto entre un mundo que se desintegra y un anhelo de trascendencia por parte del hombre. Algunos críticos han comparado su poesía a la de los «Contemporáneos». Para mí, sin embargo, el empleo del monólogo dramático, y también de una realidad anecdótica que se transforma, se hace rito y alcanza sugerencias simbólicas, relaciona a Chumacero muy estrechamente con la época «postvanguardista». Entre los otros poetas de *Tierra Nueva* hay que mencionar a José Cárdenas Peña (1918-1963), autor de poemas elegíacos perfectamente tallados. Vale notar que la revista *Tierra Nueva* evita toda polémica acerca de estilos generacionales y sigue el propósito de recoger la mejor literatura mexicana que se produce. (El afán cultural mexicanista de esta revista y de esta época desemboca también en importantes obras en prosa. Baste citar al filósofo Leopoldo Zea y al crítico José Luis Martínez. Poco después se verá el gran desarrollo de la «nueva» novela mexicana; *Al filo del agua,* de Agustín Yáñez, se publica en 1947.)

A medida que nos vamos acercando a nuestros días, la falta de perspectiva hace más difícil el enjuiciamiento de la poesía. Pero mirando la década de los 50, y particularmente la obra de los poetas más importantes nacidos alrededor de 1920-1925 y que se dan a conocer en esta década, podemos ver la continuación y la intensificación de los rasgos «postvanguardistas» que he apuntado antes [7]. Estos poetas —Jaime Sabines, Rubén Bonifaz Nuño, Jaime García Terrés, Rosario Castellanos— colaboran en *América* y otras revistas, y publican sus libros despacio. Aunque difieren entre sí, todos manejan el lenguaje con precisión, evitando la retórica y el confesionalismo [8]. Sabines es el que mejor ejemplifica el empleo poético del lenguaje coloquial y de lo anecdótico: mediante la ironía, los cambios de tono y los arreglos sintácticos forja poemas excelentes. García Terrés escribe en un tono quieto y enfoca escenas ordinarias, pero siempre nos dirige a temas claves. Desarrolla las posibilidades metafóricas (a veces casi alegóricas) de la vida diaria con gran acierto. Rosario Castellanos también utiliza un lenguaje llano y representa temas filosóficos por medio de escenas naturales y de episodios cotidianos. A menudo presenta la situación de su protagonista de tal manera que ésta se amplía y abarca la vida humana en general. (También introduce el tema de la civilización ancestral mexicana.) Rubén Bonifaz Nuño, aunque emplea a menudo un lenguaje más denso y un estilo más difícil que los otros, maneja con precisión una gran variedad de tonos y formas poéticas para tratar la soledad, el dolor y el amor humanos.

No es difícil encontrar correspondencias temáticas entre estos autores —casi todos tratan la soledad en el mundo moderno, los efectos destructores del tiempo, el valor redentor de amor (temas comunes, desde luego, a poetas de todas las épocas). Pero más importante para definir su obra, en mi opinión, son las coincidencias en su estilo; todos tienden al lenguaje cotidano y se valen del tono y de la sintaxis, además de la imagen, para comunicar sus visiones. (A menudo emplean escenas anecdóticas con propósito metafórico.) Ilustran muy bien la tendencia «postvanguardista» de evitar la retórica y el empleo arbitrario de recursos formales, pero de ajustar su lenguaje cuidadosamente para comunicar sus temas. Su obra no abunda en

[7] Después de 1940 parece más difícil hablar de generaciones; autores de diferentes edades escriben poesía parecida en un período dado. Hasta cierto punto siempre ha sido así: en los 20, por ejemplo, González Martínez escribió poemas que en su lenguaje y sus imágenes recuerdan a la «vanguardia». Pero el fenómeno es más evidente a partir de 1940. Carlos Bousoño ha estudiado su ocurrencia en España; ver su *Teoría,* 5.ª ed., págs. 310-312.

[8] *América* fue fundada en 1940 y se convirtió en revista estrictamente literaria en 1948. Otras revistas importantes de la época incluyen a *Rueca* (1941-1948), *Abside* (1937-), *Katharsis* (1955-1958), *Letras de México* (1943-1946), *Estaciones* (1956-1960), *Metáfora* (1955-1958), *Trivium* (1948-1951) y la *Revista Mexicana de Literatura* (1955-).

imágenes visionarias e irracionalistas; no aparece en ella la nota surrealista que se deja sentir en obras de poetas anteriores como Paz y posteriores como Montes de Oca y Aridjis.

Estos poetas recuerdan en muchos sentidos la generación española que incluye a Claudio Rodríguez, José Angel Valente y Angel González. Tienen la misma conciencia del lenguaje poético, y en este sentido continúan la actitud de la «vanguardia». Pero desconfían de la retórica y del formalismo, aplican su perspectiva creadora a la realidad circundante, y buscan nuevas maneras de emplear artísticamente lo cotidiano. (Esta última característica los diferencia de la «vanguardia».) Manejan ciudadosamente el punto de vista, empleando recursos de tono y perspectiva que recuerdan los de la narrativa contemporánea. Aun cuando tratan temas filosóficos, su poesía nunca pierde el sentido de la experiencia particular, relacionada con el mundo del lector (en esto superan el existencialismo altisonante de otros poetas de la época). Cuando tratan el tema social —pienso principalmente en Sabines— lo hacen con ironía y despego, evitando la retórica que limita algunos poemas de Huerta y tomando en cuenta las ambigüedades emotivas del tema.

Junto con estos cuatro poetas habría que mencionar a dos más, excluidos de esta antología en parte por haber nacido fuera de México, pero autores de excelentes obras que cabrían dentro de las características generales del grupo: Tomás Segovia (1927) y Manuel Durán (1925). Este último, conocido también como un excelente crítico, ha escrito poemas en los que un detalle visual de nuestro mundo engendra perfectamente una experiencia básica.

La obra de estos seis poetas no ejemplifica toda la poesía publicada en México entre 1945 y 1960. En estos años abundan, como ya he indicado, diversas revistas literarias; aparecen varias series de libros de poesía; se dan a conocer muchos nombres, y se leen muchas obras en verso [9]. (En parte esto indica que la poesía ha adquirido mayor prestigio social.) A partir de 1945, y antes de que se publiquen las obras más importantes de Sabines, Bonifaz Nuño y García Terrés, surgen algunos poetas de expresión menos objetivizada. Margarita Michelena (1917) revela la angustia del ser aislado en un lenguaje que tiende a lo retórico. Guadalupe Amor (1920), por otra parte, emplea un idioma más sencillo y formas clásicas como la lira y la décima, pero acaba comunicando su búsqueda amorosa y religiosa de modo casi confesional. (Manuel Ponce [1913] tiene más éxito en emplear formas clásicas para tratar temas religiosos.) Entre 1946 y 1956 Guadalupe Amor escribe una gran cantidad de libros que alcanzan popularidad inusitada, dando valor de «best seller» a la poesía. En mi opinión, sin embargo, sus libros —y mucha poesía de esta índole— tienen valor limitado. Su manera confesional de tratar temas filosóficos atrae lectores, pero resulta poco creadora, poco orientada a forjar una expresión insustituible. Aun cuando se escribe en un lenguaje «moderno» y a veces cotidiano, esta poesía abandona el ideal artístico de la lírica contemporánea y recuerda el impulso romántico de des-

---

[9] Ver la nota 8.

ahogarse en versos. (La obra madura de Sabines, García Terrés y Bonifaz Nuño puede describirse como una reacción en contra de esta tendencia confesional.)

* * *

Será aún más difícil valorar la obra de poetas nacidos después de 1930, publicada por lo general a partir de 1957. (Muchos de ellos se dan a conocer en la revista *Estaciones* dirigida por Elías Nandino; también fundan y colaboran en otras revistas de interés [10]. De nuevo resulta difícil separar su obra de la de poetas mayores de edad, o determinar divisiones generacionales. Marco Antonio Montes de Oca tiene la misma edad que Juan Bañuelos, pero publica libros de poesía mucho antes que éste. Sin embargo, pueden señalarse algunos rasgos importantes que caracterizan especialmente a estos poetas nacidos a partir del 30, y que pueden agruparse en dos vertientes.

Por una parte aumenta la presencia de lo subjetivo en esta poesía; pudiera hasta hablarse de neorromanticismo en relación con algunos poetas. Atendiendo a los temas, notamos la búsqueda de valores trascendentes dentro de una realidad limitada en la obra de Homero Aridjis, de Gabriel Zaid y de Juan Bañuelos; la angustia causada por los efectos destructores del tiempo en Aridjis y José Emilio Pacheco; el afán de traspasar el mundo lógico por medio de la poesía en Marco Antonio Montes de Oca (y tal vez Aridjis). Más importante que la presencia de estos temas es el énfasis puesto en los sentimientos y la tendencia a rehuir declaraciones y significados conceptuales. Pacheco maneja imágenes, vocablos y ritmos para destacar significados subjetivos; Aridjis y Montes de Oca emplean un amplio vocabulario e imágenes visionarias para transformar metafóricamente la realidad y subrayar efectos emotivos.

Esta tendencia a lo subjetivo no excluye grandes diferencias entre estos poetas. Montes de Oca y Aridjis construyen una poesía de gran riqueza metafórica, apoyada en procedimientos visionarios e irracionales, alejada de preocupaciones y actitudes lógicas. Su obra pudiera ligarse con la tradición surrealista, por lo menos en el énfasis que pone en valores subconscientes. En los casos de Zaid y Pacheco, por otra parte, los significados subjetivos se engendran mediante ordenaciones precisas, mediante imágenes visuales, mediante el dominio de la perspectiva, mediante un verso más escueto y regular. Pero la tendencia de trascender lo conceptual por

[10] Estas revistas incluyen *Pájaro Cascabel* (1962), *El Corno Emplumado* (1962) y *Cuadernos del Viento* (1960). La *Revista de la Universidad de México*, *La Palabra y el Hombre*, la *Revista de Bellas Artes*, la *Revista Mexicana de Literatura* y *Nivel* también han publicado poesía importante en estos años, además de ensayos y reseñas críticas. (Las últimas dos son muy valiosas para estar al tanto de la producción literaria mexicana.)
No hay que olvidar el papel importante que cumplen en México los suplementos literarios, principalmente *Revista Mexicana de Cultura* (suplemento de *El Nacional*), *México en la Cultura* (Novedades) y *La Cultura en México* (Siempre). También debe recordarse que la prestigiosa revista *Cuadernos Americanos* incluye crítica y poesía.

medio del lenguaje poético se destaca en la obra de casi todos estos poetas. En esto pueden relacionarse con Octavio Paz, cuya influencia es aparente en algunos de ellos. La corriente irracionalista y visionaria diferencia a algunos de estos poetas de Sabines, de García Terrés o de Rosario Castellanos.

Un rasgo relacionado con la tendencia subjetivista es el énfasis puesto por estos poetas en el valor creador de la poesía: todos tienden a considerarla como modelo insustituible de captar experiencias y significados humanos, sin reducirlos a abstracciones intelectuales. Montes de Oca destaca el poder descubridor de la palabra poética, separando la poesía de valores lógicos; Zaid, Pacheco y Aridjis demuestran, en el manejo del lenguaje, su confianza en la poesía. Su visión de la poesía como modo especial de conocimiento y de comunicación no contradice creencias de poetas anteriores; piénsese en la importancia otorgada a la creación poética por Paz y por Bonifaz Nuño. Pero sí refleja un cambio de énfasis. En los años 40 y 50 parecía más importante salvarse del formalismo y de la retórica, subrayar la poesía como algo que tenía que ser vivido, y demostrar las posibilidades poéticas del lenguaje cotidiano. Ahora importa destacar de nuevo el poder creador del lenguaje poético, su don de engendrar valores diferentes de los que tratan otras disciplinas.

Esto liga a los poetas del 60, en cierto sentido, con los de la vanguardia; ambos grupos subrayan la unicidad de la poesía. Pero hay una gran diferencia: los «Contemporáneos» veían en el poema un objeto más independiente, que en su forma contiene sus significados y su experiencia. Entre varios de los poetas del 60 la obra nace —y sigue existiendo— más como parte de un proceso continuo de invención y descubrimiento poético.

Es demasiado temprano para decidir si la tendencia subjetivista y la visión de la poesía marcan un cambio fundamental que podría constituir una transición hacia una época diferente de la postvanguardista. (¿Qué viene después de lo postcontemporáneo?) Aun si éste fuera el caso, representa también una afirmación del poder creador de la poesía y de su don para captar experiencias humanas que se remonta a los principios de la tradición simbolista. Juicios más exactos corresponden a los críticos del futuro.

Por otra parte —y ésta es la segunda vertiente que se discierne en la década de los 60— surge también una preocupación con la relación entre la poesía y los problemas de la sociedad. Esto se hace muy claro con la publicación en 1960 de *La espiga amotinada,* libro que recoge obras de cinco poetas jóvenes: Juan Bañuelos, Oscar Oliva (1938), Jaime Labastida (1939), Eraclio Zepeda (1937) y Jaime Augusto Shelley (1937). (Otro tomo de estos cinco, titulado *Ocupación de la palabra,* aparece en 1965; la mayoría de ellos tiene, además, libros sueltos de poesía.) Sus poemas dejan ver el esfuerzo de captar poéticamente los problemas de nuestra época: la vacuidad de la sociedad y de la ciudad moderna, la corrupción del sistema de gobierno, la esterilidad de la vida. Esta vertiente no debe separarse completamente de la que se describió anteriormente: la protesta de «La espiga amotinada» tiene paralelos con la angustia romántica de

Aridjis o Zaid. Por otra parte, Bañuelos, Labastida y Oliva revelan una conciencia de la forma y la palabra poética, y se cuidan del propagandismo. Su tratamiento del tema social es amplio; destacan los horrores de la vida y de la sociedad moderna, no los problemas de un partido. Oliva combina experimentos metafóricos y formales con un vocabulario cotidiano, produciendo algunas obras de gran impacto. Labastida escribe poemas más amplios y abiertos, pero ordenados por recursos sintácticos y formales como el paralelismo y la anáfora y con imágenes de gran poder.

La veta social en la poesía mexicana recibe un impulso a fines de los 60 por claras razones históricas. La situación mundial y continental —la guerra del Vietnam, la revolución cubana y sus mitos, el militarismo brasileño, la subida al poder y los problemas del gobierno de Allende en Chile— dirige la atención a problemas de índole política y social. También lo hacen acontecimientos en México. El gobierno de Gustavo Díaz Ordaz (1965-1971) toma una posición cada vez más conservadora, e incurre la enemistad de grupos juveniles (que ven también la corrupción de los ideales de la Revolución). Las tensiones se acentúan en 1968, aumentan las acusaciones de represión, y en octubre de 1968 el ejército dispersa una demostración en la plaza de Tlatelolco en la capital, hay tiroteos, y muere una cantidad considerable de jóvenes. Este acontecimiento polariza los grupos sociales, y adquiere para muchos características simbólicas. Las tensiones entre grupos estudiantiles y el gobierno continúan. Además, hay que notar los problemas creados por el enorme crecimiento de la ciudad de México, por los conflictos ideológicos, por la corrupción en el gobierno, por la inflación.

Todo esto afecta no sólo la obra de «La espiga amotinada», sino también la de otros poetas incluidos aquí. Los últimos dos libros de Pacheco enfocan más directamente los problemas de la época, aunque siempre de manera muy universal (ver los poemas números 9, 12, 13 y 14 de mi selección). No disminuye la maestría artística, pero las experiencias de la obra se ligan más con asuntos de la época. Aumenta el empleo de varias perspectivas y de diversos tonos, tal vez porque estos recursos corresponden mejor al enfoque tomado. No sabemos tampoco qué efecto tendrá a la larga la preocupación social en el desarrollo de la poesía mexicana, o cómo se relacionará esta preocupación con la tendencia al subjetivismo y con el énfasis en el papel creador de la poesía. (Tal vez las diferencias entre estas tendencias sean más aparentes que reales; la creencia en el valor de la poesía como manera única de captar experiencias emotivas puede relacionarse con la comunicación de experiencias sociales por medio de la palabra poética.)

Mientras tanto se sigue escribiendo y publicando en México poesía importante. Los poetas del 50 y del 60 desarrollan y ahondan su obra; los últimos libros de Sabines, García Terrés, Bonifaz Nuño, Pacheco, Bañuelos y Zaid, imprimidos entre 1968 y 1973, son más impresionantes que su obra anterior. Las revistas de poesía *Pájaro Cascabel* y *El Corno Emplumado,* más otras que también contienen poemas, han dado a conocer obras excelentes. La editorial Joaquín Mortiz se especializa en publicar, en forma bella y cuidadosa, numerosos libros de poesía; el Fondo de Cultura y la U. N. A. M. también publican poesía. Entre los poetas que se han distinguido, además de los ya nombrados en páginas anteriores, habría que mencionar a Eduardo Lizalde, que se vale de formas escuetas, de un lenguaje cotidiano diestramente manejado y del tono para escribir obras de gran impacto; a Gerardo Deniz, cuyo libro *Adrede* recoge poemas de gran riqueza metafórica y dominio formal, escritos a partir de 1955; a Isabel Fraire, a José Carlos Becerra, a Marcela del Río. En su primer libro, *El jardín de la luz*, David Huerta demuestra un empleo muy logrado de vocablo e imagen para crear experiencias vitales.

BIBLIOGRAFIA GENERAL

(Selección)

Se ofrece a continuación una bibliografía muy breve, que consta de los libros y artículos más útiles para dar una visión de conjunto de las fases de la poesía mexicana moderna. En la primera parte he incluido varias obras autobiográficas, algunas historias literarias de las más útiles y asequibles, y los estudios que parecían más importantes. Algunas de las antologías de la segunda parte contienen también estudios importantes. Todas las obras en esta bibliografía y en las bibliografías particulares se presentan en orden cronológico.

I. ESTUDIOS:

GERMÁN LIST ARZUBIDE: *El movimiento estridentista*. Jalapa, Ediciones Horizonte, 1927.—EDUARDO COLÍN: *Rasgos*. México, Imp. Manuel León Sánchez, 1934.—LUIS MONGUIÓ: «Poetas postmodernistas mexicanos», *Revista Hispánica Moderna*, XII, núms. 3-4 (1946), págs. 239-266.—ARQUELES VELA: *Teoría literaria del modernismo*. México, Ed. Botas, 1949.—JOSÉ LUIS MARTÍNEZ: *Literatura mexicana siglo XX*. 2 tomos. México, Antigua Librería Robredo, 1949-1950.—JOSÉ ROJAS GARCIDUEÑAS: «Estridentismo y Contemporáneos», *Universidad de México*, VI (diciembre 1952).—JULIO TORRI: «La 'Revista Moderna' en México», *Las Letras Patrias*, núm. 1 (1954), págs. 71-80.—MAX HENRÍQUEZ UREÑA: *Breve historia del modernismo*. México, Fondo do Cultura Económica, 1954.—RAFAEL DEL RÍO: *Poesía mexicana contemporánea*, Torreón, Coahuila, Eds. Revista Cauce, 1955.—JAIME TORRES BODET: *Tiempo de arena*. México, Fondo de Cultura Económica, 1955. También en *Obras escogidas* México, F. C. E., 1961. Autobiografía útil para entender a los «Contemporáneos».—MARGARITA MICHELENA: *Notas en torno a la poesía mexicana contemporánea*. México, Asociación Mexicana por la Libertad de la Cultura, 1956.—FRANK DAUSTER: *Breve historia de la poesía mexicana*. México, Ediciones de Andrea, 1956.—JOHN S. BRUSHWOOD: Introducción a *Swan, Cygnets, and Owl*. Columbia, Missouri, University of Missouri Studies, 1956, págs. 1-33.—JULIO JIMÉNEZ RUEDA: *Historia de la literatura mexicana*. México, Ed. Botas, 1957.—LUIS LEAL: «Torres Bodet y los Contemporáneos», *Hispania*, XL, núm. 3 (1957), págs. 290-296.—OCTAVIO PAZ: *Las peras del olmo*. México, Imprenta Universitaria, 1957.—ROBERTO FERNÁNDEZ RETAMAR: «Situación actual de la poesía hispanoamericana», *Revista Hispánica Moderna*, XXIV, núm. 4 (1958), págs. 321-330.—BOYD G. CARTER: *Las revistas literarias de Hispanoamérica*. México, Ediciones de Andrea, 1959.—RAÚL LEIVA: *Imagen de la poesía mexicana contemporánea*. México, Imprenta Universitaria, 1959.—JOSÉ LUIS MARTÍNEZ: *De la naturaleza y carácter de la literatura mexicana*. México, Fondo de Cultura Económica, 1960.—ENRIQUE ANDERSON IMBERT: *La literatura hispanoamericana*. Tomo II. México, Fondo de Cultura Económica, 1961.—RAMÓN XIRAU: *Poetas de México y España*. Madrid, Porrúa Turanzas, 1962. Estudia los poetas nacidos en los '20.—MERLIN H. FORSTER: «La revista 'Contemporáneos' ¿hacia una mexicandad universal?», *Hispanófila*, núm. 17 (1963), págs. 117-122.—JOSÉ ARROM: *Esquema generacional de las letras hispanoamericanas*. Bogotá, Instituto Caro y Cuervo, 1963.—SALVADOR REYES NEVARES: «La literatura mexicana en el siglo XXQ, *Panorama das literaturas das Americas*, Angola, Municipio de Nova Lisboa, 1963. Tomo IV, págs. 1937-1955.—FRANK DAUSTER: *Ensayos sobre poesía mexicana. Asedio a los «Contemporáneos»*. México, Ediciones de Andrea, 1963.—MERLIN H. FORSTER: *Los Contemporáneos, 1920-1932. Perfil de un experimento vanguardista mexicano*. México, Ediciones de Andrea, 1964.—JOHN S. BRUSHWOOD: «Contemporáneos and the Limits of Arte», *Romance Notes*, V (1964), págs. 1-5.—JOSÉ EMILIO PACHECO: «Aproximación a la poesía mexicana del siglo XX», *Hispania*, XLVIII, núm. 2 (1965), págs. 209-219. Excelente visión general.—CARLOS GONZÁLEZ PEÑA: *Historia de la literatura mexicana*. 9.ª ed. México, Ed. Porrúa, 1966.—NED J. DAVISON: *The Concept of Modernism in Hispa-*

nic Criticism. Boulder, Colorado, Pruett Press, 1966.—JORGE CAMPOS: «Los 'Contemporáneos' Mejicanos», *Insula*, XXII, núm. 243 (1967), pág. 11.—OCTAVIO CORVALÁN: *Modernismo y Vanguardia*. New York, Las Américas, 1967.—MANUEL MAPLES ARCE: *Soberana juventud*. Madrid, Ed. Plenitud, 1967. Libro de memorias, valioso para recrear la época 1914-1935.—HOMERO CASTILLO, ed.: *Estudios críticos sobre el modernismo*. Madrid, Ed. Gredos, 1968. Reúne estudios importantes de Federico de Onís, Luis Monguió, Ricardo Gullón, Donald Fogelquist, Ivan Schulman, Raúl Silva Castro, Pedro Salinas y otros.—BOYD G. CARTER: *Historia de la literatura hispanoamericana a través de sus revistas*. México, Ediciones de Andrea, 1968.—RAMÓN XIRAU: «Poetas recientes de México», *Mundo Nuevo*, núm. 3 (diciembre 1968).—RICARDO GULLÓN: *Direcciones del modernismo*. Madrid, Ed. Gredos, 1971.—MÓNICA MANSOUR: «Otra dimensión de nuestra poesía», *La Palabra y El Hombre*, II (1972), págs. 33-39.—ANDREW P. DEBICKI: *Poetas hispanoamericanos contemporáneos*. Madrid, Gredos, 1976.

II. ANTOLOGÍAS:

JORGE CUESTA, ed.: *Antología de la poesía mexicana moderna*. México, Contemporáneos, 1928, 2.ª ed. 1952.—FEDERICO DE ONÍS: *Antología de la poesía española e hispanoamericana* [1934], 3.ª ed. New York, Las Américas, 1961. Contiene una amplia e importante introducción.—MANUEL MAPLES ARCE, ed.: *Antología de la poesía mexicana moderna*. Roma, Poligrafía Tiberina, 1940.—JESÚS ARELLANO, ed.: *Antología de los 50*. México, Ediciones Alatorre, 1952.—ANTONIO CASTRO LEAL, ed.: *La poesía mexicana moderna*. México, Fondo de Cultura Económica, 1953. Contiene un estudio importante.—JESÚS ARELLANO, ed.: *Poetas jóvenes de México*. México, Eds. Libro-Mex, 1955.—MAX AUB, ed.: *Poesía mexicana, 1950-1960*. Madrid, Aguilar, 1960. *Poesía en movimiento*. Selecciones y notas de Octavio Paz, Alí Chumacero, José Emilio Pacheco y Homero Aridjis. Prólogo de Octavio Paz. México, Siglo Veintiuno Editores, 1966.—CARLOS MONSIVÁIS, ed.: *La poesía mexicana del siglo XX-antología*. México, Empresas Editoriales, 1966.—ALDO PELLEGRINI, ed.: *Antología de la poesía viva latinoamericana*. Barcelona, Ed. Seix Barral, 1966.—HOMERO CASTILLO, ed.: *Poetas modernistas hispanoamericanos*. Waltham, Mass, Blaisdell Publishing Co., 1966. FRANK DAUSTER, ed.: *Poesía mejicana (antología)*. Zaragoza, Ed. Ebro, 1970.—JOSÉ EMILIO PACHECO, ed.: *Antología del modernismo, 1884-1921*. 2 tomos. México, U. N. A. M., 1970.—FRANCISCO MONTES DE OCA: *Poesía mexicana*. México, Ed. Porrúa, 1971.—JOSÉ OLIVIO JIMÉNEZ, ed.: *Antología de la poesía hispanoamericana contemporánea, 1914-1970*. Madrid, Alianza Editorial, 1971.

III. BIBLIOGRAFÍAS:

ARTURO TORRES RIOSECO y RALPH WARNER: *Bibliografía de la poesía mexicana*. Cambridge, Mass., Harvard University Press, 1934.—AURORA MAURA OCAMPO DE GÓMEZ: *Literatura mexicana contemporánea-bibliografía crítica*. México, U. N. A. M., 1965.—AURORA MAURA OCAMPO DE GÓMEZ y ERNESTO PRADO VELÁSQUEZ: *Diccionario de escritores mexicanos*. México, U. N. A. M., 1967. La mejor fuente general de información biográfica y bibliográfica.

MANUEL GUTIERREZ NAJERA

(México, 1859-1895)

Nacido de padres de la clase media, Gutiérrez Nájera recibió una buena educación humanística, estudiando con profesores particulares. Siempre atraído por la gracia y el refinamiento franceses, cultivó una postura exquisita y elegante, ampliamente reflejada en sus cuentos y crónicas. Fue periodista de profesión; siendo jefe de redacción de El Partido Liberal fundó como suplemento literario de éste la Revista Azul, una de las más importantes del modernismo hispanoamericano. Nunca viajó fuera de México.

Uno de los primeros escritores profesionales mexicanos, Gutiérrez Nájera rechaza cualquier postura de bohemia y se empeña en hacer respetable el oficio del escritor. Sus cuentos y crónicas, los más poéticos igual que los más costumbristas, revelan un estilo cuidadoso que siempre se ajusta al tono de la obra. Se deja notar en su obra una marcada influencia francesa (la de los parnasianos, de Sully Prudhomme, de Catulle Mendès —no de Baudelaire ni de Rimbaud—). En algunos de sus poemas (piénsese en «La duquesa Job») predomina una nota frívola y abundan cuadros de la sociedad de la época. Importa notar, sin embargo, que debajo de la frivolidad y la gracia de Gutiérrez Nájera laten dudas y angustias: una y otra vez revela su preocupación con la temporalidad de la vida. (Los contratiempos personales y las crisis económicas que sufrió bien pueden haber acentuado su pesimismo.)

Una nota subjetiva y melancólica caracteriza, efectivamente, la mayor parte de la poesía de Gutiérrez Nájera, en la cual predominan los temas de la pérdida de la ilusión, del pasar del tiempo, de la muerte de la amada. Se percibe también el conflicto entre un ansia de creencias religiosas y un escepticismo atormentado. Un sentimiento general del desvanecimiento de todos los valores humanos y de la vida misma subyace esta obra lírica (aquí sí puede ligarse a Gutiérrez Nájera, por lo menos temáticamente, con el mal de siècle). El arte y la poesía son una manera de sobreponerse a la fugacidad de todo, aunque tampoco resultan una solución satisfactoria para el poeta.

El gran mérito de Gutiérrez Nájera está en su capacidad de expresar esta visión romántica con un notable control, salvándola del sentimentalismo y también de la predicación. En el poema 1, podemos ver cómo el hablante contrapesa sus declaraciones románticas con notas irónicas y con observaciones agudas, las que en últimas cuentas subrayan y nos hacen sentir el pleno horror de la muerte (lo hacen también el ritmo y la expresión escueta). A menudo un sentimiento se objetiviza por medio de un símbolo, evitando una presentación directa y facilitando el asentimiento (véanse los poemas 3, 5 y 7). Tal símbolo llega a sugerir y encarnar toda una actitud ante la vida, imposible de expresar en una simple declaración. Gutiérrez Nájera se vale a veces de imágenes y símbolos visionarios, ligando dos planos a base de los sentimientos del hablante. En algunos poemas —el 6 es un buen ejemplo— crea mediante series de imágenes toda una nueva realidad, todo un mundo de sensaciones estrechamente integradas que puede compartir el lector.

Aunque Gutiérrez Nájera no inventa nuevos esquemas métricos, se vale mucho de efectos rítmicos: mediante diversas formas métricas, mediante el hipérbaton, mediante el uso de hemistiquios y de acentos secundarios, maneja y varía acertadamente el tono de su obra. Emplea la asonancia para lograr efectos más sutiles y matizados. En otros casos produce un impacto con la rima consonante. (Compárense

33

los efectos alcanzados en los poemas 1, 3 y 4.) No emplea el poeta escenarios ni vocablos exóticos; más bien ajusta su lenguaje bastante común para crear valores bien precisos. En muchos poemas crea un impacto dramático mediante el verso final —en el poema 1 nos sacude con el tono frío de la expresión «bien muerta». Aunque muchas de sus poesías son extensas, ha escrito también obras cortas y concentradas que evocan la lírica de tipo tradicional española (ver los números 2 y 4). Vale recordar el interés de Gutiérrez Nájera en la tradición poética española.

Indudablemente la poesía de Gutiérrez Nájera pertenece a un período ya distante: algunos de sus temas y sus emociones igual que gran parte de su lenguaje romántico y modernista están lejos de nosotros. Por otra parte, el control ejercido por el ritmo y el vocabulario —que nos hacen pensar en Bécquer y la lírica popular igual que en la poesía francesa decimonónica— apuntan hacia la época moderna.

OBRA POÉTICA:

Obras. Poesía. Tomo I. Prólogo de Justo Sierra. México, Tipografía de la Oficina del Timbre, 1896. Esta edición póstuma, primera colección de la poesía del autor, reúne poemas publicados en diversos periódicos.—*Obras.* México, Tipografía de la Oficina del Timbre, 1897-1912. 5 tomos; el cuarto (1897) y el quinto (1909) contienen la obra poética.—*Poesías.* París, Librería de la Vda. de Ch. Bouret, 1897. 2 tomos. Es reproducción de la anterior; hay varias reimpresiones.—*Obras inéditas. Poesías* Ed. por E. K. Mapes. New York, Hispanic Institute in the U. S., 1943.—*Poesías completas.* Ed. y prólogo de Francisco González Guerrero. México, Ed. Porrúa, 1953. 2 tomos.— Poemas incluidos en BOYD CARTER, *Manuel Gutiérrez Nájera; estudio y escritos inéditos* (ver bibliografía).

BIBLIOGRAFÍA:

NELL WALKER: *The Life and Works of Manuel Gutiérrez Nájera.* Columbia, Mo., University of Missouri Press, 1927.—BOYD G. CARTER: *Manuel Gutiérrez Nájera; estudio y escritos inéditos.* México, Ediciones de Andrea, 1956.—FRANK DAUSTER: *Breve historia de la poesía mexicana.* México, Ediciones de Andrea, 1956, págs. 105-110.— IVAN A. SCHULMAN: «Función y sentido del color en la poesía de Manuel Gutiérrez Nájera», *Revista Hispánica Moderna,* XXIII (1957), págs. 1-13.—IRMA CONTRERAS GARCÍA: *Indagaciones sobre Gutiérrez Nájera.* México, Ed. Metáfora, 1957.—VIRGINIA GÓMEZ BAÑOS: *Bibliografía de Manuel Gutiérrez Nájera y cuatro cuentos inéditos.* México, Imprenta Arana, 1958.—BOYD G. CARTER: *En torno a Gutiérrez Nájera.* México, Ed. Botas, 1960.—BOYD G. CARTER: «Gutiérrez Nájera y Martí como iniciadores del modernismo», *Revista Iberoamericana,* XXVIII, núm. 54 (1962), páginas 296-310.—CARLOS GÓMEZ DEL PRADO: *Manuel Gutiérrez Nájera; vida y obra.* México, Ed. de Andrea, 1964.—IVAN A. SCHULMAN: «José Martí y Manuel Gutiérrez Nájera: iniciadores del modernismo», *Revista Iberoamericana,* XXX, núm. 57 (1964), páginas 9-50. Recogido junto con el estudio anteriormente citado y otros más en SCHULMAN, *Génesis del modernismo.* México, El Colegio de México/Washington University Press, 1966.—JOSÉ EMILIO PACHECO: *Antología del modernismo, 1884-1921.* México, U. N. A. M., 1970. Tomo I, págs. 3-7.—BOYD G. CARTER y JOAN L. CARTER: *Manuel Gutiérrez Nájera; florilegio crítico-conmemorativo.* México, Ediciones de Andrea, 1966. TERRY O. TAYLOR: «Manuel Gutiérrez Nájera: Originality and the Question of Literary Borrowings», *Symposium,* XXVII (1973), págs. 269-279.

1

MIMÍ

Llenad la alcoba de flores
Y solo dejadme aquí;
Quiero llorar mis amores,
Que ya está muerta *Mimí:*

Sobre su lecho tendida,
Inmóvil y blanca está;
Parece como dormida;
Pero no despertará.

En balde mi mano toca
Sus rizos color de té,
Y en balde beso su boca,
Porque *Mimí* ya se fue.

Dejadme: tal vez despierta
Pronto la veré saltar,
Pero cerrad bien la puerta
Por si se quiere escapar.

¡Mimí, la verde pradera
Perfuma el blanco alelí,
Ya volvió la primavera,
Vamos al campo, *Mimí!*

¡Deja el lecho, perezosa!
Hoy es domingo, mi bien,
Está la mañana hermosa
Y cerrado tu almacén.

Ata las bridas flotantes
De tu capota gentil,
Mientras cubro con los guantes
Tus manitas de marfil.

Abre tus ojos, ¡despierta!
¿No sabes que estoy aquí?
¿Verdad que tú no estás muerta?
¡Despierta, rubia *Mimí!*

Quiero en vano que responda;
¡Ya nunca más la veré!
La pobre niñita blonda,
Que me quiso, ya se fue.

En sus manos, hoy tan quietas,
Dejo ya mi juventud,
Y con azules violetas
Cubro su blanco ataúd.

Si alegre, gallarda y bella
La veis pasar por allí,
No os imaginéis que es ella...
¡Ya está bien muerta Mimí!

1880[1]

2

AL PIE DE UN SICOMORO

Al pie de un sicomoro la cuitada
    Suspira acongojada.

Cantad el sauce y su verdor frondoso.

La sien en la rodilla y con la mano
    Oprime el pecho insano.

Cantad el sauce fúnebre y lloroso.

La fuente iba a su lado rebullendo,
    Sus quejas repitiendo.

Cantad el sauce y su verdor frondoso.

Su llanto baña y mueve el duro suelo
    A compasión y duelo.

Cantad el sauce fúnebre y lloroso.

—Le dije yo a mi amor que era inconstante:
    ¿Qué contestó mi amante?

Cantad el sauce y su verdor frondoso.

«Si de otros ojos miro en el espejo,
    ¡Busca tú otro cortejo!»

1880

---

[1] Todos los poemas de Gutiérrez Nájera aquí incluidos, menos el número 2, proceden de las *Poesías* publicadas en París en 1897; se indica en cada caso la fecha del poema tal como aparece en esta edición. El poema 2 proviene de las *Obras inéditas* recogidas por Mapes; se publicó en *La Voz de España* en 1880. He corregido varias erratas obvias en algunos de los poemas.

3

ONDAS MUERTAS

A Luis Medrano

En la sombra debajo de tierra
donde nunca llegó la mirada,
se deslizan en curso infinito
silenciosas corrientes de agua.
Las primeras, al fin, sorprendidas,
por el hierro que rocas taladra,
en inmenso penacho de espumas
hervorosas y límpidas saltan.
Mas las otras, en densa tiniebla,
retorciéndose siempre resbalan,
sin hallar la salida que buscan,
a perpetuo correr condenadas.

A la mar se encaminan los ríos,
y en su espejo movible de plata,
van copiando los astros del cielo
o los pálidos tintes del alba:
ellos tienen cendales de flores,
en su seno las ninfas se bañan,
fecundizan los fértiles valles,
y sus ondas son de agua que canta.

En la fuente de mármoles níveos,
juguetona y traviesa es el agua,
como niña que en regio palacio
sus collares de perlas desgrana;
ya cual flecha bruñida se eleva,
ya en abierto abanico se alza,
de diamantes salpica las hojas
o se duerme cantando en voz baja.

En el mar soberano las olas
los peñascos abruptos asaltan:
al moverse, la tierra conmueven
y en tumulto los cielos escalan.
Allí es vida y es fuerza invencible,
allí es reina colérica el agua,
como igual con los cielos combate
y con dioses y monstruos batalla.

¡Cuán distinta la negra corriente
a perpetua prisión condenada,
la que vive debajo de tierra
do ni yertos cadáveres bajan!
La que nunca la luz ha sentido,
la que nunca solloza ni canta,
¡esa muda que nadie conoce,
esa ciega que tienen esclava!

Como ella, de nadie sabidas,
como ella, de sombras cercadas,
sois vosotras también, las obscuras
silenciosas corrientes de mi alma.
¿Quién jamás conoció vuestro curso?
¡Nadie a veros benévolo baja!
Y muy hondo, muy hondo se extienden
vuestras olas cautivas que callan.

Y si paso os abrieran, saldríais,
como chorro bullente de agua,
que en columna rabiosa de espuma
sobre pinos y cedros se alza.
Pero nunca jamás, prisioneras,
sentiréis de la luz la mirada:
¡seguid siempre rodando en la sombra,
silenciosas corrientes del alma!

1887

4

En un cromo

Niña de la blanca enagua
Que miras correr el agua
Y deshojas una flor;
Más rápido que esas ondas,
Niña de las trenzas blondas
Pasa cantando el amor.

Ya me dirás, si eres franca,
Niña de la enagua blanca
Que la dicha es el amor;
Mas yo haré que te convenzas,
Niña de las rubias trenzas
De que olvidar es mejor.

1887

5

MARIPOSAS

A J. M. Bustillos

Ora blancas cual copos de nieve,
Ora negras, azules o rojas,
En miriadas esmaltan el aire
Y en los pétalos frescos retozan.
Leves saltan del cáliz abierto,
Como prófugas almas de rosas,
Y con gracia gentil se columpian
En sus verdes hamacas de hojas.
Una chispa de luz les da vida
Y una gota al caer las ahoga;
Aparecen al claro del día,
Y ya muertas las halla la sombra.

¿Quién conoce sus nidos ocultos?
¿En qué sitio de noche reposan?
¡Las coquetas no tienen morada!...
¡Las volubles no tienen alcoba!...
Nacen, aman, y brillan y mueren,
En el aire, al morir se transforman,
Y se van, sin dejarnos su huella,
Cual de tenue llovizna las gotas.

Tal vez unas en flores se truecan,
Y llamadas al cielo las otras,
Con millones de alitas compactas
El arco-iris espléndido forman.
Vagabundas, ¿en dónde está el nido?
Sultanita, ¿qué harem te aprisiona?
¿A qué amante prefieres, coqueta?
¿En qué tumba dormís, mariposas?

* * *

¡Así vuelan y pasan y expiran
Las quimeras de amor y de gloria,
Esas alas brillantes del alma,
Ora blancas, azules o rojas!
¿Quién conoce en qué sitio os perdisteis,
Ilusiones que sois mariposas?
¡Cuán ligero voló vuestro enjambre
Al caer en el alma la sombra!

39

Tú, la blanca, ¿por qué ya no vienes?
¿No eras fresco azahar de mi novia?
Te formé con un grumo del cirio
Que de niño llevé a la parroquia;
Eras casta, creyente, sencilla,
Y al posarte temblando en mi boca,
Murmurabas, heraldo de goces,
« ¡Ya está cerca tu noche de bodas! »

¡Ya no viene la blanca, la buena!
¡Ya no viene tampoco la roja,
La que en sangre teñí, beso vivo,
Al morder unos labios de rosa!
Ni la azul que me dijo: ¡poeta!
¡Ni la de oro, promesa de gloria!
¡Ha caído la tarde en el alma!
¡Es de noche... ya no hay mariposas!
Encended ese cirio amarillo...
¡Ya vendrán en tumulto las otras,
Las que tienen las alas muy negras
Y se acercan en fúnebre ronda!
Compañeras, la cera está ardiendo;
¡Compañeras, la pieza está sola!
Si por mi alma os habéis enlutado,
¡Venid pronto, venid mariposas!

1887

6

DE BLANCO

¿Qué cosa más blanca que cándido lirio?
¿Qué cosa más pura que místico cirio?
¿Qué cosa más casta que tierno azahar?
¿Qué cosa más virgen que leve neblina?
¿Qué cosa más santa que el ara divina
      De gótico altar?

¡De blancas palomas el aire se puebla;
Con túnica blanca, tejida de niebla,
Se envuelve a lo lejos feudal torreón;
Erguida en el huerto la trémula acacia
Al soplo del viento sacude con gracia
      Su níveo pompón!

¿No ves en el monte la nieve que albea?
La torre muy blanca domina la aldea,

Las tiernas ovejas triscando se van,
De cisnes intactos el lago se llena;
Columpia su copa la enhiesta azucena
Y su ánfora inmensa levanta el volcán.

Entremos al templo: la hostia fulgura;
De nieve parecen las canas del cura,
Vestido con alba de lino sutil;
Cien niñas hermosas ocupan las bancas,
Y todas vestidas con túnicas blancas
En ramos ofrecen las flores de Abril.

Subamos al coro: la virgen propicia
Escucha los rezos de casta novicia
Y el cristo de mármol expira en la cruz;
Sin mancha se yerguen las velas de cera;
De encaje es la tenue cortina ligera
Que ya transparenta del alba la luz.

Bajemos al campo: tumulto de plumas
l'arece el arroyo de blancas espumas
Que quieren, cantando, correr y saltar;
Su airosa mantilla de fresca neblina
Terció la montaña; la vela latina
De barca ligera se pierde en el mar.

Ya salta del lecho la joven hermosa
Y el agua refresca sus hombros de diosa,
Sus brazos ebúrneos, su cuello gentil;
Cantando y risueña se ciñe la enagua,
Y trémulas brillan las gotas de agua
En su árabe peine de blanco marfil.

¡Oh mármol! ¡Oh nieves! ¡Oh inmensa blancura
Que esparces doquiera tu casta hermosura!
¡Oh tímida virgen! ¡Oh casta vestal!
Tú estás en la estatua de eterna belleza;
De tu hábito blanco nació la pureza,
¡Al ángel das alas, sudario al mortal!

Tú cubres al niño que llega a la vida,
Coronas las sienes de fiel prometida,
Al paje revistes de rico tisú.
¡Qué blancas son, reinas, los mantos de armiño!
¡Qué blanca es, oh madres, la cuna del niño!
¡Qué blanca, mi amada, qué blanca eres tu!

En sueños ufanos de amores contemplo
Alzarse muy blancas las torres de un templo
Y oculto entre lirios abrirse un hogar;
Y el velo de novia prenderse a tu frente,
Cual nube de gasa que cae lentamente
Y viene en tus hombros su encaje a posar.

1888

7

MIS ENLUTADAS

Descienden taciturnas las tristezas
    Al fondo de mi alma,
Y entumecidas, haraposas brujas,
    Con uñas negras
    Mi vida escarban.

De sangre es el color de sus pupilas.
    De nieve son sus lágrimas:
Hondo pavor infunden... yo las amo
    Por ser las solas
    Que me acompañan.

Aguárdolas ansioso, si el trabajo
    De ellas me separa,
Y búscolas en medio del bullicio,
    Y son constantes,
    Y nunca tardan.

En las fiestas, a ratos se me pierden
    O se ponen la máscara,
Pero luego las hallo, y así dicen:
    —¡Ven con nosotras!
    ¡Vamos a casa!

Suelen dejarme cuando sonriendo
    Mis pobres esperanzas
Como enfermitas, ya convalecientes,
    Salen alegres
    A la ventana.

Corridas huyen, pero vuelven luego
    Y por la puerta falsa
Entran trayendo como nuevo huésped
    Alguna triste
    Lívida hermana.

Abrese a recibirlas la infinita
    Tiniebla de mi alma,
Y van prendiendo en ella mis recuerdos
    Cual tristes cirios
    De cera pálida.

Entre esas luces, rígido, tendido,
    Mi espíritu descansa;
Y las tristezas, revolando en torno,
    Lentas salmodias
    Rezan y cantan.

Escudriñan del húmedo aposento
    Rincones y covachas,
El escondrijo do guardé cuitado
    Todas mis culpas,
    Todas mis faltas.

Y urgando mudas, como hambrientas lobas,
    Las encuentran, las sacan,
Y volviendo a mi lecho mortuorio
    Me las enseñan
    Y dicen: habla.

En lo profundo de mi ser bucean,
    Pescadoras de lágrimas,
Y vuelven mudas con las negras conchas
    En donde brillan
    Gotas heladas.

A veces me revuelvo contra ellas
    Y las muerdo con rabia,
Como la niña desvalida y mártir
    Muerde a la harpía
    Que la maltrata.

Pero en seguida, viéndose impotente,
    Mi cólera se aplaca,
¿Qué culpa tienen, pobres hijas mías,
    Si yo las hice
    Con sangre y alma?

Venid, tristezas de pupila turbia,
    Venid, mis enlutadas,
Las que viajáis por la infinita sombra,
    Donde está todo
    Lo que se ama.

Vosotras no engañáis: venid, tristezas,
¡Oh mis criaturas blancas
Abandonadas por la madre impía,
Tan embustera,
Por la esperanza!

Venid y habladme de las cosas idas
De las tumbas que callan,
De muertos buenos y de ingratos vivos...
Voy con vosotras,
Vamos a casa.

1890

SALVADOR DIAZ MIRON

(Veracruz, 1853-1928)

Tuvo Díaz Mirón una vida apasionada, dedicada en gran parte a la acción política. Diputado de oposición en la época de Porfirio Díaz, abogó en contra de la dictadura y a favor de la justicia social. Trabajó también como periodista y como maestro; fue encarcelado una vez por homicidio en defensa propia y otra por atentar contra la vida de un diputado.

La poesía temprana de Díaz Mirón revela el mismo desborde romántico que su biografía. Predomina el tema político y social: el poeta tiene un concepto militante del arte, y emplea el verso en la expresión de su actitud liberal. El tono sonoro y grandilocuente, que recuerda el de Núñez de Arce, produce frecuentes caídas —la poesía se torna alegato. Cuando logra evitar la hipérbole y controlar el tono, Díaz Mirón compone poemas poderosos y ya revela el don de crear impacto por medio de la imagen y del vocablo fuerte. Deja ver también su talento de organizar su expresión en formas exactas y concisas y de manejar el ritmo. Nótese el empleo de la imagen visual en el poema 1, y el efecto chocante logrado al final por el contraste de imágenes y el cambio de ritmo; obsérvese también el empleo de la imagen y del paralelismo para dar concreción a un tema abstracto en el poema 3.

Lascas muestra un cambio abrupto en la poesía de Díaz Mirón. (Vale notar que este libro se compone después de una época de cuatro años pasados en la cárcel.) Desaparece la retórica anterior y surgen en cambio imágenes y cuadros visuales creados con gran atención al detalle significativo, que captan varios estados de ánimo. En el poema 6, como ha notado Frank Dauster, los detalles sirven para forjar un excelente cuadro impresionista. En otros poemas Díaz Mirón proyecta y objetiviza en el paisaje sus emociones internas. Se vale de palabras arcaicas y de neologismos, varía el metro, emplea el encabalgamiento y la censura para lograr efectos precisos. Se preocupa de manera más evidente por hallar la forma poética perfecta, y ensaya una variedad de tonos, siempre forjados con exactitud. (José Emilio Pacheco ha notado que es el primer poeta mexicano que explota «la belleza de la fealdad» —véase el poema 7.) Aunque Lascas contiene poemas fríos y emanerados, ofrece por lo general obras logradas, que contrapesan la retórica de la poesía anterior.

En su poesía más tardía Díaz Mirón sigue revelando su preocupación formal, y experimenta con reglas arbitrarias que en muchos casos limitan su expresión; compone sin embargo algunos poemas excelentes, como el ya mencionado número 7. Díaz Mirón indicó también que había escrito varios libros inéditos, que todavía no se conocen.

El proceso de depuración que se descubre a lo largo de la obra de este poeta, igual que su interés en la creación exacta de significados por medio de la palabra, no sólo ligan a Díaz Mirón con el modernismo, sino que también apuntan a la poesía del siglo XX. Al dominar la emoción y el estilo, al evitar el exoticismo y basar sus poemas en realidades concretas reelaboradas por la forma poética, Salvador Díaz Mirón ha escrito obras que trascienden su época y apuntan a la nuestra.

OBRA POÉTICA:

Salvador Díaz Mirón, su retrato, rasgos biográficos y poesías escogidas... México, El Parnaso Mexicano, 1886. Contiene once poemas (2.ª ed., 1901).—Poesías. New York, Beston & Co., 1885 (2.ª ed., 1900). Treinta y dos poemas, publicados sin la

ANDREW P. DEBICKI

autorización de Díaz Mirón.—*Lascas*. Jalapa, Tipog. del Gobierno del Estado, 1901.—
Poesías completas. Ed. y prólogo de Antonio Castro Leal. México, Ed. Porrúa, 1941.
(Reeditado en 1945, 1947, 1952, 1958.)—*Antología poética*. Prólogo y notas de Antonio Castro Leal. México, U. N. A. M., 1953.—*Salvador Díaz Mirón, sus mejores poemas*. Ed. de Heráclides D'Acosta. México, El Libro Español, 1955.—*Los cien mejores poemas de Salvador Díaz Mirón*. Ed. de Castro Leal. México, 1969.

BIBLIOGRAFÍA:

ANTONIO CASTRO LEAL: *La obra poética de Salvador Díaz Mirón*. México, 1953.
GUILLERMO DÍAZ PLAJA: «Salvador Díaz Mirón y el modernismo», *Cuadernos Hispanoamericanos*, núm. 57 (1954), págs. 300-307.—ALFONSO MÉNDEZ PLANCARTE: *Díaz Mirón, poeta y artífice*. México, Antigua Librería Robredo, 1954.—JOSÉ CARILLO: *Radiografía y disección de Salvador Díaz Mirón*. México, Libros Bayo, 1954.—GUILLERMO DÍAZ PLAJA: «El sentimiento de la naturaleza en Díaz Mirón», *Cuadernos Hispanoamericanos*, núm. 65 (1955), págs. 197-205.—MAX HENRÍQUEZ UREÑA: *Breve historia del modernismo*. México, Fondo de Cultura Económica, 1954. 2.ª ed., 1962, págs. 80-89.—PEDRO CAFFAREL PERALTA: *Díaz Mirón en su obra*. México, Ed. Porrúa, 1956.—FRANCISCO MONTERDE: *Díaz Mirón: el hombre, la obra*. México, Ediciones de Andrea, 1956.—FRANCISCO MONTERDE: «El arte literario en la poesía de Díaz Mirón», *La cultura y la literatura iberoamericanas*, ed. R. Mead. México, Ediciones de Andrea, 1957.—JOSÉ ALMOINA: *Díaz Mirón: su poética*. México, Ed. Jus, 1958.—JOSÉ EMILIO PACHECO: *Antología del modernismo*. México, U. N. A. M., 1970. Tomo I, págs. 31-33.

1

A LOS HÉROES SIN NOMBRE

Milicias que en las épicas fatigas
caísteis, indistantas e ignoradas,
cual por la hoz del rústico segadas
en tiempo de cosecha las espigas;

que moristeis a manos enemigas,
fulgentes de entusiasmo las miradas,
tintas hasta los puños las espadas
y rotas por delante las lorigas.

¡Oscuros Alejandros y Espartacos!
La ingratitud de vuestro sino aterra
la musa de los himnos elegiacos.

En las cruentas labores de la guerra,
sembradora de lauros, fuisteis sacos
de estiércol, ay, para abonar la tierra.

(*Poesías* [primera época])[2].

[2] Los poemas de Díaz Mirón aquí incluidos proceden de las *Poesías completas*, edición de 1947. Esta recoge, bajo el título de «Poesías de la primera época», 57 poemas anteriores a 1892; también incluye, como «Poesías de la segunda época, 1892-1901», a *Lascas,* y una serie de «Poesías de la última época (1902-1928)».

2

LA NUBE

¿Qué te acongoja mientras que sube
del horizonte del mar la nube,
    negro capuz?
¡Tendrán por ella frescura el cielo,
pureza el aire, verdor el suelo,
    matiz la luz!

No tiembles. Deja que el viento amague
y el trueno asorde y el rayo estrague
    campo y ciudad;
tales rigores no han de ser vanos...
¡Los pueblos hacen con rojas manos
    la Libertad!

3

ASONANCIAS

Sé de un reptil que persigue
la sombra rauda y aérea
que un ave del paraíso
proyecta sobre la tierra,
desde el azul en que flota,
iris vivo de orlas negras.

Conozco un voraz gusano
que, perdido en una ciénaga,
acecha una mariposa
que, flor matizada y suelta,
ostenta en un aire de oro
dos pétalos que aletean.

¡Odio que la oscura escama
profesa a la pluma espléndida!
¡Inmundo rencor de oruga!
¡Eterna y mezquina guerra
de todo lo que se arrastra
contra todo lo que vuela!

4

MÚSICA FÚNEBRE

Mi corazón percibe, sueña y presume.
Y como envuelta en oro tejido en gasa,
la tristeza de Verdi suspira y pasa
en la cadencia fina como un perfume.

Y frío de alta zona hiela y entume,
y luz de sol poniente colora y rasa,
y fe de gloria empírea pugna y fracasa
como en ensayos torpes un ala implume.

El sublime concierto llena la casa;
y en medio de la sorda y estulta masa,
mi corazón percibe, sueña y presume.

Y como envuelta en oro tejido en gasa,
la tristeza de Verdi suspira y pasa
en la cadencia fina como un perfume.

(Lascas.)

5

A ELLA

Semejas esculpida en el más fino
hielo de cumbre sonrojado al beso
del sol, y tienes ánimo travieso,
y eres embriagadora como el vino.

Y mientes: no imitaste al peregrino
que cruza un monte de penoso acceso
y párase a escuchar con embeleso
un pájaro que canta en el camino.

Obrando tú como rapaz avieso,
correspondiste con la trampa el trino,
por ver mi pluma y torturarme preso.

No así el viandante que se vuelve a un pino
y párase a escuchar con embeleso
un pájaro que canta en el camino.

6

PINCELADAS

I

Pardas o grises, donde no musgosas,
tres tapias; y cuadrando el vergelillo,
reja oculta en verdor florido en rosas,
que son como de un ámbar amarillo.

Césped. Un pozo con brocal de piedra.
Lirios. Nardos. Jazmines. Heliotropos.
Un copudo laurel que al sesgo medra,
con telarañas como grandes gropos.

Un firmamento rubio. Vésper brilla [3],
a manera de lágrima que brota
y que creciente y única se orilla
para efundir o evaporar su gota.

Bien lejos, y en un arco de horizonte,
roca y negral vegetación abunda;
y excediendo los pliegues de tal monte,
y en símbolo de tierra tan fecunda,

volcán enhiesto y cónico alardea,
como en robusta madre teta erguida
que se vierte de túmida y albea
medio empapada en su licor de vida.

II

Como tenue labor, hecha con vaga
nieve ideal por manos de chicuelos,
y que lenta fusión merma y estraga
en la sublime curva de los cielos,

un trasunto se borra en una nube;
el de un ángel monstruoso por deforme.
Gloria. Silencio. Paz. La luna sube
del término del mar, flava y enorme [4].

[3] *Vésper*: Venus como lucero de la tarde.
[4] *flava*: Color de miel.

Asciende y disminuye y palidece;
y en el cerco irisado que la inviste
como de sacra majestad, parece
la cabeza de un dios enfermo y triste.

Y su místico imán turba la calma,
y prende un ala torpe al grave anhelo,
y suscita en el ponto y en el alma [5]
ciego y estéril ímpetu de vuelo.

7

PAISAJE

> ...et la lune apparut sanglante, et dans
> le cieux, de deuil envelopée je regardai
> rouler cette tête coupée.
>
> VÍCTOR HUGO. *Les Châtiments*[6]

Viejas encinas clavan
visibles garras
en la riscosa escarpa
de la montaña:
parecen vastas
y desprendidas patas
de inmensas águilas.

Sueño que sobre rasa
mole, tamañas
falcónidas pugnaban
por arrancarla
y al batir alas
perdieron las hincadas
piernas con zarpas.

Un arroyuelo baja
deshecho en plata:
resulta filigrana
que corre y pasa,
que gime y canta,
que semeja que arrastra
risas y lágrimas.

[5] *ponto*: mar.
[6] «y la luna parecía sangrante, y en los cielos, cubierta de duelo vi rodar esa cabeza cortada».

En planicie lejana
gramosa y glauca
reses vacunas pastan
y a trechos braman,
diseminadas
por la gula y enanas
por la distancia.

El crepúsculo acaba,
y el cielo guarda
matiz como de gama
de luz en nácar.
¡La luna salta,
como sangrienta y calva
cabeza humana!

A través de las ramas
sube con pausa:
su expresión es bellaca,
burlona y sabia.
¡Oh, qué sarcástica
la roja, la macabra
testa cortada!

Al cinto la canana
y al hombro el arma,
cruzo con poca maña
maleza brava,
que me señala
encuentros, con uñadas
en las polainas.

La sombra se dilata
parduzca y áurea,
con transparencias de ágata
sutil y extraña;
asume trazas
de humarada que apaga
tintas de llamas.

El ábrego, con ráfaga
fina y helada,
sopla, y una fragancia
mística y agria
cunde; y en marcha
sigo, con tumefacta
y urgida planta.

Murmullo de plegarias
confusas vaga,
y una tristeza trágica
me llena el alma.
¡Oh, qué sarcástica
la roja, la macabra
testa cortada!

(Poesías: última época.)

AMADO NERVO

(Tepic, 1870; Montevideo, Uruguay, 1919)

Después de estudiar en un seminario, Nervo se dedica al periodismo; reside en Francia entre 1900 y 1904. En 1905 entra en el servicio diplomático y se marcha a España donde permanece hasta 1916. Su obra literaria adquiere una enorme popularidad. Conocido y admirado en toda Hispanoamérica, Nervo muere poco después de llegar al Uruguay como ministro de México.

La fecunda obra poética de Nervo ha palidecido con el tiempo: sus emociones románticas y su ropaje decorativo han pasado de moda, y en épocas recientes la crítica ha sido muy dura con él. (Ultimamente, el valioso libro de Manuel Durán ha servido para contrarrestar esta tendencia.) Vale subrayar, sin embargo, la maestría de Nervo en crear ambientes sensoriales por medio de la descripción, por medio de imágenes decorativas y por medio del ritmo musical. Esto se puede ver claramente en los poemas 1, 3, 4 y 5, que representan muy bien un aspecto central del modernismo: la habilidad de emplear una variedad de recursos para encarnar verbalmente experiencias ricas y variadas, muy diferentes de la realidad cotidiana circundante. Por exóticos que nos parezcan estos poemas, sirven para crear artísticamente una realidad mucho más imaginativa que la ofrecida por el ensayo positivista o la novela de tesis.

Desde muy temprano aparece en la poesía de Nervo el conflicto entre un ansia religiosa y los deseos de la carne. El tema espiritual sigue apareciendo en diversas formas y con diversos enfoques: el panteísmo, la creencia religiosa, el espiritismo, el pesimismo nihilista ante la muerte. El ritual católico y el tema de la muerte contribuyen a la evocación de cuadros sensoriales. De diversos modos, Nervo sigue pugnando contra el misterio de la vida. También sigue escribiendo poemas amorosos. Produce una enorme cantidad de obras, que varían en valor: algunas parecen mera confesión sentimental, otras resultan declaraciones cursis. Nervo no logra forjar un lenguaje disciplinado y consistente. En sus mejores poemas, sin embargo, construye cuadros de alcance universal, o encarna una actitud filosófica en un sistema trabado de imágenes («El hermana agua»). Entonces su rico estilo modernista sí cumple el papel de comunicarnos toda una gama de sensaciones.

En su obra tardía el poeta abandona la riqueza decorativa y adquiere un estilo más escueto; subraya más el concepto y el tema espiritual del poema. Manuel Durán establece un paralelo interesante entre esta trayectoria de depuración y la de Juan Ramón Jiménez. Nervo escribe, en efecto, algunos poemas simbólicos logrados (ver el número 7). Pero mucho más a menudo cae en simples declaraciones y en el prosaísmo; en vez de sugerir amplias visiones esenciales por medio del símbolo, predica actitudes o creencias comunes y sencillas. (Lo cual hace su poesía a la vez más popular y más limitada.) El valor de su obra no puede buscarse en sus ideas; por eso resulta mucho más preferible su obra anterior, en la que el lenguaje y el estilo crean realidades subjetivas. Es esta poesía más rica la que apunta a López Velarde.

OBRA POÉTICA:

Místicas. México, Imp. de I. Escalante, 1898.—Perlas negras. México, Imp. de I. Escalante, 1898.—Poemas. París, Librería de la Vda. de Ch. Bouret, 1901.—Lira *heroica*. México, Oficina Imp. de Estampillas, 1902.—*El éxodo y las flores del camino*. México, Of. Imp. de Estampillas, 1902.—*Perlas negras. Místicas. Las voces.* París, Libr. de la Vda. de Ch. Bouret, 1904.—*Los jardines interiores*. México, Sucs. de F. Díaz de León, 1905.—*En voz baja. París,* Ollendorff, 1909.—*Serenidad.* Madrid, Renacimiento, 1914.—*Elevación.* Madrid, Tip. Artística Cervantes, 1914.— *El estanque de los lotos.* Buenos Aires, Jesús Menéndez, 1919.—*Mis mejores poemas.* Montevideo, 1919.—*El arquero divino.* Tomo XXVII de las *Obras completas,* 1927.—*Obras completas.* Ed. de Alfonso Reyes. 29 tomos. Madrid, Biblioteca Nueva, 1920-1928.—*Antología poética.* Selección de María Romero. Santiago de Chile, Zig-Zag, 1956.—Varios libros de poesía se han reeditado en la Colección Austral de Espasa-Calpe.

BIBLIOGRAFÍA:

ALFRED COESTER: *Amado Nervo y su obra.* Montevideo, Claudio García, 1922.— CONCHA MELÉNDEZ: *Amado Nervo.* New York, Instituto de las Españas, 1926.— FRANCISCO MONTERDE: *Amado Nervo.* México, Talleres Gráficos de la Nación, 1933. ALFONSO REYES: *Tránsito de Amado Nervo.* Santiago de Chile, Ercilla, 1937.— ESTHER T. WELLMAN: *Amado Nervo, Mexico's Religious Poet.* New York, Instituto de las Españas, 1936.—BERNARDO ORTIZ DE MONTELLANO: *Figura, amor y muerte de Amado Nervo.* México, Ediciones Xóchitl, 1943.—PATRICIA MORGAN: «Amado Nervo: su vida y su obra». *Atenea,* núm. 359 (1955), págs. 196-225.—LUIS LEAL: «La poesía de Amado Nervo: a cuarenta años de distancia», *Hispania,* XLIII (1960), págs. 43-47. NED DAVISON: «El frío como símbolo en 'Los pozos' de Amado Nervo», *Revista Iberoamericana,* XXVI, núm. 51 (1961), págs. 111-126.—MANUEL DURÁN: *Genio y figura de Amado Nervo.* Buenos Aires, Editorial Universitaria, 1968.—CONCHA MELÉNDEZ: «Poesía y sinceridad en Amado Nervo», *Cuadernos Americanos,* CLXXIII, núm. 6 (1970), págs. 206-221.

1

EL MUECÍN [7]

Cual nidada de palomas, se acurruca, se repliega
en los flancos verdinegros de la plácida colina
el islámico poblado: más allá luce la vega
sus matices que semejan los de alfombra damasquina.

Como egipcia columnata donde el aura veraniega
finge trémolos medrosos, el palmar en la vecina
hondonada se prolonga. Todo es paz; la noche llega
con la frente diademada por la estrella vespertina.

Es la hora del misterio; ya la sierva nazarita
unge el cuerpo de su dueña con suavísimas unciones;
el faquir, enjuto y grave, bajo un pórtico medita.

[7] El ambiente mahometano sirve aquí para la evocación de un mundo exótico, rico en sensaciones; la estrofa final alude a la aparición del muecín o sacerdote mahometano, que desde la torre de la mezquita dirige las oraciones al atardecer.

De improviso, con sonoras y dolientes inflexiones,
desde el alto minarete de la cóncava mezquita,
un muecín de barba nívea deja oír sus oraciones.

(Poemas.)

2

De LA HERMANA AGUA

EL AGUA MULTIFORME

«El agua toma siempre la forma de los vasos
que la contienen», dicen las ciencias que mis pasos
atisban y pretenden analizarme en vano;
yo soy la resignada por excelencia, hermano.
¿No ves que a cada instante mi forma se aniquila?
Hoy soy torrente inquieto y ayer fui agua tranquila;
hoy soy, en vaso esférico, redonda; ayer, apenas,
me mostraba cilíndrica en las ánforas plenas,
y así pitagorizo mi ser, hora tras hora:
hielo, corriente, niebla, vapor que el día dora,
todo lo soy, y a todo me pliego en cuanto cabe.
¡Los hombres no lo saben, pero Dios sí lo sabe!

¿Por qué te rebelas? ¿Por qué tu ánimo agitas?
¡Tonto! ¡Si comprendieras las dichas infinitas
de plegarse a los fines del Señor que nos rige!
¿Qué quieres? ¿Por qué sufres? ¿Qué sueñas? ¿Qué te aflige?
¡Imaginaciones que se extinguen en cuanto
aparecen…! ¡En cambio, yo canto, canto, canto!
Canto, mientras tú penas, la voluntad ignota;
canto, cuando soy chorro, canto cuando soy gota,
y al ir, Proteo extraño, de mi destino en pos,
murmuro: — ¡Qué se cumpla la santa ley de Dios! [8]

¿Por qué tantos anhelos sin rumbo tu alma fragua?
¿Pretendes ser dichoso? Pues bien: sé como el agua;
sé como el agua, llena de oblación y heroísmo,
sangre en el cáliz, gracia de Dios en el bautismo;
sé como el agua, dócil a la ley infinita,
que reza en las iglesias en donde está bendita,
y en el estanque arrulla meciendo la piragua.

---

[8] *Proteo* (mitología): dios marino que poseía el don de la profecía; cambiaba de forma cuando quería, para librarse de los que le hacían preguntas.

¿Pretendes ser dichoso? Pues bien: sé como el agua;
lleva cantando el traje de que el Señor te viste,
y no estés triste nunca, que es pecado estar triste.

Deja que en ti se cumplan los fines de la vida;
sé declive, no roca; transfórmate y anida
donde al Señor le plazca, y al ir del fin en pos,
murmura: ¡Que se cumpla la santa ley de Dios!

Lograrás, si lo hicieras así, magno tesoro
de bienes: si eres bruma, serás bruma de oro;
si eres nube, la tarde te dará su arrebol;
si eres fuente, en tu seno verás temblando al sol;
tendrán filetes de ámbar tus ondas, si laguna
eres, y si océano, te plateará la luna.
Si eres torrente, espuma tendrás tornasolada,
y una crencha de arco-iris en flor, si eres cascada.

Así me dijo el Agua con místico reproche,
y yo, rendido al santo consejo de la Maga,
sabiendo que es el Padre quien habla entre la noche,
clamé con el Apóstol: —Señor, ¿qué quieres que haga? [9].

(Poemas.)

3

LONDRES

Desde el vitral de mi balcón distingo,
al fulgor del crepúsculo, la ignota
marejada de calles, en que flota
la bíblica modorra del domingo.

La bruma lenta y silenciosa, empieza,
fantasmagorizando los perfiles,
a envolver la metrópoli en sutiles
velos trémulos. —Yo tengo tristeza:

la bíblica tristeza de este día,
la tristeza de inútil romería
que remata en inviernos agresores;

---

[9] *el Apóstol*: San Pablo, después de ver a Jesucristo en el camino a Damasco (*Actas de los Apóstoles*, capítulo IX).

el tedio de lloviznas pertinaces,
y tu *spleen*, niebla límbica, que haces
manchas grises de todos los colores [10].

(El éxodo y las flores del camino.)

4

UNA FLOR DEL CAMINO

La muerta resucita cuando a tu amor me asomo;
la encuentro en tus miradas inmensas y tranquilas,
y en toda tú... Sois ambas tan parecidas como
tu rostro, que dos veces se copia en mis pupilas.

Es cierto: aquélla amaba la noche radiosa,
y tú siempre en las albas tu ensueño complaciste.
(Por eso era más lirio, por eso eres más rosa.)
Es cierto, aquélla hablaba: tú vives silenciosa.
Y aquélla era más pálida; pero tú eres más triste.

5

Pasas por el abismo de mis tristezas
como un rayo de luna sobre los mares,
ungiendo lo infinito de mis pesares
con el nardo y la mirra de tus ternezas.

Ya tramonta mi vida; la tuya empieza;
mas, salvando del tiempo los valladares,
como un rayo de luna sobre los mares
pasas por el abismo de mis tristezas.

No más en la tersura de mis cantares
dejará el desencanto sus asperezas;
pues Dios, que dio a los cielos sus luminares,
quiso que atravesaras por mis tristezas
como un rayo de luna sobre los mares.

(Los jardines interiores.)

---

[10] *spleen* (inglés): tedio, melancolía.

6

Si me dan a escoger una tarde,
quiero aquella que, augusta y tranquila,
se despide; la que sin alarde
muere en calma sobre un fondo lila...

Si me dan a escoger una bella,
quiero aquélla, nada más aquella
que, del alma mitad, la completa
(un lucero en su frente destella).

¡Si me dan a escoger una estrella,
quiero ir a una estrella violeta!

(Serenidad.)

7

¡COMO UNA MARIPOSA!

Como una mariposa se para en un espino
posáronse las alas del Ensueño divino
en mi alma triste y hosca. Posáronse un instante
solo; mas la espinosa
planta ya nunca olvida la blancura radiante,
el blando impulso trémulo, la gracia palpitante
de aquella mariposa...

(El arquero divino.)

ENRIQUE GONZÁLEZ MARTÍNEZ

(Guadalajara, Jalisco, 1871; México, 1952)

Después de terminar sus estudios, González Martínez trabaja como médico en Guadalajara y en Sinaloa; al mismo tiempo escribe y publica poemas. En 1911 se traslada definitivamente a la capital; trabaja como periodista, colabora en revistas importantes y desempeña varios cargos en el Gobierno. Representa a su país como Ministro Plenipotenciario en Chile (1920), en la Argentina (1921) y en España (1924-1931). Sus estancias fuera del país lo ponen en contacto con figuras literarias importantes y afectan su obra. González Martínez, miembro de la Academia Mexicana desde 1911, viene a ser considerado una de las figuras señeras de la literatura mexicana. Aunque por su estilo no influye en poetas posteriores ni viene a ser nunca jefe de «escuela», ofrece a todos un ejemplo por medio de su dedicación a la poesía como manera de descubrir y de crear con palabras significados esenciales a la vida humana.

La obra de González Martínez resulta difícil de caracterizar; por una parte se le sitúa entre los modernistas, y por otra se le recuerda como autor de un poema que se opone a la retórica modernista (el 3). Es mejor, como han sugerido Frank Dauster y John Brushwood, verle como parte de la tradición simbolista. Más que otros poetas de su generación, González Martínez busca dentro de la realidad circundante los indicios —los símbolos— de valores absolutos. Ligado a los modernistas en su preocupación por una poesía artística y universal, se separa de ellos en su desconfianza hacia todo lenguaje decorativo y hacia todo recurso formal que no apunte a una experiencia más profunda.

En los libros tempranos del poeta predomina la búsqueda del «momento resplandeciente» —de la percepción total e intensa del valor de la vida y de la integración del hombre con la realidad circundante. Muchos poemas parecen sólo describir esta experiencia; los mejores hacen partícipe de ella al lector (poemas 1, 2, 4 y 5). Aunque no hallamos en estos poemas innovaciones formales ni imágenes extraordinarias, la falta de toda retórica, la tendencia a sugerir en vez de declamar, y la búsqueda de la imagen y del tono más adecuados pudieran recordar a poetas más recientes, que también harán de la poesía una indagación de significados más profundos.

Es verdad que en bastantes poemas (tal vez más a menudo en Los senderos ocultos) el tema de la búsqueda de valores se expresa de manera didáctica; el lenguaje sobrio y controlado sólo subraya la impresión de una lección o de una declaración. Esto demuestra, a mi modo de ver, la ventaja de seleccionar; González Martínez es un poeta cuya obra, por cierto muy amplia, mejora tras un proceso de selección. (Lo mismo pudiera decirse de Rubén Darío o de Juan Ramón Jiménez.)

El estilo de González Martínez se concentra más en El romero alucinado y Las señales furtivas. En esta concentración y en el empleo de imágenes cotidianas y novedosas (poemas 7, 8, 9 y 10) pudiera verse cierto influjo de la «vanguardia». Pero vale recordar que esta poesía sigue la trayectoria central del poeta: las imágenes sirven para descubrir significados fundamentales bajo la apariencia rutinaria de las cosas. Y muy de acuerdo con la manera simbolista, González Martínez hace que episodios comunes encarnen y sugieran experiencias básicas (nótese como la «murga» del poema 9 viene a representar mucho más que un grupo de músicos). A partir de estos libros el poeta se aleja aún más de cualquier lenguaje artificioso y se vale de imágenes concretas y de vocablos comunes aunque siempre provistos de una carga poética. Si su búsqueda de valores esenciales nos recuerda a Juan Ramón Ji-

ménez, su empleo de realidades particulares con resonancias más profundas nos hace pensar en Antonio Machado.

Después de la muerte de su esposa e hijos (en 1935 y 1939), González Martínez compone obras excelentes, basadas en la percepción dolorosa del tiempo y de la muerte. (Véanse los poemas 12, 13 y 14; el 13 representa su habilidad de captar una experiencia concretamente y sin ningún efecto sentimentaloide.) También aparece el tema del anhelo de la comunión entre los hombres y el del conflicto entre los ideales puros del hombre y el mundo corrompido que le rodea. Esta poesía tardía cabe perfectamente dentro de la trayectoria central de González Martínez; revela otros aspectos de su perenne búsqueda de valores trascendentes, y de su perenne deseo de que la poesía sea una manera de traspasar los límites de lo trivial, de lo insignificante y de lo puramente decorativo.

OBRA POÉTICA:

Preludios. Mazatlán, Miguel Retes y Cía, 1903.—*Lirismos.* Mocorito, Sinaloa, «Voz del Norte», 1907.—*Silénter.* Mocorito, «Voz del Norte», 1909.—*Los senderos ocultos.* Mocorito, «Voz del Norte», 1911.—*La muerte del cisne.* México, Porrúa Hermanos, 1915.—*Jardines de Francia.* México, Porrúa Hermanos, 1915. Versiones de poemas franceses. Contiene un valioso prólogo de Pedro Henríquez Ureña.—*La hora inútil.* México, Porrúa Hermanos, 1916.—*El libro de la fuerza, de la bondad y del ensueño.* México, Ediciones Porrúa, 1917.—*Parábolas y otros poemas.* México, Cultura, 1918. *La palabra del viento.* México, Ediciones México Moderno, 1921.—*El romero alucinado (1920-1922).* Buenos Aires, Ed. Babel, 1923.—*Las señales furtivas.* Madrid, Ed. Saturnino Calleja, 1925.—*Poemas truncos.* México, Imp. Mundial, 1935.—*Ausencia y canto.* México, Taller Poético, 1937.—*El diluvio de fuego.* México, Abside, 1938.— *Tres rosas en el ánfora.* México, El Nacional, 1939.—*Poesía, 1898-1938.* México, «Polis», 1939 (tomos I y II) y 1940 (tomo III). Contiene una selección de los primeros dos libros bajo el título «La hora inútil» y la obra completa desde entonces hasta 1940.—*Bajo el signo mortal.* México, Poesía Hispanoamericana, 1942.—*Bajo el signo mortal, La dulce herida, La emoción perdida y Poemas escogidos.* México, Compañía Editorial y Librera ARS, 1942.—*Poesías completas.* México, Asociación de Libreros y Editores Mexicanos, 1944. Contiene «La hora inútil» y los otros libros citados.— *Preludios, Lirismos, Silénter, Los senderos ocultos,* ed. Antonio Castro Leal. México, Porrúa, 1946. Contiene un prólogo importante.—*Segundo despertar y otros poemas.* México, Ed. Stylo, 1945.—*Vilano al viento.* México, Ed. Stylo, 1948.—*Babel.* México, Revista de Literatura Mexicana, 1949.—*El nuevo Narciso y otros poemas.* México, Fondo de Cultura Económica, 1952.—*Obras completas.* Ed. de Antonio Castro Leal. México, El Colegio Nacional, 1971.

BIBLIOGRAFÍA:

(Ver también los prólogos de Henríquez Ureña y Castro Leal mencionados en la sección anterior.)
MANUEL TOUSSAINT: «Prólogo», *Los cien mejores poemas de Enrique González Martínez.* México, Cultura, 1920, págs. 7-32.—LUISA LUISI: «La poesía de Enrique González Martínez», *A través de libros y de autores.* Buenos Aires, Nuestra América, 1925, págs. 217-242.—PEDRO SALINAS: «El cisne y el búho», *Literatura española siglo XX,* 2.ª ed. México, Antigua Librería Robredo, 1949, págs. 45-65.—JOSÉ LUIS MARTÍNEZ, ed.: *La obra de Enrique González Martínez.* México, Colegio Nacional, 1951. Contiene cronología, bibliografía y 62 artículos críticos, incluyendo los de Salinas, Toussaint y Luisi mencionados arriba.—JOSÉ MANUEL TOPETE: «González Martínez y la crítica», *Revista Iberoamericana,* XVI, núm. 32 (1951), págs. 255-266.— JOSÉ MANUEL TOPETE: «El ritmo poético de Enrique González Martínez», *Revista Iberoamericana,* XVIII, núm. 35 (1952), págs. 131-139.—JOSÉ MANUEL TOPETE: «La muerte del cisne (?)», *Hispania,* XXXVI, núm. 3 (1953), págs. 273-277.—FRANK DAUSTER: *Breve historia de la poesía mexicana.* México: Ediciones de Andrea, 1956,

págs. 118-121.—Ana María Sánchez: «Bibliografías mexicanas contemporáneas; V: Enrique González Martínez (1871-1952)», *Boletín de la Biblioteca Nacional*, 2.ª época, VIII, núm. 2 (1957), págs. 16-72.—Salvador Reyes Nevares: «La literatura mexicana en el siglo xx: I (1900-1930)», *Panorama das literaturas das Americas*. Angola: Municipio de Nova Lisboa, s. f. Tomo IV, págs. 1980-1984.—José Manuel Topete: *El mundo poético de Enrique González Martínez*. Guadalajara, Linotipografía «Fenix», 1967.—John S. Brushwood: *Enrique González Martínez*. New York, Twayne Publishers, 1969. Libro fundamental.

1

A VECES UNA HOJA DESPRENDIDA...

A veces, una hoja desprendida
de lo alto de los árboles, un lloro
de las linfas que pasan, un sonoro
trino de ruiseñor, turban mi vida.

Vuelven a mí medrosos y lejanos
suaves deliquios, éxtasis supremos;
aquella estrella y yo nos conocemos,
ese árbol, esa flor son mis hermanos.

En el abismo del dolor penetra
mi espíritu, bucea, va hasta el fondo,
y es como un libro misterioso y hondo
en que puedo leer letra por letra.

Un ambiente sutil, un aura triste
hacen correr mi silencioso llanto,
y soy como una nota de ese canto
doloroso de todo lo que existe.

Me cercan en bandada los delirios...
(¿Es alucinación... locura acaso?)
Me saludan las nubes a su paso
y me besan las almas de los lirios.

¡Divina comunión! ... Por un instante
son mis sentidos de agudeza rara...
Ya sé lo que murmuras, fuente clara;
ya sé lo que me dices, brisa errante.

De todo me liberto y me desligo
a vivir nueva vida, de tal modo,
que yo no sé si me difundo en todo
o todo me penetra y va conmigo.

Mas todo huye de mí y el alma vuela
con torpes alas por un aura fría,
en una inconsolable lejanía,
por una soledad que espanta y hiela.

Por eso en mis ahogos de tristeza,
mientras duermen en calma mis sentidos,
tendiendo a tus palabras mis oídos
tiemblo a cada rumor, naturaleza;

y a veces una hoja desprendida
de lo alto de los árboles, un lloro
de las linfas que pasan, un sonoro
trino de ruiseñor, turban mi vida.

(Silénter.)

2

EN VOZ BAJA

Verdad; en el silencio nocturno, en la fiereza
del mar que brama y tiembla, en el fulgor que viste
de oro los crepúsculos, en todo lo que existe
he oído muchas veces tu voz, naturaleza.

Algo de ti murmura la alígera presteza
de las nubes que pasan... Mas súbito resiste
tu amor a mis antojos, y entonces quedo triste
con una inacabable y medrosa tristeza.

Te sigo y te me escapas; te adoro y es en vano.
Hermética me escondes la clave del arcano
y dejas con sus ansias el corazón inquieto.

¿Cuándo será la hora que trémulo ambiciono
en que, rendida amante, con lánguido abandono,
me digas en voz baja tu divino secreto?

TUÉRCELE EL CUELLO AL CISNE...[11]

Tuércele el cuello al cisne de engañoso plumaje
que da su nota blanca al azul de la fuente;
él pasea su gracia no más, pero no siente
el alma de las cosas ni la voz del paisaje.

Huye de toda forma y de todo lenguaje
que no vayan acordes con el ritmo latente
de la vida profunda... y adora intensamente
la vida, y que la vida comprenda tu homenaje.

Mira el sapiente búho cómo tiende las alas
desde el Olimpo, deja el regazo de Palas[12]
y posa en aquel árbol el vuelo taciturno...

El no tiene la gracia del cisne, mas su inquieta
pupila, que se clava en la sombra, interpreta
el misterioso libro del silencio nocturno.

(Los senderos ocultos.)

1911

4

HORTUS CONCLUSUS[13]

Sobre mi propio corazón que espera,
llegadas del futuro o del olvido,
voces que fueron, almas que no han sido,
como en viejo portón llaman afuera:

El murmullo sutil de la primera
noche de amor, el canto desvaído
en luz lunar, el ideal seguido
con ansia inútil por la vida entera...

[11] Este poema se ha considerado como un ataque al modernismo y hasta contra Rubén Darío. González Martínez ha indicado, sin embargo, que no tenía en mente tal ataque, y simplemente estaba reaccionando en contra de ciertos tópicos modernistas y del exceso decorativismo de los imitadores de Darío (ver su *La apacible locura,* México 1951).

[12] *Palas* (mitología): Atena, diosa griega de la guerra (Minerva para los romanos).

[13] *Hortus conclusus* (latín): jardín cerrado.

Ya sé de ese llamar; antes de ahora,
despertaba la fiebre abrasadora
que hoy, en noble pudor, la vida esconde.

El alma, silenciosa y taciturna,
ha encendido su lámpara nocturna,
ha cerrado su puerta... y no responde.

(La muerte del cisne.)

5

TARDE REMINISCENTE

Tarde reminiscente. El alma se consume
de un ocaso sin pompas en la flama tranquila.
Flota un aire de antaño, y el recuerdo vacila
entre una vieja nota y un antiguo perfume.

Tarde reminiscente. Hay un caer de rosas
desprendidas del tallo sin que las toque el viento.
Hay un pavor que turba la calma del momento,
y escrutan, con pupilas inquietantes, las cosas.

Parece que se viaja por sendas familiares
donde cayó la niebla del tiempo y del olvido,
y que voces difuntas nos hablan al oído
bajo de las añosas encinas tutelares.

Nada es a nuestros ojos ni mezquino ni fútil,
la quietud es solemne; el dolor se agiganta,
y el crujir de las hojas al remover la planta
es lamentable queja por un pasado inútil.

De pronto, una silueta pone su sello humano
en el fondo borroso de una nube incolora,
y pasada la breve lucidez de una hora
el alma torna al sueño del vivir cotidiano.

6

MURGA DE MEDIA NOCHE

Vocerío
de la alta noche en medio de la calle...
Salida en sobresalto de un vacío

sueño sin pesadillas... Pasacalle
vulgar de alguna murga que da frío
y provoca deseos de que estalle
cada instrumento... Raro calosfrío
contagiado del frío de la calle...

La murga que se aleja, y el retorno
al silencio... Un agudo
ímpetu de soñar con lo que pudo
llenar la vida, y que circula en torno
como un niño desnudo...

Y sentir que no suena
adentro sino el eco desvaído
de la desapacible cantilena
que se ha ido,
mientras el corazón rima su pena
y regula el compás con su latido...

(El romero alucinado)

7

RADIOGRAMA

Una estrella canta
en el cielo
su sonata
de luz y silencio.

Millones de estrellas lejanas
repiten a un tiempo
el nocturno radiograma
del lucero...

Y la antena fina y alta
que es el alma del romero,
siente y capta
los giros concéntricos
que le mandan
las lumínicas ondas del silencio...

1925

5

8

EL NÉCTAR DE APAM [14]

La pulquería policromada
con sus óleos murales de arte ingenuo
y sus festones de papel de china,
es como una banderilla de fuego
clavada en el morrillo
del pueblo,
que enardece el domingo
su semana de tedio
y venga en el sonámbulo gendarme de la esquina
casi cuatro centurias de dolor y silencio...

(Las señales furtivas)

9

T. S. H.

Telegrafía
sin hilos...
¿Qué va a ser de los pájaros
que anotan la música de los caminos?...

REGRESO

Los fanales del automóvil
barren la bruma con los ojos...
El asfalto es de mantequilla
y lodo...
Los cristales castañetean
los dientes en todos los tonos...
Hace frío... De tanto frío,
el cerebro se vuelve tonto
y automáticamente lleva
la cuenta de los focos

---

[14] *Apam*: pueblo en el estado de Hidalgo, México, conocido por su producción de pulque (bebida espiritosa hecha del zumo del maguey). *Pulquería*: tienda donde se vende y se bebe pulque.

que estiran el cuello y se encienden
de trecho en trecho, como fósforos...
Uno... dos... tres... cuatro... cinco...
y otro... y otro... y otro...

(11)

DESNUDEZ

Gota limpia y azul
de esta mañana,
que cae cantarina
en el ánfora
de mis deseos,
transparente y clara;
gota azul que tiñe
levemente el agua...

Aire sin ruido,
que pasa
en un aliento misterioso
de fragancia,
y que invita al desmayo supremo
en que el alma se ahoga en el alma...

Canción,
canción lejana,
que viene del bosque dormido
o de la arena de la playa...
Augurio sutil, confidencia
sin palabras...

Soledad, soledad mía
tendida en la hierba mojada,
desnuda al sol y al viento,
ansiosa y ávida
de que todas las cosas del mundo
se apiñen para contemplarla...

¡Soledad, soledad mía,
tendida en la hierba mojada!...

(Poemas truncos)

IMÁGENES

En el curvo cristal de mi locura
que todo lo retuerce y lo deforma,
cada sueño interior y cada forma
se truecan pesadillas de tortura.

¡Ah, si tuviera la ideal tersura
de tu espejo sin par que fija y norma
la divina visión, y la transforma
en preciado color y línea pura!

Préstame tu cristal, la fuente clara
en que abrevan tus ojos y depara
un poema de luz en su reflejo;

a ver si pongo freno a mis antojos
de cegar la codicia de los ojos
o romper el engaño del espejo.

(Tres rosas en el ánfora)

1939

13

ÉRAMOS CUATRO

Éramos cuatro... La esperanza iba
—alegre can— saltando entre nosotros
y haciendo treinta veces el camino.

El aire fresco apaciguaba el mundo
Por la campiña azul remaba el alma.
Era codicia de la mente el bosque.
Penetramos en él...
                          Hada maligna
sopló sobre la antorcha de la luna
e hizo tocar a dispersión de estrellas.
La selva nos tragó. Locos fantasmas,
anduvimos errantes en la sombra.
Éramos cuatro... Regresé yo solo.

Hace noches y noches que vigilo
desde el pretil de mi atalaya... ¿Cuándo
van a volver los tres desaparecidos

cabalgando al galope sus corceles,
centuplicando al sol sus armaduras
y atronando los aires con sus voces
en desbordado júbilo del viaje?
¡Oh perenne ansiedad, espera inútil! ...

Éramos cuatro... Regresé yo solo.

(Bajo el signo mortal)

14

Week-end

Esta mínima fuga que se afana
por cambiar tu presencia en lejanía,
me hace sentirte cada vez más mía
y, cuando más ausente, más cercana.

Te ocultas a mis ojos; pero sigo
abrevando en el agua de tu fuente...
¿Cómo, si no te miro, estás presente?
¿Cómo, si estás lejana, vas conmigo?

Seguimos lado a lado; no sé dónde
nuestras almas se citan y se juntan.
Cada vez que mis ansias te preguntan,
tu voz inconfundible les responde.

Soledad y presencia... ¡Qué sentido
tan hondo en el silencio de mi estancia!
Ficciones son el tiempo y la distancia,
y fantasmas la ausencia y el olvido...

(...La dulce herida)

15

Póstuma imagen

Yo soy mi propia sombra desasida;
se esconde el cuerpo, mas la sombra queda,
y en un vuelo espectral cruza la vida
como forma flotante que remeda
contorno y gesto de la imagen ida.

Lo que el espejo duplicó, perdura
sumiso al eco de la luz, y evoca
el grave sonreír de aquella boca
que se crispó de gozo y amargura,
de rojos besos y de fiebre loca.

¿Quién por borrar del mundo lo grabado,
sobre el terso cristal que me ha copiado,
cual póstumo antifaz, echará un velo?
¿Qué enemigo mortal de lo pasado,
por apartar la sombra de su lado,
el fiel cristal estrellará en el suelo?

(El nuevo Narciso y otros poemas)

JOSE JUAN TABLADA

(México, 1871; Nueva York, 1945)

En su poesía, igual que en su vida y poética, Tablada reveló un constante afán de hallar nuevas experiencias y nuevas perspectivas. En su juventud escribió poemas modernistas, inspirándose en Baudelaire y Laforgue para crear sensaciones exóticas, suntuosas y decadentes. (Véase el poema 1.) Desde muy joven influyó en el mundo de las letras mexicanas: fue redactor de El Universal en 1891, colaboró en la Revista Azul y fue uno de los fundadores de la Revista Moderna en 1898 (en esta revista se destaca el aspecto decadentista del modernismo mexicano). En 1900 Tablada viajó al Japón, y en 1911-1912 a París; salió para los Estados Unidos en 1914, y vivió allí hasta 1918. Estos viajes influyeron de manera evidente en su obra y le ayudaron a abrir nuevos caminos para la poesía mexicana en los libros que publicó entre 1919 y 1924. Tablada fue diplomático de México en Colombia y Venezuela entre 1919 y 1920; luego volvió a Nueva York, donde pasó gran parte del resto de su vida (aunque estuvo unos años en México y Cuernavaca).

El interés de Tablada en el Japón produce algunos poemas de ambiente oriental exótico, pero también, y esto es lo más importante, algunas versiones de escuetos poemas japoneses. Más tarde este creciente interés en lo oriental culmina en la publicación de poemas cortos, escritos en un estilo derivado de los haiku. Vale notar que los haiku se basan en imágenes plásticas muy concentradas, que sugieren mucho más de lo que dicen y nunca toman una perspectiva racionalista ante su tema. Según Manuel Maples Arce, Tablada conoció los haikú principalmente a través de traducciones inglesas y francesas. Sus poemas cortos no obedecen ni a las reglas métricas ni al espíritu antirracionalista del haikai, pero crean una forma concentrada que capta visiones y sensaciones de la naturaleza de manera tangible y nada discursiva. Servirán de modelo a los «Contemporáneos» en su afán creador y antirretórico, y representan tal vez lo mejor de la obra lírica de Tablada. (Ver los poemas 5 a 15.)

Estas obras derivadas del haikai aparecen en Un día, Li-Po y El jarro de flores, libros publicados entre 1919 y 1922. Los mismos libros revelan también otras características de vanguardia; representan, junto con la poesía estridentista, el momento experimental de la vanguardia mexicana. Li-Po contiene poemas ideográficos, tal vez inspirados en poemas de Apollinaire que Tablada pudiera haber visto en Francia (aunque escritos antes de la publicación de Calligrames). (Véase el número 4.) Los de Tablada tal vez no constituyan gran poesía, pero sí subrayan las posibilidades visuales del verso y son otra manera de romper con la anécdota, con la poesía discursiva y con tradiciones anteriores. Tablada mismo ha indicado su interés en emplear el poema ideográfico para eliminar lo retórico y lo explicativo y para crear obras dinámicas, en que todo sea parte de la experiencia artística. En este sentido sus poemas ideográficos son parte de la tendencia hacia una poesía pura, aunque a veces expresan visiones más bien románticas.

También aparecen en los poemas de Tablada de esta época alusiones al mundo moderno y a personajes y escenas neoyorkinos. La protagonista femenina suele ser no una típica amada modernista, sino una muchacha del siglo veinte, vista con ironía (poema 3). Los efectos gráficos colaboran con las imágenes y el tono para captar dinámicamente experiencias de la vida moderna. Todas estas características nos ayudan a ver por qué en 1923 Tablada es nombrado «el poeta representativo de la juventud» por estudiantes y escritores jóvenes.

ANDREW P. DEBICKI

Tablada sigue buscando direcciones para su verso. En La feria *evoca ambientes mexicanos y provincianos. Aunque puede sentirse en este libro cierta huella de López Velarde, la perspectiva es diferente: Tablada presenta lo mexicano desde puntos de vista inesperados, enfocando efectos decorativos, juegos visuales y sensaciones chocantes. (Las experiencias creadas son mucho más externas que las de López Velarde.) En esta época, igual que a lo largo de su vida, Tablada se interesa en la pintura y en la música. Colabora en una cantada de Edgar Varese, es amigo de Rivera y de Orozco, estudia el arte pre-hispánico y popular y publica una* Historia del arte en México. *Su interés en todo lo que sea nuevo y valioso en las artes representa una contribución valiosa a la vida artística de su país. (A partir de 1928 Tablada escribe mucha más prosa que poesía.)*

Como ha notado Frank Dauster, la versatilidad de la poesía de Tablada es su limitación: nunca llegó a ser gran poeta, de estilo propio e inconfundible. Pero al llevar la poesía mexicana en nuevas direcciones, al estimular el interés en nuevas formas estéticas, en literaturas extranjeras y en las otras artes, Tablada contribuyó de manera importante a la entrada de México en la época contemporánea.

OBRA POÉTICA:

El florilegio. México, Tipografía de Ignacio Escalante, 1899.—*El florilegio,* 2.ª edición aumentada. Prólogo de Jesús Valenzuela. México-París, Librería de la Vda. de Ch. Bouret, 1904.—*La epopeya nacional. Porfirio Díaz.* México, Talleres Linotipográficos de *El Mundo Ilustrado,* 1909.—*Al sol y bajo la luna.* México-París, Librería de la Vda. de Ch. Bouret, 1918.—*Un día...; poemas sintéticos.* Caracas, [Imprenta Bolívar], 1919.—*Li-Po y otros poemas.* Caracas, [Imprenta Bolívar], 1920.—*El jarro de flores. Disociaciones líricas.* Nueva York, «Escritores Sindicados», 1922.—*Intersecciones.* México, PEN Club de México, 1924.—*La feria (poemas mexicanos).* Nueva York, F. Mayans, Impresor, 1928.—*Los mejores poemas de José Juan Tablada.* Selección y prólogo de José María González de Mendoza, México, Ed. Surco, 1943.—*Los mejores poemas.* Prólogo de J. M. González de Mendoza, presentación, edición y notas de Héctor Valdés. México, U. N. A. M., 1971.—*Obras I - Poesía.* Ed., prólogo y notas de Héctor Valdés. México, U. N. A. M., 1971. El prólogo representa un estudio muy útil.

BIBLIOGRAFÍA:

ENRIQUE DÍEZ-CANEDO: «Tablada y el haikai», *Letras de América.* México, El Colegio de México, 1944, págs. 216-221.—AMANDA MARISCAL ACOSTA: *La poesía de José Juan Tablada.* México, Impresora Económica, 1949.—J. M. GONZÁLEZ DE MENDOZA: «Tablada y López Velarde», *Rueca,* núm. 20 (1951-52), págs. 41-47.—NINA CABRERA DE TABLADA: *José Juan Tablada en la intimidad.* México, U. N. A. M., 1954.—MANUEL MAPLES ARCE: *Incitaciones y valoraciones.* México, 1956.—FRANK DAUSTER: *Breve historia de la poesía mexicana.* México, Ediciones de Andrea, 1956, págs. 124-126.—HOWARD THOMAS YOUNG: *José Juan Tablada, Mexican Poet (1871-1945).* Tesis inédita. Columbia University, Nueva York, 1956.—OCTAVIO PAZ: «Estela de José Juan Tablada», *Las peras del olmo.* México, Imprenta Universitaria, 1957, págs. 76-85. [Trabajo fechado en 1945.]—ALLEN W. PHILLIPS: «Una amistad literaria. Tablada y López Velarde», *Nueva Revista de Filología Hispánica,* XV, núm. 3-4 (1961), págs. 605-616. ANGELES MENDIETA ALATORRE: *Tablada y la gran época de transformación cultural.* México, SEP, 1966.—GLORIA CEIDE-ECHEVARRÍA: *El haikái en la lírica mexicana.* México, Ediciones de Andrea, 1967.—JOSÉ EMILIO PACHECO: *Antología del modernismo.* México, U. N. A. M., 1970. Tomo II, págs. 29-33, 58-63.—Deben consultarse, además, los prólogos de González de Mendoza a *Los mejores poemas* (1943) y de Valdés a las *Obras* (1971).—Consúltese también el homenaje de *Vida Literaria,* núm. 13 (1971), págs. 6-27.

1

ALBA MÍSTICA

1

La noche en las vidrieras del monasterio
tiende velos de sombra y de misterio...
Con amantes abrazos cubre la hiedra
el helado regazo de dura piedra...
El crepúsculo tiembla, la noche umbría
en sus claustros profundos detiene al día.

2

Ya mi pecho te siente... Tú eres la hiedra
que abraza temblorosa la dura piedra.
Tú eres la enamorada de la ruina;
el horizonte negro ya se ilumina,
ya vuelven a mi pecho los ideales
mientras que el fulgurante Sol, los cristales
del monasterio baña con luces vivas
¡y aparecen los santos en las ojivas!

(El florilegio)

LUNAS MARINAS

I

Surge la luna lenta, enorme y roja,
y es en el ónix de la noche obscura
inmensa flor de luz que se deshoja
sobre el mar, y lo inflama y lo empurpura...

II

Aquel rayo de luna, desde el cielo,
era un pincel de oro y escribía
luminosa y fugaz caligrafía
de la onda en el móvil terciopelo.

(Al sol y bajo la luna.)

3

Lawn Tennis

Toda de blanco,
finge tu traje
sobre tu flanco,
griego ropaje.

De la Victoria
de Samotracia,
mientes la gloria
llena de gracia.

¡En vano ilusa
fijas el pie…!
Que no eres musa
ni numen, que

sin que disciernas
un viento lírico
sobre tus piernas
sopla satírico;

pues aunque fatua
te alces extática,
no eres la estatua
gloria del Atica…

Pisan el suelo
yanke tus pies…
¡Y alto es el vuelo
de las Nikés! [15].

---

[15] *Nike*: en la mitología griega, diosa de la victoria; equivalente a la Victoria de los romanos. La estatua de Nike (o Victoria) de Samotracia, del siglo IV A. C., se encuentra en el Museo del Louvre.

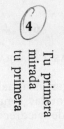

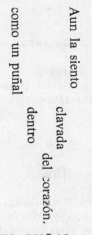

Tu primera
mirada
tu primera

mirada de pasión

Aun la siento
clavada
del corazón.
dentro
como un puñal

«EL PUÑAL»

(«Madrigales ideográficos»,
Li-Po y otros poemas.)

⑤

EL CABALLO DEL DIABLO

Caballo del diablo:
clavo de vidrio
con alas de talco.

(Un día.)

6

LAS CIGARRAS

Las cigarras agitan
sus menudas sonajas
llenas de piedrecitas...

LOS SAPOS

Trozos de barro,
por la senda en penumbra
saltan los sapos.

HONGO

Parece la sombrilla
este hongo policromo
de un sapo japonista.

(El jarro de flores.)

9

...?...

Doble fulgor apenas móvil
en la senda nocturna. ¿Acaso un buho?
¿Acaso un automóvil...?

10

GARZA

Garza, en la sombra
es mármol tu plumón,
móvil nieve en el viento
y nácar en el sol...

11

PECES VOLADORES

Al golpe del oro solar
estalla en astillas el vidrio del mar.

12

GUANÁBANA [16]

Los senos de su amada
el amante del trópico
mira en tu pulpa blanca.

13

SANDÍA

¡Del verano, roja y fría
carcajada
rebanada
de sandía!

14

HEROÍSMO

Triunfaste al fin, perrillo fiel,
y ahuyentado por tu ladrido
huye veloz el tren...

---

[16] *guanábana*: fruta americana, de forma acorazonada, que contiene una deliciosa
pulpa blanca.

15

LA CEBRA

Galeote inocente, la cebra
viste uniforme a rayas
tras de las rejas.

(Intersecciones.)

16

¿Dónde está el aeroplano que no cesa en su vuelo
dónde el elevador para subir al cielo
el que no se detiene nunca?
¡Ay,
sólo hay
el Subway! [17].

---

[17] *Subway* (inglés): ferrocarril subterráneo, metro.

RAMON LOPEZ VELARDE

(Ciudad García, Zacatecas, 1888; México, 1921)

Después de estudiar en los seminarios de Zacatecas y Aguascalientes, el poeta terminó la carrera de abogado en San Luis Potosí en 1911. Ya en 1904 había fundado una revista literaria en Aguascalientes, y existen poemas suyos escritos en la primera década del siglo XX. López Velarde viaja a la capital en 1912 y se instala allí definitivamente en 1914. Enseña literatura en la Escuela Nacional Preparatoria y en la Escuela de Altos Estudios; desempeña varios cargos en el Gobierno; escribe en revistas y periódicos y mantiene contactos con los otros escritores de su época. Una pulmonía corta prematuramente su vida y su carrera poética.

El amor constituye el tema central de la poesía de López Velarde; aparece idealizado en La sangre devota, donde «Fuensanta» representa a la amada ideal y capta la ingenua inocencia de una muchacha provinciana. Pero ya surge en este libro el tema de la desilusión en el amor y el conflicto entre lo ideal y lo erótico, entre el espíritu y la carne, que formará la base de Zozobra. En este libro predomina el tono erótico y una visión angustiosa. (En algunos poemas se siente la búsqueda de una mujer que combine ambos tipos de atractivo amoroso.) El conflicto entre los dos extremos del amor puede relacionarse con la tensión interior de López Velarde entre el catolicismo y los impulsos sensuales.

El tema de la muerte tiene gran importancia en esta poesía: la lucha por un amor intenso e integral se relaciona con una pugna desesperada contra la muerte (véase el poema 10), y las imágenes eróticas se funden con alusiones a la muerte para crear un clima de horror. Se ha comentado también la importancia del tema provinciano en López Velarde. Pero importa subrayar que la provincia y los episodios juveniles no se presentan como realidades objetivas, sino más bien como recuerdos que encarnan una visión subjetiva y nostálgica, o captan las tensiones e inquietudes centrales de esta poesía. (Nótese cómo en el poema 2 un personaje provinciano evoca en el hablante el conflicto entre la vitalidad y los efectos del tiempo.) Gran parte de su originalidad radica, precisamente, en su modo de objetivar actitudes y experiencias emotivas por medio de viñetas controladas y ajustadas a la perspectiva del hablante.

Las técnicas empleadas por López Velarde corresponden perfectamente a este proceso de objetivización. El poeta se vale de imágenes sensoriales, a menudo visionarias, para encarnar actitudes subjetivas (véanse los poemas 8, 9 y 10). Rompe con la tradición de presentar panoramas totales o cuadros lógicamente organizados; en sus descripciones se seleccionan detalles que subrayan el estado de ánimo producido, y todo lo demás se suprime (poemas 2 y 4). López Velarde emplea símbolos sugeridores, pero no explicables lógicamente, para encarnar una actitud en vez de explicarla; estos símbolos a veces se convierten en verdaderas «visiones» o cuadros desmesurados. (La eficacia del poema 10 reside en su manera de representar por medio de las hormigas un estado de ánimo integral aunque lógicamente inexplicable.) El poeta combina vocablos exóticos con expresiones prosaicas para sacudir al lector; mezcla alusiones litúrgicas con referencias cotidianas; produce relaciones inusitadas de adjetivo y sustantivo. También elabora varios efectos sensoriales, valiéndose de la onomatopeia y de la aliteración y creando choques visuales. Predomina en su obra el verso largo y particularmente el alejandrino y la rima regular. Es muy frecuente el encabalgamiento y se producen efectos de encadenamiento y amontonamiento de impresiones. El virtuosismo lingüístico de López Velarde se ha ligado con el modernismo que le precede; pero si tomamos en cuenta que todos sus recursos sirven para traspasar los límites de la lógica y de la anécdota, y para encarnar logradamente experiencias subjetivas, relacionaremos su poesía más bien con la lírica contemporánea. Muy contemporáneo también es el empleo del monólogo dramático, de la ironía y de cambiantes perspectivas. (Nótese la parodia, reforzada por la rima exagerada, del poema 6.) Las evocaciones del pasado y los paisajes interiores de La sangre devota *recuerdan a Antonio Machado; las imágenes y los efectos de* Zozobra *anticipan rasgos de la obra de Rafael Alberti y de Xavier Villaurrutia.*

OBRA POÉTICA:

La sangre devota. México, Revista de Revistas, 1916. 2.ª ed., México, R. Loera y Chávez, 1941.)—*Zozobra.* México, Ediciones México Moderno, 1919.—*El son del corazón.* México, Bloque de Obreros Intelectuales, 1932.—*Poemas escogidos.* México, Cultura, 1935. (2.ª ed. aumentada, México, Nueva Cultura, 1940.) Ed. y prólogo de Xavier Villaurrutia.—*El león y la virgen.* Ed. de Xavier Villaurrutia. México, U. N. A. M., 1942. Antología.—*La suave patria.* Comentario de Francisco Monterde. México, U. N. A. M., 1944.—*Obras completas.* México, Ed. Nueva España, 1944.—*Poesías, cartas, documentos e iconografía.* Ed. de Elena Molina Ortega. México, Imprenta Universitaria, 1952.—*Poesías completas y el minutero.* Ed. y prólogo de Antonio Castro Leal. México, Ed. Porrúa, 1953 (2.ª ed. revisada, 1957; 3.ª ed. 1963.) Edición básica de la poesía.

BIBLIOGRAFÍA:

JAIME TORRES BODET: «Cercanía de López Velarde», *Contemporáneos.* VIII, números 28-29 (1930), págs. 111-135.—XAVIER VILLAURRUTIA: «Ramón López Velarde», *Textos y pretextos.* México, La Casa de España en México, 1940, págs. 3-43. Estudio muy importante.—ARTURO RIVAS SAINZ: *El concepto de la zozobra.* Guadalajara, Eos, 1944.—JOSÉ LUIS MARTÍNEZ: «Examen de Ramón López Velarde», publicado en *El Hijo Pródigo,* XII, núm. 39 (1946), y reimpreso en *Literatura mexicana siglo XX,* tomo I, México, Antigua Librería Robredo, 1949, págs. 154-177.—BERNARDO JIMÉNEZ MONTELLANO: «Baudelaire y Ramón López Velarde», *Revista Iberoamericana,* XI, núm. 22 (1946), págs. 295-309.—ARTURO RIVAS SAINZ: *La redondez de la creación.* México, Editorial Jus, 1951.—ELENA MOLINA ORTEGA: *Ramón López Velarde. Estudio biográfico.* México, Imprenta Universitaria, 1952.—GUILLERMO DÍAZ PLAJA: «El tratamiento de la realidad en la poesía de Ramón López Velarde», *Poesía y realidad.* Madrid, Revista de Occidente, 1952, págs. 121-126.—RUTILIO RIESTRA: «La mujer en la poesía de Ramón López Velarde», *Estilo,* núm. 43 (1957), páginas 183-197.—OCTAVIO PAZ: «El lenguaje de Ramón López Velarde», *Las peras del olmo.* México, Imprenta Universitaria, 1957, págs. 86-94.—PEDRO DE ALBA: *Ramón López Velarde, Ensayos.* México, Imprenta Universitaria, 1958.—RAUL LEIVA: *Imagen de la poesía mexicana contemporánea.* México, Imprenta Universitaria, 1959, páginas 33-47.—ALLEN W. PHILLIPS: *Ramón López Velarde. El poeta y el prosista.* México, Instituto Nacional de Bellas Artes, 1962. El libro fundamental acerca de López Velarde; contiene una excelente bibliografía.—OCTAVIO PAZ: «El camino de la pasión (Ramón López Velarde)», *Cuadrivio.* México, Joaquín Mortiz, 1965, páginas 67-130.—JOSÉ EMILIO PACHECO: *Antología del modernismo.* México, U. N. A. M., 1970. Tomo II, págs. 127-133, 162-166.—MANUEL ANTONIO SERNA-MAYTORENA: «Ramón López Velarde: La redondez de la creación», *Cuadernos Americanos,* CLXXXVI, número 1 (1973), págs. 215-230.

(1)

Elogio a Fuensanta [18]

Tú no eres en mi huerto la pagana
rosa de los ardores juveniles;
te quise como a una dulce hermana

y gozoso dejé mis quince abriles
cual un ramo de flores de pureza
entre tus manos blancas y gentiles.

Humilde te ha rezado mi tristeza
como en los pobres templos parroquiales
el campesino ante la Virgen reza.

Antífona es tu voz, y en los corales
de tu mística boca he descubierto
el sabor de los besos maternales.

Tus ojos tristes, de mirar incierto,
recuérdanme dos lámparas prendidas
en la penumbra de un altar desierto.

Las palmas de tus manos son ungidas
por mí, que provocando tus asombros
las beso en las ingratas despedidas.

Soy débil, y al marchar por entre escombros
me dirige la fuerza de tu planta
y reclino las sienes en tus hombros.

Nardo es tu cuerpo y su virtud es tanta
que en tus brazos beatíficos me duermo
como sobre los senos de una Santa.

¡Quién me otorgara en mi retiro yermo
tener, Fuensanta, la condescendencia
de tus bondades a mi amor enfermo
como plenaria y última indulgencia!

(«Primeras poesías».)

---

[18] *Fuensanta*: la amada inocente que aparece a menudo en la poesía temprana de
López Velarde; se basa en Josefa de los Ríos, su primer amor, muerta en 1917.

6

ANDREW P. DEBICKI

(2)

Mi prima Agueda

A Jesús Villalpando

Mi madrina invitaba a mi prima Agueda
a que pasara el día con nosotros,
y mi prima llegaba
con un contradictorio
prestigio de almidón y de temible
luto ceremonioso.

Agueda aparecía, resonante
de almidón, y sus ojos
verdes y sus mejillas rubicundas
me protegían contra el pavoroso
luto...

       Yo era rapaz
y conocía la *o* por lo redondo [19],
y Agueda que tejía
mansa y perseverante en el sonoro
corredor, me causaba
calosfríos ignotos...

(Creo que hasta la debo la costumbre
heroicamente insana de hablar solo.)

A la hora de comer, en la penumbra
quieta del refectorio,
me iba embelesando un quebradizo
sonar intermitente de vajilla
y el timbre caricioso
de la voz de mi prima.

       Agueda era
(luto, pupilas verdes y mejillas
rubicundas) un cesto policromo
de manzanas y uvas
en el ébano de un armario añoso.

(La sangre devota.)

---

[19] *conocer la o por lo redondo*: ser un niño ingenuo (literalmente, conocer sólo esta letra del alfabeto).

82

3

PARA TUS DEDOS ÁGILES Y FINOS

Doy a los cuatro vientos los loores
de tus dedos de clásica finura
que preparan el pan sin levadura
para el banquete de nuestros amores.

Saben de las domésticas labores,
lucen en el mantel su compostura
y apartan, de la verde, la madura
producción de los meses fructidores.

Para la gloria de Dios, en homenaje
a tu excelencia, mi soneto adorna
de tus manos preclaras el linaje,

y el soneto dichoso, en las esbeltas
falanges de tus índices se torna
una sortija de catorce vueltas.

4

BOCA FLEXIBLE, ÁVIDA...

Cumplo a mediodía
con el buen precepto de oír misa entera
los domingos; y a estas misas cenitales
concurres tú, agudo perfil; cabellera
tormentosa, nuca morena, ojos fijos;
boca flexible, ávida de lo concienzudo,
hecha para dar los besos prolijos
y articular la sílaba lenta
de un minucioso idilio, y también
para persuadir a un agonizante
a que diga amén.

Figura cortante y esbelta, escapada
de una asamblea de oblongos vitrales
o de la redoma de un alquimista:
ignoras que en estas misas cenitales,
al ver, con zozobra,
tus ojos nublados en una secuencia
de Evangelio, estuve cerca de tu llanto
con una solícita condescendencia;

y tampoco sabes que eres un peligro
armonioso para mi filosofía
petulante... Como los dedos rosados
de un párvulo para la torre baldía
de naipes o dados.

5

TENÍAS UN REBOZO DE SEDA...

A Eduardo J. Correa

Tenías un rebozo en que lo blanco
iba sobre lo gris con gentileza
para hacer a los ojos que te amaban
un festejo de nieve en la maleza.

Del rebozo en la seda me anegaba
con fe, como en un golfo intenso y puro,
a oler abiertas rosas del presente
y herméticos botones del futuro.

(En abono de mi sinceridad
séame permitido un alegato:
entonces era yo seminarista
sin Baudelaire, sin rima y sin olfato.)

¿Guardas, flor del terruño, aquel rebozo
de maleza y de nieve,
en cuya seda me adormí, aspirando
la quintaesencia de tu espalda leve?

6

NO ME CONDENES...

Yo tuve, en tierra adentro, una novia muy pobre:
ojos inusitados de sulfato de cobre.
Llamábase María: vivía en un suburbio,
y no hubo entre nosotros ni sombra de disturbio.
Acabamos de golpe: su domicilio estaba
contiguo a la estación de los ferrocarriles,
y ¿qué noviazgo puede ser duradero entre
campanadas centrífugas y silbatos febriles?

El reloj de su sala desgajaba las ocho;
era diciembre, y yo departía con ella
bajo la limpidez glacial de cada estrella.
El gendarme, remiso a mi intriga inocente,
hubo de ser, al fin, forzoso confidente.

María se mostraba incrédula y tristona:
yo no tenía traza de una buena persona.
¿Olvidarás acaso, corazón forastero,
al acierto nativo de aquella señorita
que oía y desoía tu pregón embustero?

Su desconfiar ingénito era ratificado
por los perros noctívagos, en cuya algarabía
reforzábase el duro presagio de María.

¡Perdón, María! Novia triste, no me condenes:
cuando oscile el quinqué y se abatan las ocho,
cuando el sillón te mezca, cuando ululen los trenes,
cuando trabes los dedos por detrás de tu nuca,
no me juzguez más pérfido que uno de los silbatos
que turban tu faena y tus recatos.

(Zozobra)

7

LA MANCHA DE PÚRPURA

Me impongo la costosa penitencia
de no mirarte en días y días, porque mis ojos,
cuando por fin te miren, se aneguen en tu esencia
como si naufragasen en un golfo de púrpura,
de melodía y de vehemencia.

Pasa el lunes, y el martes, y el miércoles... Yo sufro
tu eclipse, ¡oh creatura solar!, mas en mi duelo
el afán de mirarte se dilata
como una profecía; se descorre cual velo
paulatino; se acendra como miel; se aquilata
como la entraña de las piedras finas;
y se aguza como el llavín
de la celda de amor de un monasterio en ruinas.

Tú no sabes la dicha refinada
que hay en huirte, que hay en el furtivo gozo
de adorarte furtivamente, de cortejarte

más allá de la sombra, de bajarse el embozo
una vez por semana, y exponer las pupilas,
en un minuto fraudulento,
a la mancha de púrpura de tu deslumbramiento.

En el bosque de amor, soy cazador furtivo;
te acecho entre dormidos y tupidos follajes,
como se acecha un ave fúlgida; y de estos viajes
por la espesura, traigo a mi aislamiento
el más fúlgido de los plumajes:
el plumaje de púrpura de tu deslumbramiento.

8

Tierra mojada...

Tierra mojada de las tardes líquidas
en que la lluvia cuchichea
y en que se reblandecen las señoritas, bajo
el redoble del agua en la azotea...

Tierra mojada de las tardes olfativas
en que un afán misántropo remonta las lascivas
soledades del éter, y en ellas se desposa
con la ulterior paloma de Noé [20];
mientras se obstina el tableteo
del rayo, por la nube cenagosa...

Tarde mojada, de hábitos labriegos,
en la cual reconozco estar hecho de barro,
porque en sus llantos veraniegos,
bajo en auspicio de la media luz,
el alma se licúa sobre los clavos
de su cruz...

Tardes en que el teléfono pregunta
por consabidas náyades arteras,
que salen del baño al amor
a volcar en el lecho las fatuas cabelleras
y a balbucir, con alevosía y con ventaja,
húmedos y anhelantes monosílabos,
según que la llovizna acosa las vidrieras...

[20] *paloma de Noé*: paloma que Noé envió a buscar tierra después del diluvio.

Tardes como una alcoba submarina
con su lecho y su tina;
tardes en que envejece una doncella
ante el brasero exhausto de su casa,
esperando a un galán que le lleve una brasa;
tardes en que descienden
los ángeles, a arar surcos derechos
en edificantes barbechos;
tardes de rogativa y de cirio pascual;
tardes en que el chubasco
me induce a enardecer a cada una
de las doncellas frígidas con la brasa oportuna;
tarden en que, oxidada
la voluntad, me siento
acólito del alcanfor,
un poco pez espada
y un poco San Isidro Labrador...

9

COMO LAS ESFERAS...

Muchachita que eras
brevedad, redondez y color,
como las esferas
que en las rinconeras
de una sala ortodoxa mitigan su esplendor...

Muchachita hemisférica y algo triste
que tus lágrimas púberes me diste,
que en el mes del Rosario [21]
a mis ojos fingías
amapola diciendo avemarías
y que dejabas en mi idilio proletario
y en mi corbata indigente,
cual un aroma dúplice, tu ternura naciente
y tu catolicismo milenario...

En un día de báquicos desenfrenos,
me dicen que preguntas por mí; te evoco
tan pequeña, que puedes bañar tus plenos
encantos dentro de un poco
de licor, porque cabe tu estatua pía
en la última copa de la cristalería;

[21] *mes del Rosario*: Octubre.

y revives redonda, castiza y breve
como las esferas
que en las rinconeras
del siglo diecinueve,
amortiguan su gala
verde o azul o carmesí,
y copian, en la curva que se parece a ti,
el inventario de la muerta sala.

10

HORMIGAS

A la cálida vida que transcurre canora
con garbo de mujer sin letras ni antifaces,
a la invicta belleza que salva y que enamora,
responde, en la embriaguez de la encantada hora,
un encono de hormigas en mis venas voraces.

Fustigan el desmán del perenne hormigueo
el pozo del silencio y el enjambre del ruido,
la harina rebanada como doble trofeo
en los fértiles bustos, el Infierno en que creo,
el estertor final y el preludio del nido.

Mas luego mis hormigas me negarán su abrazo
y han de huir de mis pobres y trabajados dedos
cual se olvida en la arena un gélido bagazo;
y tu boca, que es cifra de eróticos denuedos,
tu boca, que es mi rúbrica, mi manjar y mi adorno,
tu boca, en que la lengua vibra asomada al mundo
como réproba llama saliéndose de un horno,
en una turbia fecha de cierzo gemebundo
en que ronde la luna porque robarte quiera,
ha de oler a sudario y a hierba machacada,
a droga y a responso, a pabilo y a cera.

Antes de que deserten mis hormigas, Amada,
déjalas caminar camino de tu boca
a que apuren los viáticos del sanguinario fruto
que desde sarracenos oasis me provoca.[22]

[22] Allen Phillips ha observado que López Velarde alude frecuentemente al mundo árabe para representar la sensualidad y el erotismo. José Emilio Pacheco indica que el arabismo de López Velarde probablemente procede de *Las mil y una noches,* y se relaciona con la evocación de la poligamia; también sugiere que el harén tal vez sea una imagen en la que puedan reconciliarse la pasión casta y la avidez carnal, un conflicto central a su poesía.

Antes de que tus labios mueran, para mi luto,
dámelos en el crítico umbral del cementerio
como perfume y pan y tósigo y cauterio.

11

TUS DIENTES

Tus dientes son el pulcro y nimio litoral
por donde acompasadas navegan las sonrisas,
graduándose en los tumbos de un parco festival.

Sonríes gradualmente, como sonríe el agua
del mar en la rizada fila de la marea,
y totalmente, como la tentativa de un
Fiat Lux para la noche del mortal que te vea.
Tus dientes son así la más cara presea.

Cuídalos con esmero, porque en ese cuidado
hay una trascendencia igual a la de un Papa
que retoca su encíclica y pule su cayado.

Cuida tus dientes, cónclave de granizos, cortejo
de espumas, sempiterna bonanza de una mina,
senado de cumplidas minucias astronómicas,
y maná con que sacia su hambre y su retina
la docena de Tribus que en tu voz se fascina.

Tus dientes lograrían, en una rebelión,
servir de proyectiles zodiacales al déspota
y hacer de los discordes gritos, un orfeón;
del motín y la ira, inofensivos juegos,
y de los sublevados, una turba de ciegos.

Bajo las sigilosas arcadas de tu encía,
como en un acueducto infinitesmal,
pudiera dignamente el más digno mortal
apacentar sus crespas ansias... hasta que truene
la trompeta del ángel en el Juicio Final.

Porque le tierra traga todo pulcro amuleto
y tus dientes de ídolo han de quedarse mondos
en la mueca erizada del hostil esqueleto,
yo los recojo aquí, por su dibujo neto
y su numen patricio, para el pasmo y la gloria
de la humanidad giratoria.

El retorno maléfico

A D. Ignacio I. Gastelum

Mejor será no regresar al pueblo,
al edén subvertido que se calla
en la mutilación de la metralla.

Hasta los fresnos mancos,
los dignitarios de cúpula oronda,
han de rodar las quejas de la torre
acribillada en los vientos de fronda.

Y la fusilería grabó en la cal
de todas las paredes
de la aldea espectral,
negros y aciagos mapas,
porque en ellos leyese el hijo pródigo
al volver a su umbral
en un anochecer de maleficio,
a la luz de petróleo de una mecha
su esperanza desecha.

Cuando la tosca llave enmohecida
tuerza la chirriante cerradura,
en la añeja clausura
del zaguán, los dos púdicos
medallones de yeso,
entornando los párpados narcóticos,
se mirarán y se dirán: «¿Qué es eso?»

Y yo entraré con pies advenedizos
hasta el patio agorero
en que hay un brocal ensimismado,
con un cubo de cuero
goteando su gota categórica
como un estribillo plañidero.

Si el sol inexorable, alegre y tónico,
hace hervir a las fuentes catecúmenas
en que bañábase mi sueño crónico;
si se afana la hormiga;
si en los techos resuena y se fatiga
de los buches de tórtola el reclamo

que entre las telarañas zumba y zumba;
mi sed de amar será como una argolla;
empotrada en la losa de una tumba.

Las golondrinas nuevas, renovando
con sus noveles picos alfareros
los nidos tempraneros;
bajo el ópalo insigne
de los atardeceres monacales. _de los monjes_
el lloro de recientes recentales
por la ubérrima ubre prohibida
de la vaca, rumiante y faraónica,
que al párvulo intimida;
campanario de timbre novedoso;
remozados altares;
el amor amoroso
de las parejas pares;
noviazgos de muchachas
frescas y humildes, como humildes coles,
y que la mano dan por el postigo
a la luz de dramáticos faroles;
alguna señorita
que canta en algún piano
alguna vieja aria;
el gendarme que pita...
...Y una íntima tristeza reaccionaria.

13

EL SON DEL CORAZÓN

Una música íntima no cesa,
porque transida en un abrazo de oro
la Caridad con el Amor se besa.

¿Oyes el diapasón del corazón?
Oye en su nota múltiple el estrépito
de los que fueron y de los que son.

Mis hermanos de todas las centurias
reconocen en mí su pausa igual,
sus mismas quejas y sus propias furias.

Soy la fronda parlante en que se mece
el pecho germinal del bardo druida
con la selva por diosa y por querida.

Soy la alberca lumínica en que nada,
como perla debajo de una lente
debajo de las linfas, Scherezada [23].

Y soy el suspirante cristianismo
al hojear las bienaventuranzas
de la virgen que fue mi catecismo.

Y la nueva delicia, que acomoda
sus hipnotismos de color de tango
al figurín y al precio de la moda.

La redondez de la Creación atrueno
cortejando a las hembras y a las cosas
con un clamor pagano y nazareno.

¡Oh, Psiquis, oh mi alma: suena a son
moderno, a son de selva, a son de orgía
y a son mariano, el son del corazón!

(El son del corazón)

14

El sueño de los guantes negros [24]

Soñé que la ciudad estaba dentro
del más bien muerto de los mares muertos.
Era una madrugada del invierno
y lloviznaban gotas de silencio.

No más señal viviente, que los ecos
de una llamada a misa, en el misterio
de una capilla oceánica, a lo lejos.

De súbito me sales al encuentro,
resucitada y con tus guantes negros.

Para volar a ti, le dio su vuelo
el Espíritu Santo a mi esqueleto.

---

[23] *Scherazada*: protagonista de *Las mil y una noches*.
[24] Los puntos suspensivos, seguidos de *, indican palabras ilegibles en el original. Este poema fue encontrado, inédito, a la muerte de López Velarde; el poeta tenía fama de dejar espacios en blanco en poemas no publicados, los cuales repasaba constantemente, como indica Pacheco.

Al sujetarme con tus guantes negros
me atrajiste al océano de tu seno,
y nuestras cuatro manos se reunieron
en medio de tu pecho y de mi pecho,
como si fueran los cuatro cimientos
de la fábrica de los universos.

¿Conservabas tu carne en cada hueso?
El enigma de amor se veló entero
en la prudencia de tus guantes negros.

¡Oh, prisionera del valle de México!
Mi carne... * de tu ser perfecto
quedarán ya tus huesos en mis huesos;
y el traje, el traje aquel, con que tu cuerpo
fue sepultado en el valle de México;
y el figurín aquel, de pardo género
que compraste en un viaje de recreo...

Pero en la madrugada de mi sueño,
nuestras manos, en un circuito eterno
la vida apocalíptica vivieron.

Un fuerte... * como en un sueño,
libre como cometa, y en su vuelo
la ceniza y... * del cementerio
gusté cual rosa...

Jan 20:
"Suave patria"

93

ALFONSO REYES

(Monterrey, 1889; México, 1959)

Reyes se gradúa en Derecho en la Universidad Nacional en 1913; desde muy joven emprende una serie de actividades intelectuales que lo llevarán a ser el hombre de letras más excelso de su país. A los veintiún años ayuda a fundar el Ateneo de México y publica un libro de ensayos. Más tarde enseña literatura en la Universidad. Ingresa en el cuerpo diplomático y pasa a España en 1914; allí trabaja también en el Centro de Estudios Históricos bajo el tutelaje de Menéndez Pidal y publica varias obras importantes, incluyendo Cuestiones gongorinas. Más tarde representa a su país en Francia, Brasil y Argentina, regresando definitivamente a México en 1939. Desde entonces se dedica plenamente a las letras, organizando y dirigiendo el Colegio de México, escribiendo una cantidad de libros y ensayos excelentes, y dando aliento a la vida intelectual del país. Reyes recibió el Premio Nacional de Literatura y fue miembro de la Academia Mexicana (y también miembro correspondiente de la Academia Española).

Para apreciar la poesía de Reyes hay que tomar en cuenta su obra en prosa y su carrera literaria. Sus esfuerzos de revalorar la cultura mexicana, su interés en la literatura universal y su impulso en aseverar el valor trascendente del arte afectan sus versos. Muchos de sus poemas reinterpretan otras obras, otras tradiciones u otros estilos (véanse los números 4, 6 y 7). Una y otra vez destaca Reyes la perennidad y la actualidad de un tema antiguo, o hace revivir una obra anterior. Su conciencia del estilo lo lleva a reinterpretar o parodiar motivos tradicionales o lugares comunes. (El don estilístico de Reyes se deja ver en sus ensayos, algunos de los cuales constituyen excelentes poemas en prosa.) El eclecticismo de los versos de Reyes subraya su amplia cultura y demuestra cómo la poesía era para él una manera de vivir.

Los mejores poemas de Reyes escritos «a media voz», en palabras de Octavio Paz. Evitando una retórica ampulosa o mofándose de ella, Reyes alterna imágenes con expresiones prosaicas, maneja cuidadosamente el tono para pasar de la declaración emotiva al juego. Algunos de sus poemas son verdaderos monólogos dramáticos; nótese cómo en el 7 un personaje menor de La Ilíada se convierte en una buscona moderna. En otras obras se insinúa una situación humana, de manera a la vez significativa y juguetona, por medio del lenguaje y de la imagen (1, 3 y 4). En otras el lenguaje metafórico subraya una experiencia sensorial (2 y 5). Hay, sin embargo, poemas de Reyes que no pasan más allá de la idea o de la circunstancia.

Es difícil fijar la posición de Reyes en la trayectoria de la lírica mexicana. Su obra no tiene antecedentes obvios en la poesía modernista que le precede en México; arranca más bien de la cultura y el sentido del lenguaje de su autor. Tampoco influye directamente en la poesía que le sigue. Pero la destreza de Reyes en la creación de diversos tonos por medio del lenguaje, su manera de mezclar lo poético con lo prosaico, lo clásico con lo popular y lo serio con lo cómico, reflejan perfectamente la cultura cosmopolita y universalizante del Ateneo. También apuntan a una vida literaria amplia y a una visión ecléctica de la poesía, y en este sentido pueden ligarse con la actitud de los Contemporáneos.

OBRA POÉTICA:

Huellas. México, Biblioteca Nueva España, 1922.—Ifigenia cruel. Madrid, Calleja, 1924. (2.ª ed., México, «La Cigarra», 1945.)—Pausa. París, Societé générale d'imprimeurs et d'éditeurs, 1926.—*Cinco casi sonetos*. París, Ediciones Poesía, 1931.—*Romances del Río de Enero*. Maestricht, Holanda, Halcyon, A. A. M. Stols, 1933.—*Minuta*. Maestricht, Halcyon, 1935.—*Otra voz*. México, Fábula, 1936.—*Algunos poemas*. México, Nueva Voz, 1941.—*Romances (y afines)*. México, Ed. Stylo, 1945.—*La vega y el soto*. México, Editora Central, 1946.—*Cortesía*. México, Cultura, 1948. Recoge poemas de ocasión escritos de 1912 en adelante.—*Homero en Cuernavaca*. México, Abside, 1949, 2.ª ed. ampliada, México, Fondo de Cultura Económica, 1952.—*Obra poética (1906-1952)*. México, Fondo de Cultura Económica, 1952. Recoge los libros anteriores, más poemas inéditos.—*Nueve romances sordos*. Tlaxcala, Huytlale, 1954.—*Constancia poética*. Tomo X de las *Obras completas* de Reyes. México, Fondo de Cultura Económica, 1959. Recoge la *Obra poética*, añadiendo nuevos poemas.

BIBLIOGRAFÍA:

FRANCISCO GINER DE LOS RÍOS: «Invitación a la poesía de Alfonso Reyes», *Cuadernos Americanos*, XLII, núm. 6 (1948), págs. 252-265. (También en Alfonso Rangel y José Angel Rendón, eds., *Páginas sobre Alfonso Reyes*, Monterrey, 1955-57, tomo II, páginas 73-87.)—MAX AUB: «Alfonso Reyes, según su poesía», *Cuadernos Americanos*, XII, núm. 2 (1953), págs. 241-274. (También en *Páginas sobre A. R.*, II, páginas 248-285.)—JERÓNIMO MALLO: «La obra poética de Alfonso Reyes», *Humanismo*, México, IV, núm. 33-34 (1955), págs. 103-112.—MANUEL LERÍN: «Apuntes sobre la poesía de Alfonso Reyes», *Cuadernos Americanos*, LXXXI, núm. 3 (1955), págs. 212-226.—ROBERTO TREVIÑO GONZÁLEZ y RAÚL RANGEL FRÍAS: *Alfonso Reyes, datos biográficos y bibliográficos*. Monterrey, Universidad de Nuevo León, 1955.—*Alfonso Reyes: vida y obra, bibliografía, antología*. New York, Hispanic Institute in the U. S., 1956-1957. Contiene un valioso estudio general de Andrés Iduarte y una muy buena discusión de la poesía por Eugenio Florit.—CONCHA MELÉNDEZ: «Oro de Alfonso Reyes (entrada en su poesía)», *Asomante*, XVI, núm. 2 (1960), págs. 38-48; también en *La Torre*, VIII, núm. 32 (1960), págs. 25-33.—VENTURA DORESTE: «La poesía de Alfonso Reyes», *Asomante*, XVI, núm. 2 (1960), págs. 20-37.—JAMES WILLIS ROBB: *El estilo de Alfonso Reyes; imagen y estructura*. México, Fondo de Cultura Económica, 1965. Este excelente libro enfoca los ensayos de Reyes, pero ayuda a entender también a su poesía; contiene una bibliografía muy completa.

1

LA AMENAZA DE LA FLOR

Flor de las adormideras:
engáñame y no me quieras.

¡Cuánto el aroma exageras,
cuánto extremas tu arrebol,
flor que te pintas ojeras
y exhalas el alma al sol!

Flor de las adormideras.

Una se te parecía
en el rubor con que engañas,
y también porque tenía
como tú negras pestañas.

Flor de las adormideras.

Una se te parecía...
(Y tiemblo sólo de ver
tu mano puesta en la mía:
tiemblo no amanezca un día
en que te vuelvas mujer.)

(Madrid, 1917: *Huellas*)

2

MADRID QUE CAMBIAS...

Madrid que cambias luces con las horas:
Madrid, nerviosa exhalación de vidas:
con ímpetu de lágrimas golosas
interrogo la cara de tus días.

No disfrace tu sol la pestañosa
niebla que el Guadarrama engendra y cría,
y no enrede tus árboles la tosca
manta de viento que barre a Castilla.

Desconozco tu voz en la persiana,
a pesar de saber que es tu manía
aullar de lobo y sacudir con zarpa.

Y me dejo rodar entre tus días
—tu huésped viejo al fin— de mala gana,
como ruedan tus hojas amarillas.

(Madrid, 1922: *Cinco casi sonetos*)

3

VIENTO EN EL MAR

Entrando en el Canal de las Bahamas [25]
el barco se poblaba de insectos y de pájaros.
Un puñetazo hace bailar las copas,
y una voz al descuido
desdeña el horizonte de Florida.

[25] *Canal de las Bahamas* (o de Bahama): canal que separa el archipiélago de las Bahamas de las Antillas mayores. *Río*: Río de Janeiro, Brasil.

—¡Sabor apenas tímido de América!
¿No habéis estado en Río?
Los helechos son árboles
como en la misma infancia de la Tierra.

«Hay riesgo de que broten claveles las solapas,
o que se espontaneen los sombreros
con plumas de color de guacamayo.

«La escoba abandonada
suele criar raíces por el mango
y flores por las barbas.

Entrando en el Canal de las Bahamas,
truena un voto entre el corro de las copas vacías:

—¡No conocéis el Sur, viajeros rubios,
humanidad sin cocción todavía!
Allí la vida penetra en la muerte,
y ésta se cambia oficios con la vida;
el vaso de agua pura se torna venenoso,
engendra mariposas la campana neumática,
y las ideas se vuelven Generales.

(Y bajo la piel cruda de los blancos,
los nudos y arabescos de las venas,
y la bomba del corazón, a duras penas.)

(México, 1924: *La vega y el soto*)

4

Castidad

Mentía con las ojeras
escarbadas de calor,
atajando con los ojos
como con un resplandor.

Si en la cosquilla del habla
era toda insinuación,
la voluntad no seguía
las promesas de la voz.

La mano se le olvidaba
entre la conversación,
pero volvía por ella:
no se le olvidaba, no.

97

Le reventaba en el seno
cada estrujado botón,
escondiendo y ostentando
a cada lado un limón.

Era por medio diciembre,
cuando pesa más el sol,
y de repente la brisa
se metía de rondón.

De sonajas de cigarras
todo el aire era un temblor,
y en las pausas de silencio
el silencio era mayor.

La tierra juntaba mieles
en mansa fecundación.
Lenta y abundante vida
latía sin expresión.

Adiviné que las aves
no acababan la canción,
en lo mismo que ensartaban
una y una y otra voz.

Adiviné que las nubes
erraban sin dirección;
adiviné que las cosas
arrepienten su intención.

Que también la audacia roja
pára en el rojo rubor,
y que en la naturaleza
es casta la tentación.

—Hallo que ahora la gozo
y la rodeo mejor;
la miro, y la dejo hablar,
sin prisa, y sin dilación.

(1932: *Romances del Río de Enero*)

5

TOLVANERA

Lanza la tolvanera sus turbiones,
azuza sus lebreles amarillos;
tromba de embudo gris, levanta en vilo
miserias que recluta en los rincones.

Aura mortal, disgregación de montes,
movediza prisión, telón de olvido.
Suspende el pecho su latiente alivio
y entra la garra hasta los corazones.

La metralla del átomo, el desquite
del tiempo contra el mundo de las formas...
Con pesuñas de polvo, Atila embiste;

mata el color, las yerbas y las glorias,
y en el valle que todo se le rinde
vuela el gemido de la gente loca.

(México 1939: *La vega y el soto.*)

6

PESADILLA

Eran las cuatro en la tierra
según los gallos decían.
Con siete dagas, Orión
las nubes acometía.
Los oráculos del cielo
es dudoso si dormían,
porque volaban señales
como palabras furtivas
y la lluvia echaba augurios
en relentes de la brisa.
Cuando violando cerrojos,
con fueros de aparecida,
me estrujó con ambos brazos,
de pronto, la pesadilla.
Yo me defendí gritándole:
—No soy tuyo, tú eres mía;
te di el ser con mi resuello
igual que a mi poesía;

con mi sangre te forjé
como se forja la vida.
Eres mi arte y mi parte:
no me asustas, atrevida.

(1943; *Romances sordos*.)

7

LLANTO DE BRISEIDA [26]

Dice Briseida más o menos: —¡Ay
Patroclo que a deshora sucumbiste!
Soy sin ti como ave sin alpiste,
carro sin rienda, mástil sin estay.

En tanta confusión y guirigay,
tú mi refugio y mi sustento fuiste,
y el único en dolerte de la triste
que tiene que vivir de lo que hay.

Mi dueño el otro, tú mi confidente,
comprendías que soy viuda en resaca
y que, para mi bien, más conveniente

que mover tanto ruido y alharaca
es que Aquiles hiciera lo decente,
casándose conmigo en Cuernavaca.

(*Homero en Cuernavaca.*)

---

[26] *Briseida:* personaje de la *Ilíada*. Briseida es la rehén y amante de Aquiles en la *Ilíada*; Agamemnón la había quitado a Aquiles, ocasionando la ira de éste y su apartamiento de la guerra. Después de la muerte de Patroclo, compañero y amigo íntimo de Aquiles, por parte de los troyanos, éste se reconcilia con Agamemnón y recibe de vuelta a Briseida (libro XIX). Entonces ocurre el lamento al que se refiere en este poema: Briseida recuerda que cuando Aquilo había matado a su esposo y la había tomado presa, Patrocio la protegió, prometiendo tratar de casarla con su conquistador. Reyes toma este lamento estilizado de un personaje menor que Homero no individualiza —la describe simplemente como «parecida a las diosas» y le atribuye palabras muy convencionales—, y lo rehace para crear la viñeta muy dramática de una buscona pragmática (y prosaica).

MANUEL MAPLES ARCE

(Papantla, Veracruz, 1898)

Habiendo hecho sus estudios preparatorios en Jalapa y Veracruz, Maples Arce va a la capital en 1920 para empezar la carrera de derecho. Allí entra en la vida artística y literaria, lee poesía simbolista y postsimbolista francesa, conoce a Tablada y queda impresionado por los poemas vanguardistas de éste, y desarrolla su propio afán de encaminar la literatura en nuevas direcciones. (También lee con interés poemas de Apollinaire.) Pronto escribe manifiestos en los que revela su visión de la poesía como arte que debe reflejar una realidad esquiva y cambiante. Sus primeros libros en verso ilustran más que otra cosa su afán renovador, y el deseo de hacer entrar en la poesía el mundo mecánico y la imagen geométrica y chocante. Al mismo tiempo que participa en la vida literaria, Maples Arce continúa sus estudios de derecho, terminando la carrera en 1925. También se interesa en la vida política y en asuntos sociales, lo cual ayuda a explicar la conjunción del lenguaje vanguardista y del tema social en Urbe. Después de terminar sus estudios, Maples Arce ocupa por dos años el puesto de juez en Jalapa, donde funda la bella revista Horizonte. Más tarde viaja a Nueva York y a Europa, asistiendo a la Sorbona y conociendo el mundo literario francés. De vuelta en México continúa su carrera en el Gobierno, es diputado, trabaja en la Secretaría de Educación, y entra en el servicio diplomático de su país, ocupando puestos en Hispanoamérica, Europa y Asia. Maples Arce ha escrito varios excelentes libros de ensayos acerca de la literatura y del arte, y ha enseñado historia del arte. Por su extraordinaria cultura, su amplitud de miras y su interés en todo lo artístico, representa muy bien una época de verdadera apreciación de los valores estéticos.

La importancia principal de la obra temprana de Maples Arce, y del estridentismo que éste encabeza junto con Arqueles Vela y Germán List Arzubide, es la de romper con la anécdota y con el fondo provinciano de la poesía anterior, y de ilustrar las posibilidades poéticas de lo mecánico y el valor del tema social en la poesía. (El estridentismo tiene correspondencias obvias con el futurismo de Marinetti.) Abierta a las corrientes vanguardistas europeas, la poesía de Maples Arce representa un proceso de aniquilación de formas anteriores y crea un clima propicio para una poesía basada en la imagen y en el empleo creador del lenguaje. En este sentido sirve de preparación a la obra más esencial de los «Contemporáneos».

Pero los poemas de Maples Arce tienen también su propio valor. Las imágenes mecánicas y chocantes, el humorismo y los juegos verbales sirven para objetivizar temas emotivos. (En el poema 5, un tema romántico se renueva y adquiere otra perspectiva.) Las formas modernas son en este sentido un esfuerzo de evitar el sentimentalismo (ver el poema 1). Aunque las alusiones a lo mecánico sirven a veces para sorprender al lector (y éstas hoy en día ya no sorprenden), valen a menudo para crear nuevas visiones de un tema y encarnar experiencias o perspectivas originales en formas muy adecuadas (poemas 3 y 4).

Poemas interdictos representa un adelanto con respecto a la poesía anterior de Maples Arce; las imágenes modernas y la forma apuntan a la experiencia central del poema mucho más que en Andamios interiores. Disminuye el impulso de sorprender sólo para sorprender. El cambio es aún más claro en Memorial de la sangre, publicado muchos años después. Ahora Maples Arce vuelve a formas más tradicionales, empleando versos de ritmo regular y jugando con vocablos sólo en unos pocos poemas, y siempre con un fin más importante. Ahora indaga las esencias de la vida; sigue empleando imágenes y giros verbales, con mayor éxito, para encarnar estados *de ánimo. (Nótese como en los poemas 6 y 7 imágenes «visionarias» y «visiones» nos permiten recrear la experiencia del hablante, y cómo en el 8 se subrayan los efectos subjetivos del verano.) En cierto sentido, esta poesía está ya más cerca de la de Paz que de la de Marinetti; por otra parte, representa la continuación y la culminación del esfuerzo de Maples Arce de recrear el lenguaje para captar experiencias subjetivas.*

OBRA POÉTICA:

Rag. Tintas de abanico. México, 1920.—*Andamios interiores.* México, Cultura, 1922. *Urbe; super-poema bolchevique en 5 cantos.* México, Andrés Botas e Hijo, 1924.— *Poemas interdictos.* Jalapa, Ediciones de Horizonte, 1927.—*Memorial de la sangre.* México, [Talleres Gráficos de la Nación], 1947.

BIBLIOGRAFÍA:

GERMÁN LIST ARZUBIDE: *El movimiento estridentista.* Jalapa, Ed. Horizonte, 1923. ENRIQUE DÍEZ-CANEDO: *Letras de América.* México, Fondo de Cultura Económica, 1944, págs. 251-257.—ERMILIO ABRÉU GÓMEZ: «Maples Arce y la poesía», *Revista Mexicana de Cultura,* 13 enero 1952.—FRANK DAUSTER: *Breve historia de la poesía mexicana.* México, Ediciones de Andrea, 1956, págs. 166-167.—RAÚL LEIVA: *Imagen de la poesía mexicana contemporánea.* México, Imprenta Universitaria, 1959, páginas 65-73.—ROGELIO SINÁN: *Los valores humanos en la lírica de Maples Arce.* México, 1959.—JESÚS ARELLANO: «Maples Arce, estridentista», *Nivel,* número 46 (1962), página 5.—FREDERICK S. STIMSON: *The New Schools of Spanish American Poetry.* Madrid, Estudios de Hispanófila, 1970, págs. 132-145.

PRISMA

Yo soy un punto muerto en medio de la hora,
equidistante al grito náufrago de una estrella.
Un parque de manubrio se engarrota en la sombra,
y la luna sin cuerda
me oprime en las vidrieras.

Margaritas de oro
deshojadas al viento.

La ciudad insurrecta de anuncios luminosos
flota en los almanaques,
y allá de tarde en tarde,
por la calle planchada se desangra un eléctrico.

El insomnio, lo mismo que una enredadera,
se abraza a los andamios sinoples del telégrafo,
y mientras que los ruidos descerrajan las puertas,
la noche ha enflaquecido lamiendo su recuerdo.

El silencio amarillo suena sobre mis ojos.
Prismal, diáfana mía, para sentirlo todo!
Yo departí sus manos,
pero en aquella hora
gris de las estaciones,
sus palabras mojadas se me echaron al cuello,
y una locomotora
sedienta de kilómetros la arrancó de mis brazos.

Hoy suenan sus palabras más heladas que nunca.
Y la locura de Edison a manos de la lluvia!

El cielo es un obstáculo para el hotel inverso
refractado en las lunas sombrías de los espejos;
los violines se suben como la champaña,
y mientras las ojeras sondean la madrugada,
el invierno huesoso tirita en los percheros.

Mis nervios se derraman.
        La estrella del recuerdo
naufragada en el agua
del silencio.
    Tú y yo
        Coincidimos
            en la noche terrible,
meditación temática
deshojada en jardines.

Locomotoras, gritos,
arsenales, telégrafos.

El amor y la vida
son hoy sindicalistas,
y todo se dilata en círculos concéntricos.

(Andamios interiores.)

(2)

III

La tarde, acribillada de ventanas
flota sobre los hilos del teléfono,
y entre los atravesaños
inversos de la hora
se cuelgan los adioses de las máquinas.

Su juventud maravillosa
estalló una mañana
entre mis dedos,
y en el agua, vacía,
de los espejos,
naufragaron los rostros olvidados.

Oh la pobre ciudad sindicalista
andamiada
de hurras y de gritos.

Los obreros,
son rojos
y amarillos.

Hay un florecimiento de pistolas
después del trampolín de los discursos,

y mientras los pulmones
del viento,
se supuran,
perdida en los obscuros pasillos de la música
alguna novia blanca
se deshoja.

(Urbe.)

③

CANCIÓN DESDE UN AEROPLANO

Estoy a la intemperie
de todas las estéticas;
operador siniestro
de los grandes sistemas,
tengo las manos
llenas
de azules continentes.

Aquí, desde esta borda,
esperaré la caída de las hojas.
La aviación
anticipa sus despojos,
y un puñado de pájaros
defiende su memoria.

104

Canción
florecida
de las rosas aéreas,
propulsión
entusiasta
de las hélices nuevas,
metáfora inefable despejada de alas.

Cantar.
                    Cantar.
Todo es desde arriba
equilibrado y superior,
y la vida
es el aplauso que resuena
en el hondo latido del avión.

Súbitamente
el corazón
voltea los panoramas inminentes;
todas las calles salen hacia la soledad de los horarios;
subversión
de las perspectivas evidentes;
looping the loop
en el trampolín romántico del cielo,
ejercicio moderno
en el ambiente ingenuo del poema;
la Naturaleza subiendo
el color del firmamento.

Al llegar te entregaré este viaje de sorpresas,
equilibrio perfecto de mi vuelo astronómico;
tú estarás esperándome en el manicomio de la tarde,
así, desvanecida de distancias,
acaso lloras sobre la palabra otoño.

Ciudades del norte
                    de la América nuestra,
tuya y mía;
                    New-York,
                    Chicago,
                    Baltimore.

Reglamenta el Gobierno los colores del día,
puertos tropicales
del Atlántico,
azules litorales
del jardín oceanográfico,
donde se hacen señales

los vapores mercantes;
palmeras emigrantes,
río caníbal de la moda,
primavera, siempre tú, tan esbelta de flores.

País donde los pájaros hicieron sus columpios.
Hojeando tu perfume se marchitan las cosas,
y tú lejanamente sonríes y destellas,
¡oh novia electoral, carroussel de miradas!
lanzaré la candidatura de tu amor
hoy que todo se apoya en tu garganta,
la orquesta del viento y los colores desnudos.
Algo está aconteciendo allá en el corazón.

Las estaciones girando
mientras capitalizo tu nostalgia,
y todo equivocado de sueños y de imágenes;
la victoria alumbra mis sentidos
y laten los signos del zodíaco.

Soledad apretada contra el pecho infinito.
De este lado del tiempo,
sostengo el pulso de mi canto;
tu recuerdo se agranda como un remordimiento,
y el paisaje entreabierto se me cae de las manos.

(Poemas interdictos.)

80 H. P. [27]

Pasan las avenidas del otoño
bajo los balcones marchitos de la música,
y el jardín es como un destello rojo
entre el aplauso burgués de las arquitecturas.

Esquinas flameadas de ponientes.

El automóvil sucinto
tiene a veces
ternuras
minerales.

---

[27] *H. P.*: *horsepower* (inglés), caballo de vapor, medida de potencia de una máquina. Se emplea para describir los motores de los automóviles. (Un automóvil con motor de 80 H. P. hubiera parecido poderosísimo en los años 20.)

Para la amiga interferente
entregada a las vueltas del peligro;

he aquí su sonrisa equilibrista,
sus cabellos boreales,
y sobre todo, el campo,
desparramado de caricias.

Países del quitasol

nuevo
—espectáculo
mundo
exclusivo—
latino

de sus ojos.

En el motor   { (El corazón apretado
hay la misma canción. { como un puño)

A veces pasan ráfagas, paisajes estrujados,

y por momentos
el camino es angosto como un sueño.

Entre sus dedos
se deshoja
la rosa
de los vientos.

Los árboles turistas
a intervalos
regresan con la tarde.
Se van
quedando

atrás
los arrabales
del recuerdo

—oh el alegre motín de su blancura! —

Tacubaya [28] {
San Angel,   Pequeños
Mixcoac.   alrededores de la música.

[28] *Tacubaya, Mixcoac, San Angel:* en la década de los años 20, villas del Distrito Federal, México; hoy en día ya son partes de la ciudad de México.

Después
sólo las praderas   del tiempo.

Allá lejos
     ejércitos
         de la noche
             nos esperan.

5

PARTIDA

Yo soy una estación sentimental
y los adioses pitan como trenes.
Es inútil llorar.

En los contornos del crepúsculo,
ventanas encendidas
hacia los rumbos
nuevos.

Palpita
todavía
     la alondra
         vesperal
            de su pañuelo.

6

MEMORIAL DE LA SANGRE

En la desierta obscuridad en donde brota la sangre,
la noche de la angustia rompe
la forma material que un gemido desflora:
misterio ensangrentado de tu cuerpo,
primer deslumbramiento, lo azulinisimimado.
¡Oh lúcida experiencia!

Como un sueño arraigado
en la luz vegetal, que se extiende en la tarde
yo soy el pensamiento de un ausente
a orillas de un estío rumoroso de árboles,
la pura desnudez de la memoria abierta
al jardín inmortal de los amantes,
¡un grito que se eleva sobre el pedestal de la tarde!

Tú no estabas anunciado en los libros,
ni en los calendarios de piedra,
pero yo te presentía
en la fuente original que se derrama en el pecho.
Los ríos ancestrales del tumulto
conducen hasta ti, parecido al silencio
golpeado de mi pulso:
tú eres la promesa eterna de la sangre.

Cuando oprimiendo el pecho por donde cruzan las pasiones
sólo tenga el gesto indefenso del silencio,
cuando la tierra en mí se haya callado
y despierte la luz en otros ojos,
cuando un tacto de metal me arranque
la voz, y sólo sea
un sollozo de piedra reprimido
o una fecha de pájaros,
¡que sea mi voluntad este deseo que crece!

Más allá de nuestro amor —transpuesto océano—
un país de ardientes jeroglíficos te espera.
Ante ti su resplandor de piedras descifradas
La estrofa secular de las pirámides
te arranca un grito ensangrentado
de belleza.

El pueblo persuadido de símbolos atlánticos
profiere la unidad cerrada de los puños.
Tú ves el trabajo humano
y la repartición de tierras.
¡Ah el día geométrico de las altiplanicies
y la gran primavera inaccesible de los lagos!

Escucha, fuerza creadora,
el grito de distancias que afluye hasta mis labios;
la naturaleza despierta sorprendida en tu rostro,
que surge desde el fondo pálido del agua.

Mis ríos, mis cataratas, mis rumores de bosques,
todo lo que me sonoriza y me afirma,
un día, invisible,
revivirá en la voz de mi regreso.
Por eso canto lo real, el fuego
fértil que devora la ausencia,
la evidencia de existir contra los ídolos,
la libertad terrestre de los sexos.

Tú llegas en la hora
en que una tempestad de acero
sopla sobre lejanas poblaciones,
y otros van a confundirse
en un abrazo sangriento de naciones.
¡Oh! tú, hecho de mi sangre y de mi fuerza,
tú de forma mortal, tú que no rezas,
absoluta presencia que sube de las profundidades.
Tú traes el germen
de la rebelión que desciende al mismo tiempo
que la energía secreta de las venas:
entrañable momento de las formas
o clamor encendido en el espacio vehemente.

Sopla un viento de arpas
que infunde al otoño sus más antiguos recuerdos,
y todo recomienza en el poder profundo de un latido.

¿Qué es lo que perdura del poema?
¡Ah! la esperanza oscura de la metamorfosis.
Un abismo de letras, un cuerpo de silencio.

(Memorial de la sangre.)

7

Fundación del olvido

Desde el silencio azul del horizonte dicto
rumbos de soledad hacia lo incierto;
la memoria transcurre con tiempo favorable
y apenas si la brisa da señales de pájaros.

Resuena el mar con ecos forestales de espuma
—las olas desenrollan sus órdenes orales—
de pie en los corredores de fábricas marítimas
os presiento criaturas de lejanos umbrales.

A veces por pulsantes caminos de latidos
atravieso los ríos torrenciales del odio;
me detengo en ciudades de nostalgia y de estruendo
donde la fría imagen de la luna no llega.
Llamamientos urgentes me vuelven multitudes
y el trino del motor las fuentes suplantando.

¿Qué espanto de absoluto
brota de los anales de la piedra?
Potencias del silencio nos abisman
en el misterio de las metamorfosis.
Yo abro espacios de fuerza hacia la noche
donde se pierden las tribus del recuerdo
que persiguen los gritos famélicos del tiempo.

Con una voluntad de altiplanicies
que apaga la fiebre de los soles aborígenes
salto de las palabras a los puños del alba.
Las mañanas irrumpen con un grito de alas
entre las juventudes jubilosas del aire:
hermosura inmortal que me tiende los brazos
más allá de los bosques, del deseo, de las rejas.

A través de fronteras que diseña la sangre
mis sentidos descubren silentes claridades:
esfinges, simetrías, ofrendas, signos,
entretejidas viñas a la más pura gloria.
Me estremecen las formas apacibles del mármol
y vuelas de los párpados enigmas de las fábulas.

Mi corazón escucha, oh tardes laboriosas
de suspensos rumores,
al hombre que se enjuga el sudor religioso
mientras sueñan las vírgenes exultantes mensajes
y los altos otoños
en sus senos deshojan sus ramajes de oro.

Me acerco a la vida elemental de los sexos,
a la muerte de acero que irradia del trabajo;
mi rostro alucinado se pierde entre otros rostros,
extranjero, en un pueblo
que flagela la muerte.

Camino en las ciudades con una sed amarga
y me devora un fuego de blasfemias;
miro los esplendores del orden,
las estatuas ecuestres,
las cenizas votivas y los dientes
orificados de la fuerza.

Leyes de violencia dominan
las propiedades cómplices del día
y un viento fúnebre de escorias
que presagia los males de la ciencia
barre de estragos y dudas la memoria.

Leo proclamas del sol que nos prometen
las herencias del sueño, los tiempos luminosos
(demagogias de abril) oh bíblicas jóvenes
que os alejáis por los floridos viales.
Poblado el aire terso está de vuestro gozo.

Siento el hálito seductor de vuestros labios,
la libertad como un soplo entre las frondas.
Crecer, cambiar como la vida de la tierra,
pasar un tiempo de amor
y deslumbrantes trigos en silencio,
y despertar un día de la fluvial memoria
de los siglos, a la sombra
del árbol milenario,
—oh inefable delicia de los deltas—
confiado en la cálida pubertad de las rosas.

¡Qué el olvido descienda por las linfas del sueño!
Ya la creación imprime sus dedos en mi frente
y alzan su voz ardiente
de otras razas sonoras las sirenas,
y recitan mi vida, mi fábula, mi ausencia!

8

VERANO

La mañana es un grito salpicado de pianos
que abre las ventanas al ardor del verano;
la brisa hace volar su ropa de campiñas
en las playas de luz por donde van sus pasos.

Oh desnudez marina de palmas exaltada,
reconozco la espuma de sus hombros
en el salto de mármol sin apoyo,
vuelo frágil que se quiebra en el agua.

Su mirada difunde el azul de las fábulas
y palpita en sus labios un rumor de riberas.
Viene la geometría perenne de las olas
a mezclar su compás a nuestro abrazo
mientras el mar mueve sus máquinas
bajo la claridad de frías devastaciones.

Tú sonríes desde el borde de un éxtasis desnudo
y despiertan de pronto los júbilos arcanos,
pero la forma sólo responde por el tacto.
Una caricia flota desprendida del mundo.

CARLOS PELLICER

(Villahermosa, Tabasco, 1899)

Estudió en México y en Colombia, y ha hecho extensos viajes por Sudamérica, a Europa y al Cercano Oriente. A partir de 1916, cuando participa en la fundación de la revista Gladios, *forma parte del mundo literario mexicano; colabora con otros poetas de su generación en la revista* Contemporáneos. *Pellicer ha desempeñado puestos gubernamentales, ha sido profesor de literatura y de historia y también director del Departamento de Bellas Artes. Ha cumplido una tarea extraordinaria como museólogo, fundando varios museos y coleccionando piezas prehispánicas. En 1953 fue elegido miembro de la Academia Mexicana de la Lengua, y en 1964 recibió el Premio Nacional de Literatura.*

La poesía de Pellicer se concentra en cuadros de la naturaleza, y subraya el tema de la alegría de la vida. Abunda en imágenes sensoriales, mediante las cuales vivifica escenas naturales y convierte sus asuntos en experiencias concretas para el lector. En muchas obras predomina el valor plástico y visual. La riqueza verbal de esta poesía, su empleo de imágenes y su visión de las correspondencias entre el paisaje y la vida humana parecen ligarla con la lírica modernista. (Las metáforas de Pellicer se basan en correspondencias visuales u objetivas —no son «visionarias» como las de Villaurrutia.) Pero Pellicer es también un poeta innovador. Se vale de la ironía y de la contraposición de diversos planos e imágenes para forjar perspectivas inesperadas. (Nótese su manera de relacionar la naturaleza con objetos de la vida moderna.) Sus cuadros y escenas de la naturaleza trascienden el paisajismo, sirviendo más bien para crear experiencias originales. En el poema 9, por ejemplo, una escena común se modifica mediante una serie de imágenes radicalmente diferentes, creando una serie de perspectivas antagónicas que nos hacen sentir las múltiples posibilidades estéticas que se esconden en la realidad más cotidiana. El poema 8 combina personificaciones e imágenes sensoriales para arrancar efectos inesperados a una «naturaleza muerta». En los poemas 1 y 13 se reelaboran irónicamente cuadros convencionales. En cada caso, Pellicer se cuida mucho de describir los efectos que el lector ya ha sentido ante el paisaje, y en cambio emplea sus recursos para formar y darnos percepciones nuevas; en este sentido puede llamársele poeta de «vanguardias».

Ya he notado la importancia que tiene en la poesía de Pellicer el tema de la armonía natural, y de la alegría sensorial que ésta despierta en el hombre. También debe destacarse en su obra el tema del arte como modo de captar la realidad, y en particular el valor de la poesía para alcanzar significados esenciales. (Véanse los poemas 4, 5, 6 y 12.) De la compenetración que ocurre entre la realidad y el artista surge la visión trascendente del mundo.

La admiración de Pellicer ante la naturaleza se convierte en una exaltación patriótica del continente americano en el libro Piedra de sacrificios *y en algunos poemas de* Subordinaciones. *En* Recinto *predomina el tema amoroso, también relacionado con los del orden natural y de la poesía. A partir de* Práctica de vuelo *la poesía de Pellicer es principalmente religiosa: el anhelo de una realidad divina y trascendente es una extensión de la búsqueda de la armonía en el mundo que caracteriza toda la obra del poeta.*

Pueden notarse ciertos cambios en el estilo de esta obra con el pasar del tiempo. Algunos poemas tempranos revelan dejos modernistas. Después de los primeros libros la expresión se concentra y las imágenes se hacen más complejas y conceptuales. Luego, a partir de Práctica de vuelo, *predomina un tono más directo. Pellicer emplea*

113

una gran variedad de estrofas y de esquemas métricos, ajustándolos a los temas y los enfoques de sus diversos libros. Siempre manejando con destreza sus recursos formales, logra convertir su visión gozosa de la realidad —por cierto, nada original en sí— en una experiencia nueva y vital para el lector.

OBRA POÉTICA:

Colores en el mar y otros poemas. México, Cultura, 1921.—Piedra de sacrificios. México, Ed. Nayarit, 1924.—6, 7 poemas. México, Aztlán, 1924.—Hora y 20. París, Ed. París-América, 1927.—Camino. París, Ediciones Estrella, 1929.—Hora de junio (1929-1936). México, Ediciones Hipocampo, 1937.—Exágonos. México, Nueva Voz, 1941; 2.ª ed., 1954.—Recinto y otras imágenes. México, Fondo de Cultura Económica, 1941.—Subordinaciones. México, Ed. Jus, 1949.—Práctica de vuelo. México, Fondo de Cultura Económica, 1956.—Material poético (1918-1961). México, U. N. A. M., 1962. Recoge todos los libros anteriores.—Con palabras y fuego. México, Fondo de Cultura Económica, 1963.—Teotihuacán, y 13 de agosto: ruina de Tenochtitlán. México, Ediciones Ecuador 0 0' 0", 1965.—Primera antología poética. Selección de Guillermo Fernández. México, Fondo de Cultura Económica, 1969.

BIBLIOGRAFÍA:

LUIS MONGUIÓ: «Poetas postmodernistas mexicanos», Revista Hispánica Moderna, XII (1946), págs. 254-55.—ANTONIO CASTRO LEAL: La poesía mexicana moderna [antología]. México, Fondo de Cultura Económica, 1953, págs. XXII-XXIII.—FRANK DAUSTER: Breve historia de la poesía mexicana. México, Ediciones de Andrea, 1956, páginas 150-153.—OCTAVIO PAZ: «La poesía de Carlos Pellicer», Las peras del olmo. México, Imprenta Universitaria, 1957, págs. 95-104.—RAÚL LEIVA: Imagen de la poesía mexicana contemporánea. México, Imprenta Universitaria, 1959, págs. 91-108.—ENRIQUE ANDERSON IMBERT: Historia de la literatura hispanoamericana. Tomo II. México, Fondo de Cultura Económica, 1961, págs. 156-57.—EMMANUEL CARBALLO: «Carlos Pellicer, o la poesía por la exageración», Nivel, núm. 37 (1962), págs. 6-8.—LUIS RIUS: «El material poético de Carlos Pellicer», Cuadernos Americanos, XXI (septiembre-octubre, 1962), págs. 239-70.—EMMA GODOY: «La naturaleza, el hombre y Dios en la poesía de Carlos Pellicer», El Libro y el Pueblo, IV, núm. 3 (1963), págs. 7-11 y 31.—FRANK DAUSTER: «Aspectos del paisaje en la poesía de Carlos Pellicer», Ensayos sobre poesía mexicana. México, Ediciones de Andrea, 1963, 45-51.—MERLIN FORSTER: «El concepto de la creación poética en la obra de Carlos Pellicer», Comunidad [México], IV (1966), págs. 684-88.—ANDREW P. DEBICKI: «Perspective and Meaning in the Poetry of Carlos Pellicer», Hispania, LVI (1973), págs. 1007-1013.—EDWARD J. MULLEN: «The 'Primera Antología Poética' of Carlos Pellicer», Revista Interamericana de Bibliografía, XXXII (1972), págs. 268-274.

1

Como un fauno marino perseguí aquella ola
suelta la cabellera y el talle azul-ondeante.
Como un fauno marino nadé tras de la ola
que distendió sus líneas como hembra jadeante.

El Sol ya estaba viejo, pero era un rey
que aburrido aquel día de bañarse en el mar,
se embarcó en una nube
y apenas si tenía algo que recordar...

Yo perseguí la ola pensando que la hora
miedo haría en la ola musculada y sonora.

Pero como avanzara yo sobre el litoral,
la ola arqueando ímpetus se retorció en la arena
dejando en mi lascivia tres algas por melena
y una gran carcajada de espumas de cristal.

(Colores en el mar y otros poemas.)

2

Pintado el cielo en azul.
El mar pintado en azul.
El alma suelta en azul.
   Azul.
    Azul.

El día jugó su as de oro
y lo perdió en tanto azul.

Y el silencio dijo *en coro:*
«¡Ya mañana no hay azul!»

3

La dulce marina de estío
llenó de esperanza mi canto.
Y el cielo ingenuo, con las nubes era
la dicha azul con sus encajes blancos.

El mar arrimado a las barcas
oía la historia de algún pescador.
Y como era domingo, veíanse en la playa
bajo denso palmar las mujeres cantando el amor.

La siesta dichosa copiaba otra siesta.
Y el cielo, de azul y de blanco,
pareció que era como tú aquel día
la dicha azul con sus encajes blancos.

④

Estudio

A Pedro Henríquez Ureña

Jugaré con las casas de Curazao [29],
pondré el mar a la izquierda
y haré más puentes movedizos.
¡Lo que diga el poeta!
Estamos en Holanda y en América
y es una isla de juguetería,
con decretos de reina
y ventanas y puertas de alegría.
Con las cuerdas de la lira
y los pañuelos del viaje,
haremos velas para los botes
que no van a ninguna parte.
La casa de gobierno es demasiado pequeña
para una familia holandesa.
Por la tarde vendrá Claude Monet
a comer cosas azules y eléctricas.
Y por esa callejuela sospechosa
haremos pasar la Ronda de Rembrandt [30].
... ¡pásame el puerto de Curazao!
   isla de juguetería,
   con decretos de reina
   y ventanas y puertas de alegría.

[Curazao, 1920.]

5

En negro se desafina
la penumbra de la tarde.
¿Y el corazón? Tarde a tarde
a la muerte se encamina.

Arbol negro. La silueta
torna el paisaje elegante.
Una tarde sin poeta,
un amante sin amante.

[29] *Curazao*: isla de las Antillas, perteneciente a Holanda, situada a unos 75 kms. de la costa de Venezuela.
[30] *Ronda de Rembrandt*: alusión al cuadro «Ronda de Noche», del famoso pintor flamenco. Las alusiones a Rembrandt y al impresionista Claude Monet subrayan el efecto de una recreación artística del paisaje.

Aguafuerte inacabada.
La postrer ola en la arena
como una larga pisada.

6

SCHERZO

A Xavier Villaurrutia

Y el mar dorado
que coloridas olas serpentea
bajo los vinos suaves de la aurora.
Y en la arena de oro
la huella viva de los pies desnudos.
Y en el cuerpo desnudo y contundente
la primera salpicadura del baño.
Y las nubes llenas de semejanzas
familiares.
Y la alegría sin esperanza
destas horas sin pares.
Y el ave que halla su tono
en el verde glorioso de la palmera.
Y el encanto siempre desconocido
de las olas nuevas.
Y el barullo de la espuma sesgada.
Y la sorpresa de un bote de pesca
que no viene de ninguna parte
y que sin embargo llega.
Y la dulzura de los caracoles pequeños.
Y el deseo de jugar.
Y otra vez la alegría sin esperanza,
la alegría sin par.
Y un grito.
Y una mujer desdibujada que lleva un pez
y así parece anuncio de joyerías.
Y la destreza imponderable de las olas
que bien merece ya el premio Nóbel
por cultura física y dos o tres más cosas...
Y mi juventud un poco salvaje
que sienta bien al paisaje.
Y el poema que nunca se canta
pero que siempre se adivina.
Porque está en mi cabeza y en mi garganta
el elogio habitual de las marinas.

(6, 7 Poemas.)

7

SEMBRADOR

A José Vasconcelos

El sembrador sembró la aurora;
su brazo abarcaba el mar.
En su mirada las montañas
podían entrar.

La tierra pautada de surcos
oía los granos caer.
De aquel ritmo sencillo y profundo
melódicamente los árboles pusieron su danza a mecer.

Sembrador silencioso:
el sol ha crecido por tus mágicas manos.
El campo ha escogido otro tono
y el cielo ha volado más alto.

Sembraba la tierra.
Su paso era bello: ni corto ni largo.
En sus ojos cabían los montes
y todo el paisaje en sus brazos.

8

ESTUDIO

A Carlos Chávez

La sandía pintada de prisa
contaba siempre
los escandalosos amaneceres
de mi señora
la aurora.
Las piñas saludaban el medio día.
Y la sed de grito amarillo
se endulzaba en doradas melodías.
Las uvas eran gotas enormes
de una tinta esencial,
y en la penumbra de los vinos bíblicos
crecía suavemente su tacto de cristal.
¡Estamos tan contentas de ser así!
Dijeron las peras frías y cinceladas.
Las manzanas oyeron estrofas persas
cuando vieron llegar a las granadas.

Las que usamos ropa interior de seda...
dijo una soberbia guanábana[31].
Pareció de repente que los muebles crujían...
Pero ¡si es más el ruido que las nueces!
Dijeron los silenciosos chicozapotes
llenos de cosas de mujeres.
Salían
de sus *eses* redondas las naranjas.
Desde un cuchillo de obsidiana
reía el sol la escena de las frutas.
Y la ventana abierta hacía entrar la montaña
con los pequeños viajes de sus rutas.

(Hora y 20.)

[México, 1925.]

9

GRUPOS DE PALOMAS

A la señora Lupe Medina de Ortega

1

Los grupos de palomas,
notas, claves, silencios, alteraciones,
modifican el ritmo de la loma.
La que se sabe tornasol afina
las ruedas luminosas de su cuello
con mirar atrás a su vecina.
Le da al sol la mirada
y escurre en una sola pincelada
plan de vuelos a nubes campesinas.

2

La gris es una joven extranjera
cuyas ropas de viaje
dan aire de sorpresa al paisaje
sin compradoras y sin primaveras.

---

[31] *guanábana*: fruta americana, llena por dentro de una suave pulpa blanca.
chicozapote: fruto del árbol (americano) del mismo nombre; es aovado con la corteza dura y la pulpa suave, rojiza y azucarada.

3

Hay una casi negra
que bebe astillas de agua en una piedra.
Después se pule el pico,
mira las uñas, ve las de las otras,
abre un ala y la cierra, tira un brinco
y se para debajo de las rosas.
El fotógrafo dice:
para el jueves, señora.
Un palomo amontona sus *erres* cabeceadas,
y ella busca alfileres
en el suelo que brilla por nada.
Los grupos de palomas
—notas, claves, silencios, alteraciones—
modifican lugares de la loma.

4

La inevitablemente blanca
sabe su perfección. Bebe en la fuente
y se bebe a sí misma y se adelgaza
cual un poco de brisa en una lente
que recoge el paisaje.
Es una simpleza
cerca del agua. Inclina la cabeza
con tal dulzura,
que la escritura desfallece
en una serie de sílabas maduras.

5

Corre un automóvil y las palomas vuelan.
En la aritmética del vuelo,
los *ocho* árabes desdóblanse
y la suma es impar. Se mueve el cielo
y la casa se vuelve redonda.
Un viraje profundo.
Regresan las palomas.
Notas. Claves. Silencios. Alteraciones.
El lápiz se descubre, se inclinan las lomas,
y por 20 centavos se cantan las canciones.

[México, 1925.]

10

Hora de Junio:
espiga verde aún, fuerza de abril, ligera.
¡Ya de un golpe de remo y a la orilla
de alta mar!
El cuerpo hermoso quiere el infinito
y ya no la belleza. ¡La belleza
sin nombre, oh infinito!

(Hora de Junio.)

11

GRUPOS DE PALMERAS

A Enrique González Martínez

Los grupos de palmeras
—edad de 20 a 30, estado célibe,
libre oficio— secundan el poema.

Ceñir la brisa o desnudar el viento,
inaugurar el mundo cada día,
esas palmeras son Río de Janeiro.

Una tarde en avión las vi bañarse
entre aguas repentinas que surgían
del fragmento de tierra de las alas.

Los grupos de palmeras
—idénticos detalles—
siguen las curvas altas del poema.

La mañana que abrí mis corazones
—eterno amor de ti, mujer morena—
cuatro palmeras reales
anunciaron tu amor y tu belleza.

Palmera real, cintura luminosa, rodeos de la danza,
final de todo viaje
a cielo azul. ¡Se pierde la esperanza
y una palmera real es el paisaje!

En las noches de Asuán
sube la Cruz del Sur [32]. Ninguna noche
como esas noches. Llegan del desierto
caravanas de estrellas. Los prismas de alabastro
su eterna espuma aprietan. El silencio
cuenta granos de arena. Tengo vida
para mil años, hoy. Una palmera
le da pausas al verso y lo reúne
al haz de la creación. En un remanso
pule el Nilo el estanque reflector
del objeto infinito. Otra palmera
da el aire de la música.

Los grupos de palmeras
—edad de 15 a 20, estado célibe,
libre oficio— secundan el poema.

A 90 kilómetros por hora
pasan las palmeras rumbo a todas luces.
Cruje el tren de quietud y echo las manos
al papel tropical que sume y sigue,
de mis grupos de palmas al sarcófago,
la divina inquietud.

Claras, ligeras, jóvenes y ofrenda.
Lloro mis corazones y
cuelgo la hamaca azul en dos palmeras.

[Asuán, 1929.]

12

INVITACIÓN AL PAISAJE

A Ignacio Medina

Invitar al paisaje a que venga a mi mano,
invitarlo a dudar de sí mismo,
darle a beber el sueño del abismo
en la mano espiral del cielo humano.

Que al soltar los amarres de los ríos
la montaña a sus mármoles apele
y en la cumbre el suspiro que se hiele
tenga el valor frutal de dos estíos.

[32] *Cruz del Sur*: constelación austral.

Convencer a la nube
del riesgo de la altura y de la aurora,
que no es el agua baja la que sube
sino la plenitud de cada hora.

Atraer a la sombra
al seno de rosales jardineros.
(Suma el amor la resta de lo que amor se nombra
y da a comer la sobra a un palomar de ceros.)

¡Si el mar quisicra abandonar sus perlas
y salir de la concha...!
Si por no derramarlas o beberlas
—copa y copo de espumas— las olvida.

Quién sabe si la piedra
que en cualquier recodo es maravilla
quiera participar de exacta exedra,
taza-fuente-jardín-amor-orilla.

Y si aquel buen camino
que va, viene y está, se inutiliza
por el inexplicable desatino
de una cascada que lo magnetiza.

¿Podrán venir los árboles con toda
su escuela abecedaria de gorjeos?
(Siento que se aglomeran mis deseos
como el pueblo a las puertas de una boda.)

El río allá es un niño y aquí un hombre
que negras hojas junta en un remanso.
Todo el mundo le llama por su nombre
y le pasa la mano como a un perro manso.

¿En qué estación han de querer mis huéspedes
descender? ¿En otoño o primavera?
¿O esperarán que el tono de los céspedes
sea el ángel que anuncie la manzana primera?

De todas las ventanas, que una sola
sea fiel y se abra sin que nadie la abra.
Que se deje cortar como amapola
entre tantas espigas, la palabra.

Y cuando los invitados
ya estén aquí —en mí—, la cortesía
única y sola por los cuatro lados,

será dejarlos solos, y en signo de alegría
enseñar los diez dedos que no fueron tocados
sino
por
la
sola
poesía.

13

Cuando el transatlántico pasaba
bajo el arco verde oro de la aurora,
las sirenas aparecieron coronadas
con las últimas rosas
pidiéndonos sandwiches y champagne.
Se olvidaron las islas, y se hundieron las costas.

(Exágonos)

14

Ya nada tengo yo que sea mío:
mi voz y mi silencio son ya tuyos
y los dones sutiles y la gloria
de la resurrección de la ceniza
por las derrotas de otros días.
La nube
que me das en el agua de tu mano
es la sed que he deseado en todo estío,
la abrasadora desnudez de junio,
el sueño que dejaba pensativas
mis manos en la frente
del horizonte… Gracias por los cielos
de indiferencia y tierras de amargura
que tanto y mucho fueron. Gracias por
las desesperaciones, soledades.
Ahora me gobiernas por las manos
que saben oprimir las claras mías.
Por la voz que me nombra con el nombre
sin nombre… Por las ávidas miradas
que el inefable modo sólo tienen.
Al fin tengo tu voz por el acento
de saber responder a quien me llama
y me dice tu nombre
mientras en los pinares se oye el viento
y el sol quiere ser negro entre las ramas.

(Recinto)

Señor, haz que yo vea. Nunca he visto
sino aquello que es y acaba luego.
Me estoy quemando en un oscuro fuego
y por verte algún día sólo existo.

Con sombría pujanza a todo embisto
con ánimo de ver y al golpe ciego
caen los candelabros y congrego
ruidos y ruina de que estoy provisto.

Jesús, Hijo de Dios, abre mis ojos
como quien saca frutos entre abrojos.
No me dejes gritando entre los gritos

de tantos ojos que no ven. Clarea
con el clarín de tus ojos y escritos
mis ojos queden a tus pies y vea.

(Práctica de vuelo)

16

TEMA PARA UN NOCTURNO

Cuando hayan salido del reloj todas las hormigas
y se abra —por fin— la puerta de la soledad,
la muerte,
ya no me encontrará.

Me buscará entre los árboles, enloquecidos
por el silencio de una cosa tras otra.
No me hallará en la altiplanicie deshilada
sintiéndola en la fuente de una rosa.

Estoy partiendo el fruto del insomnio
con la mano acuchillada por el azar.
Y la casa está abierta de tal modo,
que la muerte ya no me encontrará.

Y ha de buscarme sobre los árboles y entre las nubes.
(¡Fruto y color la voz encenderá!)
Y no puedo esperarla: tengo cita
con la vida, a las luces de un cantar.

Se oyen pasos —¿muy lejos?...— todavía
hay tiempo de escapar.
Para subir la noche sus luceros,
un hondo son de sombras cayó sobre la mar.

Ya la sangre contra el corazón se estrella.
Anochece tan claro que me puedo desnudar.
Así, cuando la muerte venga a buscarme,
mi ropa solamente encontrará.

(Subordinaciones)

[31 de octubre de 1945.]

17

HE OLVIDADO MI NOMBRE

He olvidado mi nombre.
Todo será posible menos llamarse Carlos.
¿Y dónde habrá quedado?
¿En manos de qué algo habrá quedado?
Estoy entre la noche desnudo como un baño
listo y que nadie usa por no ser el primero
en revolver el mármol de un agua tan estricta
que fuera uno a parar en estatua de aseo.

Al olvidar mi nombre siento comodidades
de lluvia en un paraje donde nunca ha llovido.
Una presencia lluvia con paisaje
y un profundo entonar el olvido.

¿Qué hará mi nombre,
en dónde habrá quedado?

Siento que un territorio parecido a Tabasco [33]
me lleva entre sus ríos inaugurando bosques,
unos bosques tan jóvenes que da pena escucharlos
deletreando los nombres de los pájaros.

Son ríos que se bañan cuando lo anochecido
de todas las palabras siembra la confusión
y la desnudez del sueño está dormida
sobre los nombres íntimos de lo que fue una flor.

---

[33] *Tabasco:* estado de México, situado en la orilla del Golfo de México; tiene clima tropical. Su capital es Villahermosa, y allí nació Carlos Pellicer.

Y yo sin nombre y solo con mi cuerpo sin nombre
llamándole amarillo al azul y amarillo
a lo que nunca puede jamás ser amarillo;
feliz, desconocido de todos los colores.

¿A qué fruto sin árbol le habré dado mi nombre
con este olvido lívido de tan feliz memoria?
En el Tabasco nuevo de un jaguar despertado
por los antiguos pájaros que enseñaron al día
a ponerse la voz igual que una sortija
de frente y de canto.

Jaguar que está en Tabasco y estrena desnudez
y se queda mirando los trajes de la selva,
con una gran penumbra de pereza y desdén.

Por nacer en Tabasco cubro de cercacías
húmedas y vitales el olvido a mi nombre
y otra vez terrenal y nuevo paraíso
mi cuerpo bien herido toda mi sangre corre.

Correr y ya sin nombre y estrenando hojarascas
de siglos.
Correr feliz, feliz de no reconocerse
al invadir las islas de un viaje arena y tiblo.
He perdido mi nombre.
¿En qué jirón de bosque habrá quedado?

¿Qué corazón del río lo tendrá como un pez,
sano y salvo?

Me matarán de hambre la aurora y el crepúsculo.
Un pan caliente —el Sol— me dará al mediodía.
Yo era siete y setenta y ahora sólo uno,
uno que vale uno de cerca y lejanía.

El bien bañado río todo desnudo y fuerte,
sin nombre de colores ni de cantos.
Defendido el Sol con la hoja de tóh [34].
Todo será posible menos llamarse Carlos.

[Villahermosa, 15 de mayo de 1952.]

(Poemas no coleccionados,
Material poético)

[34] *tóh*: *viguiera dentata,* del grupo *helianthoides*; planta arbustiva con hojas dentadas, propia de Yucatán, México.

JOSE GOROSTIZA

(Villahermosa, Tabasco, 1901; México, 1973)

De joven Gorostiza se trasladó a la capital y se dedicó a las letras; pasó a formar parte del grupo de los «Contemporáneos» y colaboró en varias revistas, publicando poemas, reseñas y artículos acerca de la literatura y del arte. En esta época enseñó literatura e historia en la Universidad Nacional y en la Escuela Nacional de Maestros, desarrollando sus conocimientos de las tradiciones literarias y precisando su teoría poética. Luego obtuvo puestos en el Gobierno; desempeñó varios cargos diplomáticos de importancia hasta llegar a ser Secretario de Relaciones Exteriores. Más tarde fue Director de la Comisión de Energía Nuclear. Gorostiza era miembro de la Academia Mexicana de la Lengua.

Gorostiza reveló un interés profundo en la función de la poesía: el poema era para él una manera insustituible de tratar los temas básicos de la existencia. En un ensayo publicado con sus poesías completas, Gorostiza describe cómo un poeta se vale del lenguaje para encarnar estos temas en imágenes duraderas, convertirlos en experiencias asequibles al lector, y preservar sus significados en el tiempo. Esta visión de la poesía nos ayuda a entender la obra lírica de Gorostiza. Sus Canciones para cantar en las barcas contienen imágenes de la naturaleza y formas sencillas que recuerdan la poesía tradicional española; pero siempre emplean sus recursos para captar y universalizar temas claves como el orden perenne del mundo natural, el valor del amor, el deseo de trascender la temporalidad y la muerte. Nótese como en el poema 1 la imagen de la orilla capta el misterio de la unión (incluso de la unión amorosa); cómo en el 3 las imágenes contrastan lo transitorio del hombre y lo duradero de la naturaleza. En el poema 4 una serie de elementos naturales comunican al lector moderno una realidad del siglo XIX; Gorostiza de nuevo destaca la perennidad de la naturaleza y el valor de la poesía para captar realidades transitorias por medio de imágenes naturales duraderas. A menudo las imágenes se convierten en símbolos de actitudes o problemas básicos (véanse los poemas 1, 2 y 6; en este último el grillo encarna la situación del poeta).

Los mismos temas y la misma visión de la poesía siguen apareciendo en obras sueltas escritas después de Canciones y reunidas más tarde en Poesía. Ahora, sin embargo, se complican más la forma y las imágenes; crece el empleo del símbolo y se destaca más el plano conceptual (poemas 7 y 8); predomina por lo general el verso libre. Gorostiza se enfrenta cada vez más directamente con el proceso poético en sí; también revela una actitud más pesimista en cuanto al poder de la poesía de sobreponerse a las limitaciones del tiempo y de la muerte. La trayectoria que se descubre en estos poemas culmina en la obra monumental de Gorostiza, Muerte sin fin. (Aquí incluyo tal vez una quinta parte de ésta.)

Centrado en el conflicto entre la forma y la materia, este vasto poema representa dramáticamente el esfuerzo del hombre y del poeta por hallar orden y permanencia, esfuerzo que tiene un desenlace trágico. El deseo de relacionar materia y forma refleja también el anhelo de conciliar la existencia física con una visión filosófica, la realidad circundante con su representación en el poema. Ilustra en últimas cuentas el impulso humano de sobreponerse al tiempo y a la muerte. Gorostiza convierte su tema en una realidad poética y vital. Mediante símbolos como los del agua y del vaso, mediante progresiones dramáticas, mediante cuadros irónicos y secciones líricas de gran poder emotivo, capta múltiples efectos y sugerencias de su asunto. Nótese cómo en la sección III el proceso de renovación natural crea un cuadro atrayente, que de repente *se torna mecánico e insatisfactorio; cómo en la sección IX una especie de «evolución darwiniana en reverso» encarna el hundimiento del orden natural; cómo en la sección X la desilusión lleva al protagonista al más escalofriante materialismo. Puede relacionarse este gran libro con el Primero sueño de Sor Juana; pueden hallarse en él ecos de Eliot, de Valéry, de Góngora, de Quevedo, de la poesía prehispánica, tal vez hasta de doctrinas orientales. Pero ante todo Muerte sin fin es un ejemplo extraordinario de cómo la poesía transforma una compleja visión filosófica en experiencia humana. Nos deja, a pesar de su propio final desilusionado, con una mayor confianza en el valor de la creación poética.*

OBRA POÉTICA:

Canciones para cantar en las barcas. México, Cultura, 1925.—*Muerte sin fin.* México, Ediciones R. Loera y Chávez, 1939 (2.ª ed., con un comentario de Octavio Paz, México, Imprenta Universitaria, 1952.) *Poesía.* México, Fondo de Cultura Económica, 1964. Contiene los dos libros anteriores más los poemas intermedios, reunidos bajo el título «Del poema frustrado». También incluye un importante ensayo, en el que Gorostiza presenta su poética.

BIBLIOGRAFÍA:

O. G. BARREDA: «Inteligencia y poesía», *Letras de México*, II, núm. 11 (noviembre, 1939), pág. 3.—XAVIER VILLAURRUTIA: «Un poeta», *Textos y pretextos: literatura, drama, pintura.* México, La Casa de España en México, 1940, págs. 78-85.—ARTURO RIVAS SAINZ: «Poesía de filosofar», *El Hijo Pródigo*, I (mayo, 1943), págs. 80-84.— LUIS MONGUIÓ: «Poetas postmodernistas mexicanos», *Revista Hispánica Moderna*, XII (1946), págs. 247-253.—RAMÓN XIRAU: «Descarnada lección de poesía», *Tres poetas de la soledad*. México, Antigua Librería Robredo, 1955, págs. 13-20.—OCTAVIO PAZ: «Muerte sin fin», *Las peras del olmo*. México, Imprenta Universitaria, 1957, págs. 105-114. Es el comentario publicado en la segunda edición de *Muerte sin fin*.—RAÚL LEIVA: *Imagen de la poesía mexicana contemporánea*. México, Imprenta Universitaria, 1959. páginas 109-122.—EMMA GODOY: «'Muerte sin fin' de Gorostiza», *Abside*, XXIII (1959), págs. 125-180.—AURELIO ESPINOSA POLIT y EMMA GODOY: «Al filo de 'Muerte sin fin'», *Abside*, XXIII (1959), págs. 452-459.—ANDREW P. DEBICKI: *La poesía de José Gorostiza*. México, Ediciones de Andrea, 1962.—SALVADOR REYES NEVARES: «La poesía de José Gorostiza», *Cuadernos de Bellas Artes*, IV, núm. 8 (1963), págs. 17-33. MERLIN FORSTER: *Los contemporáneos, 1920-1932*. México, Ediciones de Andrea, 1964, págs. 67-76.—FRANK DAUSTER: «Notas sobre 'Muerte sin fin'», *Ensayos sobre poesía mexicana*. México, Ediciones de Andrea, 1963, págs. 30-44.—MORDECAI S. RUBIN: *Una poética moderna; 'Muerte sin fin' de José Gorostiza*. México, Universidad Nacional Autónoma (y Alabama, University of Alabama Press), 1966.— ELSA DEHENNIN: *Antithèse, oxymore et paradoxisme: approches rhétoriques de la poésie de José Gorostiza*. París, Didier, 1973.—EMMA GODOY: «De 'Muerte sin fin', sólo la vida», *Abside*, XXXVII (1973), págs. 32-47.

1

LA ORILLA DEL MAR

No es agua ni arena
la orilla del mar.

129

El agua sonora
de espuma sencilla,
el agua no puede
formarse la orilla.

Y porque descanse
en muelle lugar,
no es agua ni arena
la orilla del mar.

Las cosas discretas,
amables, sencillas;
las cosas se juntan
como las orillas.

Lo mismo los labios,
si quieren besar.
No es agua ni arena
la orilla del mar.

Yo sólo me miro
por cosa de muerto;
solo, desolado,
como en un desierto.

A mí venga el lloro,
pues debo penar.
No es agua ni arena
la orilla del mar.

(Canciones para cantar en las barcas)

2

¿QUIÉN ME COMPRA UNA NARANJA?

A Carlos Pellicer

¿Quién me compra una naranja
para mi consolación?
Una naranja madura
en forma de corazón.

La sal del mar en los labios
¡ay de mí!
La sal del mar en las venas
y en los labios recogí.

130

Nadie me diera los suyos
para besar.
La blanda espiga de un beso
yo no la puedo segar.

Nadie pidiera mi sangre
para beber.
Yo mismo no sé si corre
o si deja de correr.

Como se pierden las barcas
¡ay de mí!
como se pierden las nubes
y las barcas, me perdí.

Y pues nadie me lo pide,
ya no tengo corazón.
¿Quién me compra una naranja
para mi consolación?

3

El enfermo

Por el amplio silencio del instante
pasa un vago temor.
Tal vez gira la puerta sin motivo
y se recoge una visión distante,
como si el alma fuese un mirador.

Afuera canta un pájaro cautivo,
y con gota fugaz el surtidor.

Tal vez fingen las cortinas altas
plegarse al toque de una mano intrusa,
y el incierto rumor
a las pupilas del enfermo acusa
un camino de llanto en derredor.

En sus ojos opacos, mortecinos,
se reflejan las cosas con candor,
mientas la queja fluye
a los labios exangües de dolor.

Cuenta la Hermana cuentas de rosario
y piensa en el Calvario
del Señor.

Pero invade la sombra vespertina
un extraño temor,
y en el péndulo inmóvil se adivina
la séptima caída del amor.

Tal vez gira la puerta sin motivo.
Afuera canta un pájaro cautivo,
y con gota fugaz el surtidor.

4

ACUARIO [35]

A Xavier Villaurrutia

Los peces de colores juegan
donde cantaba Jenny Lind.

Jenny era casi una niña
por 1840,
pero tenía
un glu-glu de agua embelesada
en la piscina etérea de su canto.

New York era pequeño entonces.
Las casitas de cuatro pisos
debían de secar la ropa
recién lavada
sobre los tendederos
azules de la madrugada.

Iremos a Battery Place
—aquí, tan cerca—
a recibir saludos de pañuelo
que nos dirigen los barcos de vela.

Y las sonrisas luminosas
de las cinco de la tarde,
oh, si darían
un brillo de luciérnaga a las calles.

---

[35] *Jenny Lind* (1820-1887): soprano sueca que viajó por los Estados Unidos en 1850-1852, en un recorrido triunfante arreglado por P. T. Barnum, y fue considerada por algunos como la mejor soprano de todas las épocas.
  Battery Place: parque en el punto sur de la isla de Manhattan (Nueva York).
  Broadway: avenida en Nueva York, iluminada por muchas luces de anuncios y marquesinas.

Luego, cuando el iris del faro
ponga a tiro de piedra el horizonte,
tendremos pesca
de luces blancas, amarillas, rojas,
para olvidarnos de Broadway.

Porque Jenny Lind era
como el agua reída de burbujas
donde los peces de colores juegan.

5

CANTARCILLO

Salen las barcas al amanecer.
No se dejan amar,
pues suelen no volver
o sólo regresan a descansar.

6

PAUSAS II

No canta el grillo. Ritma
la música
de una estrella.

Mide
las pausas luminosas
con su reloj de arena.

Traza
sus órbitas de oro
en la desolación etérea.

La buena gente piensa
—sin embargo—
que canta una cajita
de música en la hierba.

7

De LECCIÓN DE OJOS

Panorama

En la esfera celeste de tus ojos
de noche.
La luna adentro, muerta,
en el gracioso número del naufragio.
Después apenas una atmósfera delgada
tan azul
que el azul era distancia, sólo distancia
entre tu pensamiento y tu mirada.

(Del poema frustrado, en *Poesía)*

8

ESPEJO NO

Espejo no: marea luminosa,
marea blanca.

Conforme con todo al movimiento
con que respira el agua

¡cómo se inflama en su delgada prisa,
marea alta

y alumbra —qué pureza de contornos,
qué piel de flor— la distancia,

desnuda ya de peso,
ya de eminente claridad helada!

Conforme con todo a la molicie
con que reposa el agua,

¡cómo se vuelve hondura, hondura,
marea baja,

y más cristal que luz, más ojo,
intenta una mirada

en la que —espectros de color— las formas,
las claras, bellas, mal heridas, sangran!

9

De MUERTE SIN FIN

(Fragmentos)

I

Lleno de mí, sitiado en mi epidermis
por un dios inasible que me ahoga,
mentido acaso
por su radiante atmósfera de luces
que oculta mi conciencia derramada,
mis alas rotas en esquirlas de aire,
mi torpe andar a tientas por el lodo;
lleno de mí —ahíto— me descubro
en la imagen atónita del agua,
que tan sólo es un tumbo inmarcesible,
un desplome de ángeles caídos
a la delicia intacta de su peso,
que nada tiene
sino la cara en blanco
hundida a medias, ya, como una risa agónica,
en las tenues holandas de la nube
y en los funestos cánticos del mar
—más resabio de sal o albor de cúmulo
que sola prisa de acosada espuma.
No obstante —oh paradoja— constreñida
por el rigor del vaso que la aclara,
el agua toma forma.
En él se asienta, ahonda y edifica,
cumple una edad amarga de silencios
y un reposo gentil de muerte niña,
sonriente, que desflora
un más allá de pájaros
en desbandada.
En la red de cristal que la estrangula,
allí, como en el agua de un espejo,
se reconoce;
atada allí, gota con gota,
marchito el tropo de espuma en la garganta
¡qué desnudez de agua tan intensa,
qué agua tan agua,
está en su orbe tornasol soñando,
cantando ya una sed de hielo justo!
¡Mas qué vaso —también— más providente
este que así se hinche

como una estrella en grano,
que así, en heroica promisión, se enciende
como un seno habitado por la dicha,
y rinde así, puntual,
una rotunda flor
de transparencia al agua,
un ojo proyectil que cobra alturas
y una ventana a gritos luminosos
sobre esa libertad enardecida
que se agobia de cándidas prisiones!

III

Pero en las zonas ínfimas del ojo
no ocurre nada, no, sólo esta luz
—ay, hermano Francisco,
esta alegría,
única, riente claridad del alma.
Un disfrutar en corro de presencias,
de todos los pronombres —antes turbios
por la gruesa efusión de su egoísmo—
de mí y de Él y de nosotros tres
¡siempre tres!
mientras nos recreamos hondamente
en este buen candor que todo ignora,
en esa aguda ingenuidad del ánimo
que se pone a soñar a pleno sol
y sueña los pretéritos del moho,
la antigua rosa ausente
y el prometido fruto de mañana,
como un espejo del revés, opaco,
que al consultar la hondura de la imagen
le arrancara otro espejo por respuesta.
Mirad con qué pueril austeridad graciosa
distribuye los mundos en el caos,
los echa a andar acordes como autómatas;
al impulso didáctico del índice
oscuramente
¡hop!
los apostrofa
y saca de ellos cintas de sorpresas
que en un juego sinfónico articula,
mezclando en la insistencia de los ritmos
¡planta-semilla-planta!
¡planta-semilla-planta!
su tierna brisa, sus follajes tiernos,
su luna azul, descalza, entre la nieve,

sus mares plácidos de cobre
y mil y un encantadores gorgoritos.
Después, en un crescendo insostenible,
mirad cómo dispara cielo arriba,
desde el mar,
el tiro prodigioso de la carne
que aun a la alta nube menoscaba
con el vuelo del pájaro,
estalla en él como un cohete herido
y en sonoras estrellas precipita
su desbandada pólvora de plumas.
... ...

IV

¡Oh inteligencia, soledad en llamas,
que todo lo concibe sin crearlo!
Finge el calor del lodo,
su emoción de substancia adolorida,
el iracundo amor que lo embellece
y lo encumbra más allá de las alas
a donde sólo el ritmo
de los luceros llora,
mas no le infunde el soplo que lo pone en pie
y permanece recreándose en sí misma,
única en Él, inmaculada, sola en Él,
reticencia indecible,
amoroso temor de la materia,
angélico egoísmo que se escapa
como un grito de júbilo sobre la muerte
—¡oh inteligencia, páramo de espejos!
helada emanación de rosas pétreas
en la cumbre de un tiempo paralítico;
pulso sellado;
como una red de arterias temblorosas,
hermético sistema de eslabones
que apenas se apresura o se retarda
según la intensidad de su deleite;
abstinencia angustiosa
que presume el dolor y no lo crea,
que escucha ya en la estepa de sus tímpanos
retumbar el gemido del lenguaje
y no lo emite;
que nada más absorbe las esencias
y se mantiene así, rencor sañudo,
una, exquisita, con su dios estéril,
sin alzar entre ambos

137

la sorda pesadumbre de la carne,
sin admitir en su unidad perfecta
el escarnio brutal de esa discordia
que nutren vida y muerte inconciliables,
siguiéndose una a otra
como el día y la noche,
una y otra acampadas en la cédula
como en un tardo tiempo de crepúsculo,
ay, una nada más, estéril, agria,
con Él, conmigo, con nosotros tres;
como el vaso y el agua, sólo una
que reconcentra su silencio blanco
en la orilla letal de la palabra
y en la inminencia misma de la sangre.
    ¡ALELUYA, ALELUYA!

IX

… … … … … … … … … … … …
Porque los bellos seres que transitan
por el sopor añoso de la tierra
—¡trasgos de sangre, libres,
en la pantalla de su sueño impuro!—
todos se dan a un frenesí de muerte,
ay, cuando el sauce
acumula su llanto
para urdir la substancia de un delirio
en que —¡tú! ¡yo! ¡nosotros!— de repente,
a fuerza de atar nombres destemplados,
ay, no le queda sino el tronco prieto,
desnudo de oración ante su estrella;
cuando con él, desnudos, se sonrojan
el álamo temblón de encanecida barba
y el eucalipto rumoroso,
témpano de follaje
y tornillo sin fin de la estatura
que se pierde en las nubes, persiguiéndose;
y también el cerezo y el durazno
en su loca efusión de adolescentes
y la angustia espantosa de la ceiba
y todo cuanto nace de raíces,
desde el heroico roble
hasta la impúbera
menta de boca helada;
cuando las plantas de sumisas plantas
retiran el ramaje presuntuoso,
se esconden en sus ásperas raíces

138

y en la acerba raíz de sus raíces
y presas de un absurdo crecimiento
se desarrollan hacia la semilla,
hasta quedar inmóviles
¡oh cementerios de talladas rosas!
en los duros jardines de la piedra.
... ...

X

¡Tan-Tan! ¿Quién es? Es el Diablo,
es una espesa fatiga,
un ansia de trasponer
estas lindes enemigas,
este morir incesante,
tenaz, esta muerte viva,
¡Oh Dios! que te está matando
en tus hechuras estrictas,
en las rosas y en las piedras,
en las estrellas ariscas
y en la carne que se gasta
como una hoguera encendida,
por el canto, por el sueño,
por el color de la vista.

¡Tan-Tan! ¿Quién es? Es el Diablo,
ay, una ciega alegría,
un hambre de consumir
el aire que se respira,
la boca, el ojo, la mano;
estas pungentes cosquillas
de disfrutarnos enteros
en un solo golpe de risa,
ay, esta muerte insultante,
procaz, que nos asesina
a distancia, desde el gusto
que tomamos en morirla,
por una taza de té,
por una apenas caricia.

¡Tan-Tan! ¿Quién es? Es el Diablo,
es una muerte de hormigas
incansables, que pululan
¡oh Dios! sobre tus astillas;
que acaso te han muerto allá,
siglos de edades arriba,
sin advertirlo nosotros.

migajas, borra, cenizas
de ti, que sigues presente
como una estrella mentida
por su sola luz, por una
luz sin estrella, vacía,
que llega al mundo escondiendo
su catástrofe infinita.

BAILE

Desde mis ojos insomnes
mi muerte me está acechando,
me acecha, sí, me enamora
con su ojo lánguido.
¡Anda, putilla del rubor helado,
anda, vámonos al diablo!

JAIME TORRES BODET

(México, 1902-1974)

Después de terminar sus estudios y de enseñar en la Universidad de México, Torres Bodet se dedicó a servir a su país. Como diplomático, representó a México en España, Francia, Italia, Argentina y otros países. Durante su estancia en Madrid entre 1929 y 1931 participó en el fértil mundo literario español. Torres Bodet fue Secretario de Relaciones Exteriores y Secretario de Educación Pública de México; dirigió el ambicioso programa mexicano contra el analfabetismo, representó a su país en muchas conferencias internacionales, fue director general de la U. N. E. S. C. O. Pero, además, desarrolló una extraordinaria carrera literaria. Miembro indispensable de los «Contemporáneos», fundador y codirector de su revista, novelista y crítico distinguido, cronista de su generación (en Tiempo de arena), *Torres Bodet fue, ante todo, un poeta de primer orden. Su extensa obra poética pasó por varias épocas y por varios estilos, calando cada vez más profundo en ciertos temas básicos, y desarrollando paso a paso la expresión más adecuada a su visión.*

Los primeros libros de Torres Bodet caben dentro del modernismo tardío o del postmodernismo. Aparecen en ellos el tema de la nostalgia, de la melancolía y de la búsqueda de la identidad; las emociones del hablante se encarnan en el paisaje, recordándonos la poesía temprana de Juan Ramón Jiménez. En El corazón *delirante aparecen imágenes impulsosas y versos largos; la emoción se desborda. En* La casa *predominan escenas cotidianas, pero siguen destacándose temas emotivos más amplios.* Canciones *y* Nuevas canciones *recuerdan la poesía de tipo tradicional, valiéndose de metros cortos y de imágenes visuales y precisas. En estos dos libros y en* Poemas *ya se nota la maestría de Torres Bodet en objetivizar significados emotivos por medio de la imagen y del símbolo. En toda su obra temprana, el poeta subraya la desvinculación que siente entre sí y la realidad circundante, un continuo sentimiento de nostalgia, y una búsqueda de valores permanentes y de su propia identidad dentro de un mundo sin sentido, lleno de rutinas mecánicas.*

A partir de 1925, la poesía de Torres Bodet pasa por varias fases experimentales en un esfuerzo de sobreponerse a formas convencionales y de hallar la expresión más adecuada a su visión. En Biombo *crece la transformación de la realidad por medio de imágenes (hay frecuentes alusiones a lo oriental); en* Destierro *aparecen visiones angustiadas y caóticas y evocaciones oníricas. Se intensifica el tema de un mundo hostil y el sentido de lo mecánico de la existencia. Esta visión negativa culmina en* Cripta *y en los* Sonetos, *que destacan el efecto agobiante del tiempo, de la muerte y de un mundo sin sentido.*

En Cripta *(y en muchos poemas de* Destierro) *la visión del hablante se concreta en imágenes logradas; el lenguaje parece sencillo y cotidiano, pero revela una selección cuidadosa de vocablos que precisan perfectamente el estado emotivo. Episodios y objetos modernos sirven para sugerir o representar sentimientos y experiencias más profundos (poemas 6, 7 y 9). A menudo la relación entre el hablante y su amada refleja la búsqueda de significados en un mundo transitorio y hostil (poemas 7 y 8). Esta poesía nos recuerda la de Pedro Salinas, que también enfoca el mundo moderno y la relación amorosa para hallar indicios de temas y esquemas más esenciales en una realidad enigmática. (También nos hace pensar en Salinas el empleo de heptasílabos de gran fluidez, con frecuentes encabalgamientos y en períodos largos.)*

Una visión parecida se encuentra en Sonetos, *pero la forma cambia. La expresión* de *Torres Bodet se concentra más, y el desarrollo conceptual también se condensa (nótese la paradoja en los poemas 9 y 10). Si en* Cripta *Torres Bodet empleó la imagen moderna y los vocablos para captar sus temas y sobreponerse al sentimentalismo de su obra juvenil, en* Sonetos *alcanza el mismo efecto por medio de la concentración y del concepto clave.*

Los siguientes libros de poesía revelan un tono más optimista. La angustia da paso a la aceptación; surgen los temas de la compenetración del hombre con el orden natural, de la responsabilidad del individuo y de la confraternidad de los hombres. Los poemas se presentan, al parecer, más directamente, con un desarrollo más explícito de los temas (ver poemas 13, 14 y 17). Son también más largos, y se valen a menudo de versos libres de amplia extensión. Pero esto no indica un menor dominio artístico del lenguaje. Torres Bodet sigue captando sentimientos por medio de imágenes y de cuadros concretos (ver particularmente los poemas 13 y 15). Además, da valor simbólico a sus escenas, insinuando esquemas básicos sin reducir la obra a mensajes sencillos (ver los poemas 12 y 13). Podemos observar ahora la aparición frecuente de cuadros arquetípicos. Todo colabora a convertir los asuntos conceptuales en algo más tangible.

A pesar de su variedad, la poesía de Torres Bodet siempre revela la objetivización de actitudes emotivas ante la vida, su encarnación en imágenes que les dan valor poético y las hacen asequibles al lector. Representa muy bien, en este sentido, el afán de los «Contemporáneos» de crear una poesía a la vez expresiva, artística y duradera.

OBRA POÉTICA:

Fervor. México, Imprenta Ballescá, 1918.—*Canciones.* México, Cultura, 1922.—*El corazón delirante.* México, Porrúa Hermanos, 1922.—*La casa.* México, Herrero Hermanos, 1923.—*Los días.* México, Herrero Hermanos, 1923.—*Nuevas canciones.* Madrid, Ed. Calleja, 1923.—*Poemas.* México, Herrero Hermanos, 1924.—*Biombo.* México, Herrero Hermanos, 1925.—*Poesías.* Madrid, España-Calpe, 1930. (Selección de poemas tomados de libros anteriores.)—*Destierro.* Madrid, Espasa-Calpe, 1930.—*Cripta.* México, Ediciones Loera y Chávez, 1937.—*Sonetos.* México, Gráfica Panamericana, 1949.—*Poemas de Jaime Torres Bodet,* selección de Xavier Villaurrutia. México, Nuevo Mundo, 1950.—*Fronteras.* México, Fondo de Cultura Económica, 1954. *Poesías escogidas.* Buenos Aires, Espasa-Calpe, «Austral», 1954.—*Sin tregua.* México, Fondo de Cultura Económica, 1957.—*Trébol de cuatro hojas.* París, 1958, 2.ª ed., Xalapa, Universidad Veracruzana, 1960.—*Obras escogidas.* México, Fondo de Cultura Económica, 1961. Contiene prosa y poesía.—*Poesía de Jaime Torres Bodet.* México, Ecuador, 1965.—*Versos y prosas.* Selección, prólogo y bibliografía de Sonja Karsen. Madrid, Ediciones Iberoamericanas, Biblioteca de Autores Hispanoamericanos, 1966.—*Obra poética.* Prólogo de Rafael Solana, bibliografía, noticia biográfica, 2 tomos. México, Editorial Porrúa, 1967.

BIBLIOGRAFÍA:

(Ver también los prólogos de Karsen y Solana mencionados en la sección anterior.)—ERMILIO ABREU GÓMEZ: *Clásicos, románticos y modernos.* México, Ed. Botas, 1934, págs. 181-187.—EDUARDO COLIN: *Rasgos.* México, Imprenta Manuel León Sánchez, 1934, págs. 47-65.—ANTONIO LLANOS: «La poesía de Torres Bodet», *Abside,* II, núm. 2 (1938), págs. 28-36.—BENJAMÍN JARNES: *Ariel disperso.* México, Ed. Stylo, 1946, págs. 46-49, 167-70, 200-206, 208-13.—FRANK DAUSTER: *Breve historia de la poesía mexicana.* México, Ediciones de Andrea, 1956, págs. 154-55.—LUIS LEAL: «Torres Bodet y los Contemporáneos», *Hispania,* XL, núm. 3 (1957), págs. 290-296.—RAFAEL SOLANA: «Jaime Torres Bodet», *Estaciones,* II, núm. 6 (1957), págs. 105-109.—F. CARMONA NENCLARES: «Jaime Torres Bodet», *Cuadernos Americanos,* CIII, núm. 2 (1959), págs. 193-209.—LUIS ALBERTO SÁNCHEZ: «Jaime Torres Bodet», *Cuadernos Ame-*

ricanos, CXXV, núm. 6 (1962), págs. 223-231.—Frank Dauster: «*Oficio de hombre: la poesía de Jaime Torres Bodet*», *Ensayos sobre poesía mexicana*. México, Ediciones de Andrea, 1963, págs. 125-43.—Merlin Forster: *Los contemporáneos, 1920-1932*. México, Ediciones de Andrea, 1964, págs. 24-43.—Sonja Karsen: *A Poet in a Changing World*. Saratoga Springs, Nueva York, Skidmore College, 1963.—Sonja Karsen: *Jaime Torres Bodet*. New York, Twayne Publishers, 1971.—Beth Kurti Miller: *La poesía constructiva de Jaime Torres Bodet: un estudio de 'Cripta' y de sus contextos*. México, Ed. Porrúa, 1974.

1

Niños

De todas las casas
salen, con el sol,
niños que parecen
vasos de ilusión.

Corren por las calles,
juegan en el sol,
van regando rosas
en su corazón.

Llevan sus mochilas
llenas de ilusión
y sus almas brincan
como aros al sol.

En su carne rubia
donde tiembla un dios
todo es luz de aurora,
miel de comunión...

Pasan por las calles
dejando un fulgor
de estrellas errantes
en el corazón.

(Canciones.)

2

Crepúsculo

Amarillo cansado de la tarde,
más que color, suspiro,
más que suspiro, llanto,
más que llanto, silencio entre gemidos...

Amarillo de campo sin cosecha
—no de glorioso atardecer de trigos—
amarillo de adiós en las ventanas...
Amarillo... Amarillo...

(*Poemas.*)

3

ESTRELLA

Casa iluminada.
Estrella desde lejos;
de cerca, posada.

(*Biombo.*)

4

ALAMO

No sabía qué comprar
con sus hojitas de plata
el álamo en el bazar.

5

MÚSICA

Amanecía tu voz
tan perezosa, tan blanda,
como si el día anterior
hubiera
llovido sobre tu alma...

Era, primero, un temblor
confuso el corazón,
una duda de poner
sobre los hielos del agua
el pie
desnudo de la palabra.

Después,
iba quedando la flor
de la emoción, enredada
a los hilos de tu voz

144

con esos garfios de escarcha
que el sol
desfleca en cintillos de agua.

Y se apagaba y se iba
poniendo blanca,
hasta dejar traslucir,
como la luna del alba
la luz
tierna de la madrugada.

Y se apagaba y se iba
¡ay! haciendo tan delgada
como la espuma de plata
de la playa,
como la espuma de plata
que deja ver, en la arena
la forma de una pisada.

6

DESPERTADOR

En el amanecer, era el teléfono.

¿Qué sirena
de fábrica? ¿De barco? ¿De leyenda?

¿Qué metálico Dios
en este mar de nieve en que me lanzo
ordena
la pesca de mi cuerpo destrozado?

Como en el día inquieto
de la Resurrección de la Carne,
persigo, entre la sombra, mis fragmentos.

Y me levanto del sepulcro, frío,
para una realidad que no me atrevo
a comparar con el cadáver
—correcto, intacto, simple—
de mi vestido sin pecados.

Toco
el sueño, el piso, el muro, el sueño, el sueño solo...

145

Y, enredándome al hilo que me enlaza,
me aplico un mundo crédulo al oído.

Un mundo en que los dioses se levantan
a las siete de la mañana.
Y saben que los jueves se dedican a Júpiter,
y ganan, por sistema, dos partidos de tenis.

Y no han perdido —como yo—
sus pies, su risa, su mitología
en la resurrección metódica del día.

(Destierro.)

7

AMOR

Para escapar de ti
no bastan ya peldaños,
túneles, aviones,
teléfonos o barcos.
Todo lo que se va
con el hombre que escapa:
el silencio, la voz,
los trenes y los años,
no sirve para huir
de este recinto exacto
—sin horas ni reloj,
sin ventanas ni cuadros—
que a todas partes va
conmigo cuando viajo.

Para escapar de ti
necesito un cansancio
nacido de ti misma:
una duda, un rencor,
la vergüenza de un llanto;
el miedo que me dio
—por ejemplo— poner
sobre tu frágil nombre
la forma impropia y dura
y brusca de mis labios...

El odio que sentí
nacer al mismo tiempo
en ti que nuestro amor,
me hará salir de tu alma

más pronto que la luz,
más de prisa que el sueño,
con mayor precisión
que el ascensor más raudo;
el odio que el amor
esconde entre las manos.

(Cripta.)

8

ISLA

Te imaginé castillo
ceñido de rencores,
fortaleza entre riscos
ciudad entre cañones.
Pero tú descansabas
en una azul delicia
de plácidos canales
y torres cristalinas,
feliz como una isla
desnuda y sin memoria,
mujer, junto a la orilla
esquiva de ti misma.

En la mitad de un bosque
poblado de amenazas,
te imaginé... Murallas
y puentes levadizos,
barbacanas, escarpas,
corazas y alabardas
pensé que de tu alma
las puertas custodiaban.
Pero te vi, entre flotas
de naves silenciosas,
brocados, azucenas,
crepúsculos y góndolas.

Y me infundiste entonces
horror, pues la batalla
—a sangre, a fuego, a muerte—
que contra mí librabas
no estaba ya ocurriendo
bajo los claros templos
que un pie de mármol hunden
en tus canales trémulos;

sino en esa lejana
bahía solitaria
donde las carabelas
de un almirante muerto
están, desde hace siglos,
venciéndome en silencio...

9

ANDENES

Andenes son las horas
en que nos reunimos:
estrechísimas cintas
de cólera y de frío
entre dos paralelos
rápidos enemigos
que timbres y teléfonos
anuncian al oído
y que anticipa al odio
el miedo de estar vivo.

Amor: empalme incierto,
por lámparas y gritos
—de minuto en minuto—
cortado y sacudido;
descanso entre dos viajes,
tierra entre dos abismos,
apeadero brusco
por túneles ceñido...

¡Andenes son las horas
en que nos reunimos!

10

GOLONDRINA

De ti —que, por precoz y por soltera,
anuncias y no haces el verano—
golondrina sutil, tenue vilano,
la urgencia envidio y la ansiedad quisiera.

Ultima flecha del invierno arcano,
buscas el blanco de la primavera
con tal celeridad que asirte fuera
detener el destino con la mano.

Ay, pero sólo a prometer nacida,
vives para escapar de lo que ofreces,
paraíso mental, presagio puro.

Y es tan indispensable tu partida
que acabaría en ti nuestro futuro
si, un instante no más, permanecieses...

(Sonetos.)

11

CONTINUIDAD I

No has muerto. Has vuelto a mí. Lo que en la tierra
—donde una parte de tu ser reposa—
sepultaron los hombres, no te encierra;
porque yo soy tu verdadera fosa.

Dentro de esta inquietud del alma ansiosa
que me diste al nacer, sigues en guerra
contra la insaciedad que nos acosa
y que, desde la cuna, nos destierra.

Vives en lo que pienso, en lo que digo,
y con vida tan honda que no hay centro,
hora y lugar en que no estés conmigo;

pues te clavó la muerte tan adentro
del corazón filial con que te abrigo
que, mientras más me busco, más te encuentro.

12

OTOÑO

¿Por dónde entró el otoño?
¿Quién fue el primero en verlo?
¿En qué momento principió a dorarse
la sílaba final del largo estío?
¿Qué oído de mujer
escuchó resbalar sobre el estanque
la hoja —apenas rubia—
por la que empieza a despedirse el bosque?

¿Qué hacías, alma, entonces? ¿Por qué no me anunciaste
esta patria abolida, este abandono,

149

este brusco vacío
de algo que no sé si suspiraba,
ni qué era —si era—
y sin cuya presencia no me encuentro?

¿Contra qué acantilados te rompías,
viento del mar, augurio del otoño,
que tus clarines no me despertaron?
Y tú, luna de plata entre las frondas
¿quién te enseñó a mentir? ¿Cómo seguiste
contándome un verano
que nada retenía
en la noche, en el tiempo, en la conciencia?

Todo me traicionó. Nadie me dijo
que esa gloria de ser era el instante
en que comienza el miedo del otoño,
ni que esta fruta de orgullosas mieles
fuera la cima última
de una estación, de un árbol, de una vida...

Y no te culpo, otoño.
Yo te llevaba en mí desde la hora
en que más te negó la golondrina.
Estabas en la aurora y en la rosa.
La huella de ese pie desconocido
sobre la grama, en mayo, era tu huella.
Y aquel silencio súbito
del manantial de pronto intimidado
era tu delación en pleno abril.

Cada vez que el espíritu dudaba,
la mano —sin saberlo—
había acariciado
en quién sabe qué zonas del estío
una verdad de otoño,
el hombro de una diosa prohibida...

Peldaños que subían al otoño
eran los días de mi primavera.
Escalera de otoño era mi prisa,
y terraza de otoño mi descanso.

Por eso
te acepto en todo, octubre, y te consagro,
pues no eres tú quien llega de improviso
sino yo quien por fin se reconoce
y para ser más él se quema en ti.

(Fronteras.)

150

13

El paraíso

Yo vi una vez, un día solamente,
la perfección... ¡Qué isla de diamante!
¡Qué insolencia de luz exasperada!
¡Qué tierras altas donde nada empieza!
El alma era, en la cumbre, como un ojo
—sin párpados, sin sueños, sin pestañas—
abierto, a pesar suyo,
sobre el paisaje brusco de lo eterno.

Ninguna ala se abría.

Nada se marchitaba.
El sol brillaba siempre en el cenit.
No existían la aurora ni la noche.
La rosa era la estatua de la rosa.
El tiempo
estaba suspendido
como una catarata congelada.

Y regresé con efusión a ti,
oh paraíso fiel de lo imperfecto,
tierra donde las horas
dan sombra todavía, valle humano
donde aún se equivocan las luciérnagas,
mundo en que todo pasa y se transforma
y vuelve a cada instante a ser lo que era...

Y bendije el crepúsculo. Y sentí
qué perdón del estío es el otoño
y qué premio del canto es el silencio.
Agradecí a mi cuerpo sus defensas:
el olvido, el cansancio, la vejez.
¡Y comprendí tu dádiva infinita,
oh paraíso fiel, muerte segura!

14

Renuevo

Principiar otra vez. Ser nuevo en todo,
en el alba, en la nieve y en el lirio,
blancura tras blancura, hasta llegar
a la dureza diáfana del hielo,
donde la luz es tumba de sí misma.

Principiar otra vez. Ser nuevo en todo
lo que envejece y cambia y se deshoja,
en la noche que extingue
las últimas canciones de la tarde
y en el trino que apaga
el último lucero de la noche;

en el momento exacto del estanque
donde estalla de pronto el surtidor
—agua en columna y música en palmera—

allí donde comienzan
en el pájaro el ala,
en el nácar la perla,
la lágrima en el colmo de la dicha
y la herrumbre en el pétalo del tiempo;

en esos litorales
que se abren a veces en la sombra
en torno de un perfume o de una ausencia;

fronteras del silencio con el canto,
de la vigilia con el sueño
y de la soledad con el tumulto:

minutos
en que nada es aún y todo ha sido,
filtraciones del cielo de lo eterno,
tangencias misteriosas con un mundo
donde ya fuimos sin saber que fuimos...

¡Principiar otra vez, ser nuevo en todo!

15

MAREA

¿Qué agua incontenible,
qué ola hecha de lágrimas profundas
alza, de pronto, el mar de este momento?

Como una barca anclada entre las barcas,
al golpe de la ola el alma gime.
Y siento que el destino está pendiente
de la cuerda que ata
la barca estremecida al fondo oscuro
donde se obstina el ancla.

El nivel de la tierra no ha variado.
La noche sigue inmóvil.
Pero, en el mástil de la barca izada
por la oculta corriente dolorosa,
cuelga ahora una estrella
que no hubiera creído tan próxima y tan blanca...

Entre el ancla y la barca el agua crece.
Sobre el llanto invisible asciende el alma.

(Sin tregua)

16

LEJOS

Lejos de las ciudades perforadas de túneles;
lejos de los jardines donde sólo
florecen puntualmente los periódicos,
lejos de los balcones
que, en cualquier estación, dan al invierno;
lejos de la madera carcomida
de las cóncavas noches en que, a veces,
como rebeldes clavos herrumbrosos,
sentimos que se aflojan los luceros;
más allá de los hechos y las causas,
en la calle de un siglo al fin sin horas
¿dónde, cómo, por qué nos encontramos?

Soplaba un aire tenue, de música de arpas.
Estaba hecho el silencio
con las ruinas de un canto caído en la memoria.
Subía de la tierra un olor lento
que parecía el eco de un aroma.
Una luz sin violencia
nos rodeaba en esa calle sola,
más que luz de verdad, luz presentida,
fantasma de la luz, diáfana idea
de lo que puede ser la luz de un sueño:
no la luz que se ve, la que se inventa.

Era la vida en esa calle sola
una ausencia dichosa de la vida.
Nada moría en ella por completo:
ni la voz, ni la tarde, ni el recuerdo.
Y todo estaba lejos de sí mismo,
presente siempre, inaccesible siempre,
como el paisaje visto en un espejo.

Lejos del porvenir y del pasado,
en una soledad fuera del tiempo,
donde nada termina y nada empieza.
Allí, nos encontramos.

17

NUNCA

Nunca me cansará mi oficio de hombre.
Hombre he sido y seré mientras exista.
Hombre no más: proyecto entre proyectos,
boca sediente al cántaro adherida,
pies inseguros sobre el polvo ardiente,
espíritu y materia vulnerables
a todos los aprobios y las dichas...

Nunca me sentiré rey destronado
ni ángel abolido mientras viva,
sino aprendiz de hombre eternamente,
hombre con los que van por las colinas
hacia el jardín que siempre los repudia,
hombre con los que buscan entre escombros
la verdad necesaria y prohibida,
hombre entre los que labran con sus manos
lo que jamás hereda un alma digna
¡porque de todo cuanto el hombre ha hecho
la sola herencia digna de los hombres
es el derecho de inventar su vida!

XAVIER VILLAURRUTIA

(México, 1903-1950)

Fue una de las figuras más importantes del movimiento literario de los «Contemporáneos». Fundador de las revistas La Falange, Ulises *y* El Hijo Pródigo, *era tal vez el colaborador más asiduo de* Contemporáneos. *Además de ser gran poeta y crítico agudo, escribió una serie de excelentes obras dramáticas, fundó el experimental Teatro Ulises y dirigió muchas producciones, siendo en gran parte responsable por la renovación teatral de México. También dirigió la colección literaria de la Editorial Cultura y dictó cursos de literatura y de teatro.*

La obra poética de Villaurrutia, de escasa cantidad, pero de alta calidad, trata principalmente los temas de la soledad, la angustia y la muerte. Su primer libro, Reflejos, *ofrece cuadros sensoriales de la realidad externa; pero ya revela una actitud melancólica ante la vida, y una preocupación por el pasar del tiempo y la falta de comunicación entre seres humanos. Esta visión negativa se desarrolla en* Nostalgia de la muerte, *la obra poética más importante de Villaurrutia. La realidad externa se presenta ahora hecha extraña y fantástica, transformada por la perspectiva de un protagonista alucinado, angustiado ante la existencia. (En el poema 5, por ejemplo, la escena se deshace en pesadilla). La muerte pasa a ser un tema y un personaje central del libro, y su presencia afecta cada aspecto de la existencia humana. En su último libro de poesía Villaurrutia trata del amor, pero sigue presentando el esfuerzo desesperado del hombre por expresarse, por comunicar con y poseer al ser amado, por sobreponerse a una existencia caótica y limitante.*

Es evidente la raíz subjetiva de esta poesía, la índole romántica de su inspiración. También pueden hallarse en ella elementos superrealistas: el énfasis en significados subconscientes, el interés en los aspectos irracionales de la vida. Pero Villaurrutia, siempre consciente de la necesidad de controlar la inspiración, halla formas que dan expresión exacta a sus visiones. Los críticos Frank Dauster y César Rodríguez Chicharro han demostrado cómo utiliza recursos formales, paralelismos y efectos auditivos para comunicar con precisión la actitud de sus poemas. (Nótese el uso del paralelismo para dar forma a la emoción en los poemas 8 y 9, y el empleo de juegos de palabras y de sonido para representar la desorientación y la angustia del hablante en varias obras.) Villaurrutia maneja y altera con cuidado el tono en sus obras (el poema 9 depende en gran parte del tono en que habla la muerte). Mediante frecuentes personificaciones de lo inanimado crea el sentido de un mundo desorientador. El fuerte impacto subjetivo de sus poemas surge a base de una gran variedad de recursos objetivos.

Conocedor profundo de la tradición poética europea, Villaurrutia se vale de técnicas y alusiones barrocas, de juegos verbales conceptistas, de imágenes que recuerdan la obra de poetas franceses y mexicanos, y hasta de elementos de la cultura prehispánica. En Reflejos *sentimos ecos de López Velarde, en los* Nocturnos *de Quevedo, de Baudelaire y de Supervielle. Sus obras más importantes están escritas en verso libre, controlado por paralelismos, organizaciones sintácticas y esquemas rítmicos; pero Villaurrutia ha empleado logradamente el soneto, la décima y una estrofa corta modelada en el haikai. Su obra es una feliz combinación de la inspiración y del arte, y crea experiencias vitales sin caer en el sentimentalismo. Representa sin duda uno de los mejores esfuerzos de encarnar poéticamente la visión filosófica angustiada de su época. También apunta a la obra de poetas posteriores.*

OBRA POÉTICA:

Reflejos. México, Cultura, 1926.—*Dos nocturnos.* México, Barandal, 1931.—*Nocturnos.* México, Fábula, 1931.—*Nocturno de los ángeles.* México, Ediciones Hipocampo, 1936.—*Nocturno mar.* México, Hipocampo, 1937.—*Nostalgia de la muerte.* Buenos Aires, Sur, 1938 (2.ª ed. aumentada, México, Ediciones Mictlan, 1946.) Recoge los *Nocturnos-Décima muerte y otros poemas no coleccionados.* México, Nueva Voz, 1941. Recogido también en la 2.ª ed. de *Nostalgia...*—*Canto a la primavera y otros poemas.* México, Ed. Stylo, 1948.—*Poesía y teatro completos.* Prólogo de Alí Chumacero. México, Fondo de Cultura Económica, 1953. Contiene los libros anteriores y una serie de poemas tempranos.—*Obras.* México, Fondo de Cultura Económica, 1953 (2.ª ed. aumentada, 1966). Recoge poesía, teatro, prosa; incluye el valioso prólogo de Chumacero y una amplia bibliografía.

BIBLIOGRAFÍA:

JOSÉ LUIS MARTÍNEZ: «Con Xavier Villaurrutia», *Tierra Nueva,* I (marzo-abril, 1940), págs. 74-81. Entrevista con Villaurrutia, en la que éste define su poética.—FRANK DAUSTER: «A Commentary on Villaurrutia's 'Décima muerte'», *Kentucky Foreign Language Quarterly,* II (1955), págs. 160-165.—RAMÓN XIRAU: *Tres poetas de la soledad.* México, Antigua Librería Robredo, 1955, págs. 21-35.—ELÍAS NANDINO: «La poesía de Xavier Villaurrutia», *Estaciones,* I (1956), págs. 460-68.—RAÚL LEIVA: *Imagen de la poesía mexicana contemporánea.* México, Imprenta Universitaria, 1959, páginas 151-163.—ROBERT NUGENT: «Villaurrutia y Baudelaire», *Hispania,* XLIII (1960), págs. 205-208.—GIUSEPPE BELLINI: «La poesía de Xavier Villaurrutia», *Litteratture Moderne,* X (1960), págs. 20-27.—FRANK DAUSTER: *Ensayos sobre poesía mexicana.* México, Ediciones de Andrea, 1963, págs. 17-29.—HUBERTO BATIS: «Vida-amor-muerte en los Nocturnos de Xavier Villaurrutia», *Revista Mexicana de Literatura,* núm. 3-4 (marzo-abril, 1964).—CÉSAR RODRÍGUEZ CHICHARRO: «Disemia y paronomasia en la poesía de Xavier Villaurrutia», *La Palabra y el Hombre,* núm. 30 (1964), págs. 249-60.—MERLIN FORSTER: *Los contemporáneos, 1920-1932.* México, Ediciones de Andrea, 1964, págs. 83-91.—CÉSAR RODRÍGUEZ CHICHARRO: «Correlación y paralelismo en la poesía de Xavier Villaurrutia», *La Palabra y el Hombre,* núm. 37 (1966), págs. 81-90.—FRANK DAUSTER: *Xavier Villaurrutia.* New York, Twayne Publishers, 1971.—EUGENE LAWRENCE MORETTA: *The poetic achievement of Xavier Villaurrutia.* Cuernavaca, CIDOC, 1971.—MERLIN H. FORSTER: *Fire and Ice: The Poetry of Xavier Villaurrutia.* Chapel Hill, North Carolina Studies in Romance Langs., 1976.

1

REFLEJOS

A Enrique Díez-Canedo

Eras como el agua
un rostro movido, ¡ay!,
cortado
por el metal de los reflejos.

Yo te quería sola,
asomada a la fuente de los días,
y tan muda y tan quieta
en medio del paisaje móvil:
húmedas ramas y nubes delgadas.

Y sólo en un momento
te me dabas, mujer.
Eso era cuando el agua
como que ensamblaba
sus planos azules,
un instante inmóvil,
para luego hundirlos
entre rayas blancas
de sol, y moradas.

¡Ay, como si alguien
golpeara en el agua,
tu rostro se hundía
y quebraba!

¡Ay, como si alguien
me hundiera el acero
del agua!

(Reflejos)

2

CUADRO

Fuera del tiempo, sentada,
la mano en la sien,
¿qué miras, mujer,
desde tu ventana?

¿Qué callas, mujer, pintada
entre dos nubes de mármol?

Será igual toda la vida
tu carne dura y frutada.

Sólo la edad te rodea
como una atmósfera blanda.

No respires, no.
De tal modo el aire
te quiere inundar,
que envejecerías,
¡ay!, con respirar.

No respires, no.

¡Muérete mejor
así como estás!

AMPLIFICACIONES

En el cuarto del pueblo,
fantástico y desnudo,
amarillo de luz de vela,
sobrecogido,
mis sienes dan la hora
en no sé qué reloj
puntual y eterno.

La soledad se agranda
como las sombras
en la sábana del muro,
como las caras de ayer
asomadas para adentro
en el marco de sus ventanas.

Y el silencio se mueve
y vibra
en torno de la llama blanda,
como el ala —¿de qué presagio?,
¿de qué insecto?— que acaricia,
que enfría, que empequeñece.

4

De SUITE DEL INSOMNIO

Silbatos

Lejanos, largos
—¿de qué trenes sonámbulos?—,
se persiguen como serpientes,
ondulando.

Tranvías

Casas que corren locas
de incendio, huyendo
de sí mismas,
entre los esqueletos de las otras
inmóviles, quemadas ya.

5

NOCTURNO DE LA ESTATUA

A Agustín Lazo

Soñar, soñar la noche, la calle, la escalera
y el grito de la estatua desdoblando la esquina.

Correr hacia la estatua y encontrar sólo el grito,
querer tocar el grito y sólo hallar el eco,
querer asir el eco y encontrar sólo el muro
y correr hacia el muro y tocar un espejo.
Hallar en el espejo la estatua asesinada,
sacarla de la sangre de su sombra,
vestirla en un cerrar de ojos,
acariciarla como a una hermana imprevista
y jugar con las fichas de sus dedos
y contar a su oreja cien veces cien cien veces
hasta oírla decir: «estoy muerta de sueño».

(Nostalgia de la muerte)

6

NOCTURNO PRESO

Prisionero de mi frente
el sueño quiere escapar
y fuera de mí probar
a todos que es inocente.
Oigo su voz impaciente,
miro su gesto y su estado
amenazador, airado.
No sabe que soy el sueño
de otro: si fuera su dueño
ya lo habría libertado.

7

NOCTURNO ETERNO

Cuando los hombres alzan los hombros y pasan
o cuando dejan caer sus nombres
hasta que la sombra se asombra

cuando un polvo más fino aún que el humo
se adhiere a los cristales de la voz
y a la piel de los rostros y las cosas

cuando los ojos cierran sus ventanas
al rayo del sol pródigo y prefieren
la ceguera al perdón y el silencio al sollozo

cuando la vida o lo que así llamamos inútilmente
y que no llega sino con su nombre innombrable
se desnuda para saltar al lecho
y ahogarse en el alcohol o quemarse en la nieve

cuando la vi cuando la vid cuando la vida
quiere entregarse cobardemente y a oscuras
sin decirnos siquiera el precio de su nombre

cuando en la soledad de un cielo muerto
brillan unas estrellas olvidadas
y es tan grande el silencio del silencio
que de pronto quisiéramos que hablara

o cuando de una boca que no existe
sale un grito inaudito
que nos echa a la cara su luz viva
y se apaga y nos deja una ciega sordera

o cuando todo ha muerto
tan dura y lentamente que da miedo
alzar la voz y preguntar «quién vive»

dudo si responder
a la muda pregunta con un grito
por temor de saber que ya no existo

porque acaso la voz tampoco vive
sino como un recuerdo en la garganta
y no es la noche sino la ceguera
lo que llena de sombra nuestros ojos

y porque acaso el grito es la presencia
de una palabra antigua
opaca y muda que de pronto grita

porque vida silencio piel y boca
y soledad recuerdo cielo y humo
nada son sino sombras de palabras
que nos salen al paso de la noche

8

NOCTURNO DE LA ALCOBA

La muerte toma siempre la forma de la alcoba
que nos contiene.

Es cóncava y oscura y tibia y silenciosa,
se pliega en las cortinas en que anida la sombra,
es dura en el espejo y tensa y congelada,
profunda en las almohadas y, en las sábanas, blanca.

Los dos sabemos que la muerte toma
la forma de la alcoba, y que en la alcoba
es el espacio frío que levanta
entre los dos un muro, un cristal, un silencio.

Entonces sólo yo sé que la muerte
es el hueco que dejas en el lecho
cuando de pronto y sin razón alguna
te incorporas o te pones de pie.

Y es el ruido de hojas calcinadas
que hacen tus pies desnudos al hundirse en la alfombra.

Y es el sudor que moja nuestros muslos
que se abrazan y luchan y que, luego, se rinden.

Y es la frase que dejas caer, interrumpida.
Y la pregunta mía que no oyes,
que no comprendes o que no respondes.

Y el silencio que cae y te sepulta
cuando velo tu sueño y lo interrogo.

Y sólo, sólo yo sé que la muerte
es tu palabra trunca, tus gemidos ajenos
y tus involuntarios movimientos oscuros
cuando en el sueño luchas con el ángel del sueño.

La muerte es todo esto y más que nos circunda,
y nos une y separa alternativamente,
que nos deja confusos, atónitos, suspensos,
con una herida que no mana sangre.

Entonces, sólo entonces, los dos solos, sabemos
que no el amor sino la oscura muerte

nos precipita a vernos cara a cara a los ojos,
y a unirnos y a estrecharnos, más que solos y náufragos,
todavía más, y cada vez más, todavía.

9

NOCTURNO EN QUE HABLA LA MUERTE

Si la muerte hubiera venido aquí, a New Haven [36],
escondida en un hueco de mi ropa en la maleta,
en el bolsillo de uno de mis trajes,
entre las páginas de un libro
como la señal que ya no me recuerda nada;
si mi muerte particular estuviera esperando
una fecha, un instante que sólo ella conoce
para decirme: «Aquí estoy.
Te he seguido como la sombra
que no es posible dejar así nomás en casa [37];
como un poco de aire cálido e invisible
mezclado al aire duro y frío que respiras;
como el recuerdo de lo que más quieres;
como el olvido, sí, como el olvido
que has dejado caer sobre las cosas
que no quisieras recordar ahora.
Y es inútil que vuelvas la cabeza en mi busca:
estoy tan cerca que no puedes verme,
estoy tan fuera de ti y a un tiempo dentro.
Nada es el mar que como un dios quisiste
poner entre los dos;
nada es la tierra que los hombres miden
y por la que matan y mueren;
ni el sueño en que quisieras creer que vives
sin mí, cuando yo misma lo dibujo y lo borro;
ni los días que cuentas
una vez y otra vez a todas horas,
ni las horas que matas con orgullo
sin pensar que renacen fuera de ti.
Nada son estas cosas ni los innumerables
lazos que me tendiste,
ni las infantiles argucias con que has querido dejarme
engañada, olvidada.
Aquí estoy, ¿no me sientes?
Abre los ojos; ciérralos, si quieres.»

[36] *New Haven,* Connecticut, Estados Unidos: Villaurrutia pasó una temporada en esta ciudad, en 1935-1936, trabajando en la universidad de Yale.
[37] *así nomás* (expresión coloquial mexicana): así nada más.

Y me pregunto ahora,
si nadie entró en la pieza contigua,
¿quién cerró cautelosamente la puerta?
¿Qué misteriosa fuerza de gravedad
hizo caer la hoja de papel que estaba en la mesa?
¿Por qué se instala aquí, de pronto, y sin que yo la invite,
la voz de una mujer que habla en la calle?

Y al oprimir la pluma,
algo como la sangre late y circula en ella,
y siento que las letras desiguales
que escribo ahora,
más pequeñas, más trémulas, más débiles,
ya no son de mi mano solamente.

(10)

ESTANCIAS NOCTURNAS

Sonámbulo, dormido y despierto a la vez,
en silencio recorro la ciudad sumergida.
¡Y dudo! Y no me atrevo a preguntarme si es
el despertar de un sueño o es un sueño mi vida.

En la noche resuena, como en un mundo hueco,
el ruido de mis pasos prolongados, distantes.
Siento miedo de que no sea sino el eco
de otros pasos ajenos, que pasaron mucho antes.

Miedo de no ser nada más que un jirón del sueño
de alguien —¿de Dios?— que sueña en este mundo amargo.
Miedo de que despierte ese alguien —¿Dios?—, el dueño
de un sueño cada vez más profundo y más largo.

Estrella que te asomas, temblorosa y despierta,
tímida aparición en el cielo impasible,
tú, como yo —hace siglos—, estás helada y muerta,
mas por tu propia luz sigues siendo visible.

¡Seré polvo en el polvo y olvido en el olvido!
Pero alguien, en la angustia de una noche vacía,
sin saberlo él, ni yo, alguien que no ha nacido
dirá con mis palabras su nocturna agonía.

11

SONETO DE LA ESPERANZA

Amar es prolongar el breve instante
de angustia, de ansiedad y de tormento
en que, mientras espero, te presiento
en la sombra suspenso y delirante.

¡Yo quisiera anular de tu cambiante
y fugitivo ser el movimiento,
y cautivarte con el pensamiento
y por él sólo ser tu solo amante!

Pues si no quiero ver, mientras avanza
el tiempo indiferente, a quien más quiero,
para soñar después en su tardanza

la sola posesión de lo que espero,
es porque cuando llega mi esperanza
es cuando ya sin esperanza muero.

(Canto a la primavera y otros poemas.)

12

De DÉCIMAS DE NUESTRO AMOR

VIII

Ayer te soñé. Temblando
los dos en el goce impuro
y estéril de un sueño oscuro.
Y sobre tu cuerpo blando
mis labios iban dejando
huellas, señales, heridas...
Y tus palabras transidas
y las mías delirantes
de aquellos breves instantes
prolongaban nuestras vidas.

13

Estatua

Te has hecho unos ojos duros,
sin fondo y sin horizonte,
que no miran,
que no quieren que otros ojos
curiosos, lentos, los miren.

Te has hecho, pacientemente,
con un cuidado infinito,
un cuerpo, un cuerpo de mármol,
pulido, perfecto, frío.

Y es inútil que otros ojos
pretendan tocar los tuyos
con dedos de luz,
con rayos que no ciegan
ni hacen daño.

Y es inútil que otros cuerpos
quieran mirarte de cerca
con los ojos misteriosos
que hay en la piel,
con los ojos de los dedos,
con los sensibles, despiertos,
de los labios.

Te has hecho un mundo de estatua,
lleno de ti, para ti.

SALVADOR NOVO

(México, 1904-1974)

Otro miembro importante de los «Contemporáneos», Novo contribuyó de diversas maneras a la excelencia de las letras mexicanas modernas. Fue fundador de la revista Ulises; *desde temprano se dedicó al cuento, al ensayo y a la poesía. En su madurez trabajó más en el teatro, en la crítica y en el periodismo. Ha traducido o adaptado obras novelísticas y teatrales extranjeras; ha compuesto varias antologías; fue uno de los directores teatrales más importantes de México. Fue jefe del Departamento de Teatro del Instituto Nacional de Bellas Artes y director de la Escuela de Arte Dramático del mismo. Era miembro de la Academia Mexicana de la Lengua.*

La poesía de Novo combina fuertes sentimientos emotivos con una perspectiva irónica y burlona. En su poesía juvenil se advierte una visión triste y nostálgica de la vida, que de vez en cuando da paso al sentimentalismo. Pero Novo se sobrepone a este peligro forjando cuadros del paisaje que objetivizan el estado de ánimo de su hablante decepcionado.

La objetivización de actitudes emotivas se destaca aún más en XX poemas *y en* Espejo. *Ahora la naturaleza se personifica y se transforma marcadamente, encarnando una visión negativa. Los objetos descritos no tienen importancia en sí, pero registran la manera en que la realidad afecta al hablante. Se hace más evidente el uso de la ironía, y también la contraposición de imágenes naturales con objetos modernos y triviales. Elementos que la poesía generalmente considera bellos se hacen grotescos (poema 2); los acontecimientos de la vida y del arte se tornan mecánicos y absurdos (poemas 3, 4 y 5). Se satirizan la poesía convencional, el sentimentalismo, las rutinas de la vida. Todo subraya la trivialidad del mundo, la deshumanización del hombre moderno y de su ambiente y la resultante desilusión del poeta, que se siente un extraño en un mundo carente de ideales.*

En Espejo *predominan recuerdos de la niñez; pero éstos también sirven para destacar la insignificancia y la mecanización de la vida. La experiencia del poema surge a base de un episodio recordado y transformado por el hablante. (La poesía de Novo tiene mucho de monólogo dramático, y debe estudiarse con atención particular al tono y al punto de vista como maneras de crear la experiencia de la obra.) En muchos poemas de* Espejo, *un episodio particular apunta a un horror de mayor alcance. En el poema 4, las rutinas que halla un niño al llegar a ser mayor destacan la falta de sentido de la vida humana en general. (Los versos finales, igual que en muchos otros poemas de Novo, rematan esta obra de manera escalofriante.)*

Nuevo amor *parte de los recuerdos de un amor pasado, pero subraya de nuevo una visión negativa de la existencia. Los temas del tiempo y de la muerte adquieren ahora mayor importancia; se subrayan las maneras en que las experiencias humanas están destinadas a desvanecerse (poemas 6 y 8). Notamos aún más la presencia de un hablante desilusionado, perdido en un mundo inhumano, inmerso en rutinas y desprovisto de cualquier función importante (poema 7). Esta desilusión se contrapone al anhelo neorromántico que vemos en el poema 9. Frank Dauster ha señalado la correspondencia entre esta poesía y la de T. S. Eliot. Novo ahora se vale de versos libres de mayor extensión y de metáforas extendidas, acentuando el estado de ánimo del hablante y el efecto de monólogo dramático. Este procedimiento culmina en* Never ever, *largo monólogo interior de un hombre desesperado ante la vida. Allí desaparece el orden lógico y sintáctico, y las imágenes se amontonan, al parecer caóticamente, aunque los recursos verbales se controlan para crear un efecto determinado.*

En Poemas proletarios, *la visión negativa de Novo se concentra en malestares sociales y en la manera en que la revolución mexicana se ha burocratizado, mecanizado y pervertido. Aunque tal vez de menor valor poético, este libro nos ofrece otra faceta de la experiencia desolada que domina la poesía de Novo, y que nos permite sentir los malestares engendrados por la realidad mecánica que nos rodea.*

OBRA POÉTICA:

XX poemas. México, Talleres Gráficos de la Nación. 1925.—*Espejo, poemas antiguos.* México, Imprenta Mundial, 1933.—*Nuevo amor.* México, Imprenta Mundial, 1933 (2.ª ed., 1948).—*Seamen rhymes.* Buenos Aires, edición del autor, 1934.—*Romance de Angelillo y Adela.* México, Imprenta Mundial, 1934.—*Décimas en el mar.* México, edición del autor, 1934.—*Poesías escogidas.* México, Talleres de Angel Chápero, 1938.—*Florido laude.* México, Secretaría de Agricultura y Fomento, 1945.—*Cuatro sonetos inéditos.* México, Angel Chápero, 1945.—*Dieciocho sonetos.* México, edición del autor, 1955.—*Poesía: 1915-1955.* México, Impresiones Modernas, 1955.—*Poesía.* México, Fondo de Cultura Económica, 1961. Contiene una selección de «Poemas de adolescencia» (1918-1920), de «Poemas proletarios» (1934), de los libros publicados antes y de algunos otros poemas.

BIBLIOGRAFÍA:

EDUARDO COLIN: *Rasgos.* México, Imprenta Manuel León Sánchez, 1934, págs. 111-118.—LUIS MONGUIÓ: «Poetas postmodernistas mexicanos», *Revista Hispánica Moderna,* XII (1946), págs 256-59.—FRANK DAUSTER, *Breve historia de la poesía mexicana.* México, Ediciones de Andrea, 1956, págs. 156-57.—RAÚL LEIVA: *Imagen de la poesía mexicana contemporánea.* México, Imprenta Universitaria, 1959, págs. 165-78.—DAVID N. ARCE: *Nómina bibliográfica de Salvador Novo.* México, Biblioteca Nacional, 1963.—FRANK DAUSTER: «La máscara burlona; la poesía de Salvador Novo», *Ensayos sobre poesía mexicana.* México, Ediciones de Andrea, 1963, págs. 74-94.—MERLIN FORSTER: *Los contemporáneos, 1920-1932.* México, Ediciones de Andrea, 1964, páginas 91-101.—EMMANUEL CARBALLO: *Diecinueve protagonistas de la literatura mexicana del siglo XX.* México, Empresas Editoriales, 1965, págs. 231-62.

1

PAISAJE

Los montes se han echado
a rumiar junto a los caminos.
(Las hormigas
saben trazar ciudades.)
Las avispas blancas,
cuando el panal
nos acerca la primavera,
hincan el aguijón de su lluvia
y zumban.
Y la piel de la tierra morena
se irrita en trigo
y se rasca con sus arados.

(Poemas de adolescencia.)

2

Sol

Este muchacho sol
—¡ni parece aún ciudadano! —
madruga
la escuela no le importa
y echa la vieja Inés.

Apenas en Invierno
usa camisetas de lana
y se queda un poco en el lecho.

Lo más del tiempo
en un día atraviesa la ciudad.
(Esa erupción en su cara, sabios,
es juventud.)

Y ya que llega al sucio lecho
llena las sábanas de sangre
como las chicas
(pero su hemorragia es nasal).

(XX poemas.)

3

Momento musical

El pedacito de madera
con tanto aserrarlo ¿no se romperá?
Algo quiere matar a palos
el desalmado
pero los relojes no avanzan.

Nuestros dos ojos van a él
y él va a nuestros dos oídos.
Un sordo y un ciego
tendrían una polémica.

¡El pobre señor escribe
en una máquina noisy
Steinway! [38].

[38] *Steinway*: conocida marca de piano.

Ahora tú
toma ruido
aunque sea con las manos
y míranos y óyenos.
¡Diente por ojo!

4

El amigo ido

Me escribe Napoleón:
«El Colegio es muy grande,
nos levantamos muy temprano,
hablamos únicamente inglés,
te mando un retrato del edificio...»

Ya no robaremos juntos dulces
de las alacenas, ni escaparemos
hacia el río para ahogarnos a medias
y pescar sandías sangrientas.

Ya voy a presentar sexto año;
después, según todas las probabilidades,
aprenderé todo lo que se deba,
seré médico,
tendré ambiciones, barba, pantalón largo...

Pero si tengo un hijo
haré que nadie nunca le enseñe nada.
Quiero que sea tan perezoso y feliz
como a mí no me dejaron mis padres
ni a mis padres mis abuelos
ni a mis abuelos Dios.

(Espejo.)

5

La poesía

Para escribir poemas,
para ser un poeta de vida apasionada y romántica
cuyos libros están en las manos de todos
y de quien hacen libros y publican retratos los periódicos,
es necesario decir las cosas que leo,
esas del corazón, de la mujer y del paisaje,
del amor fracasado y de la vida dolorosa,

en versos perfectamente medidos,
sin asonancias en el mismo verso,
con metáforas nuevas y brillantes.

La música del verso embriaga
y si uno sabe referir rotundamente su inspiración
arrancará las lágrimas del auditorio,
le comunicará sus emociones recónditas
y será coronado en certámenes y concursos.

Yo puedo hacer versos perfectos,
medirlos y evitar sus asonancias,
poemas que conmuevan a quien los lea
y que les hagan exclamar: « ¡Qué niño tan inteligente! »

Yo les diré entonces
que los he escrito desde que tenía once años:
No he de decirles nunca
que no he hecho sino darles la clase que he aprendido
de todos los poetas.

Tendré una habilidad de histrión
para hacerles creer que me conmueve lo que a ellos.

Pero en mi lecho, solo, dulcemente,
sin recuerdos, sin voz,
siento que la poesía no ha salido de mí.

6

La renovada muerte de la noche
en que ya no nos queda sino la breve luz de la conciencia
y tendernos al lado de los libros
de donde las palabras escaparon sin fuga, crucificadas en mi mano,
y en esta cripta de familia
en la que existe en cada espejo y en cada sitio la evidencia del crimen
y en cuyos roperos dejamos la crisálida de los adioses irremediables
con que hemos de embalsamar el futuro
y en los ahorcados que penden de cada lámpara
y en el veneno de cada vaso que apuramos
y en esa silla eléctrica en que hemos abandonado nuestros disfraces
para ocultarnos bajo los solitarios sudarios
mi corazón ya no sabe sino marcar el paso
y dar vueltas como un tigre de circo
inmediato a una libertad inasible.
Todos hemos ido llegando a nuestras tumbas
a buena hora, a la hora debida,

170

en ambulancias de cómodo precio
o bien de suicidio natural y premeditado.
Y yo no puedo seguir trazando un escenario perfecto
en que la luna habría de jugar un papel importante
porque en estos momentos
hay trenes por encima de toda la tierra
que lanzan unos dolorosos suspiros
y que parten
y la luna no tiene nada que ver
con las breves luciérnagas que nos vigilan
desde un azul cercano y desconocido
llcno de estrellas políglotas e innumerables.

(Nuevo amor.)

7

ELEGÍA

Los que tenemos unas manos que no nos pertenecen,
grotescas para la caricia, inútiles para el taller o la azada,
largas y fláccidas como una flor privada de simiente
o como un reptil que entrega su veneno
porque no tiene nada más que ofrecer.

Los que tenemos una mirada culpable y amarga
por donde mira la Muerte no lograda del mundo
y fulge una sonrisa que se congela frente a las estatuas desnudas
porque no podrá nunca cerrarse sobre los anillos de oro
ni entregarse como una antorcha sobre los horizontes del Tiempo
en una noche cuya aurora es solamente este mediodía
que nos flagela la carne por instantes arrancados a la eternidad.

Los que hemos rodado por los siglos como una roca desprendida del Génesis
sobre la hierba o entre la maleza en desenfrenada carrera
para no detenernos nunca ni volver a ser lo que fuimos
mientras los hombres van trabajosamente ascendiendo
y brotan otras manos de sus manos para torcer el rumbo de los vientos
o para tiernamente enlazarse.

Los que vestimos cuerpos como trajes envejecidos
a quienes basta el hurto o la limosna de una migaja que es todo el pan y
[la única hostia
hemos llegado al litoral de los siglos que pesan sobre nuestros corazones
[angustiados
y no veremos nunca con nuestros ojos limpios
otro día que este día en que toda la música del universo
se cifra en una voz que no escucha nadie entre las palabras vacías
y en el sueño sin agua ni palabras en la lengua de la arcilla y del humo.

8

Junto a tu cuerpo totalmente entregado al mío
junto a tus hombros tersos de que nacen las rutas de tu abrazo,
de que nacen tu voz y tus miradas, claras y remotas,
sentí de pronto el infinito vacío de su ausencia.
Si todos estos años que me falta
como una planta trepadora que se coge del viento
he sentido que llega o regresa en cada contacto
y ávidamente rasgo todos los días un mensaje que nada
    contiene sino una fecha
y su nombre se agranda y vibra cada vez más profundamente
porque su voz no era más que para mi oído,
porque cegó mis ojos cuando apartó los suyos
y mi alma es como un gran templo deshabitado.
Pero este cuerpo tuyo es un dios extraño
forjado en mis recuerdos, reflejo de mí mismo,
suave de mi tersura, grande por mis deseos,
máscara
estatua que he erigido a su memoria.

9

Hoy no lució la estrella de tus ojos.
Náufrago de mí mismo, húmedo del abrazo de las ondas,
llego a la arena de tu cuerpo
en que mi propia voz nombra mi nombre,
en que todo es dorado y azul como un día nuevo
y como las espigas herméticas, perfectas y calladas.

En ti mi soledad se reconcilia
para pensar en ti. Toda ha mudado
el sereno calor de tus miradas
en fervorosa madurez mi vida.

Alga y espumas frágiles, mis besos
cifran el universo en tus pestañas
—playa de desnudez, tierra alcanzada
que devuelve en miradas tus estrellas.

¿A qué la flor perdida
que marchitó tu espera, que dispersó el Destino?
Mi ofrenda es toda tuya en la simiente
que secaron los rayos de tus soles.

10

CRUZ, EL GAÑÁN

Todas las mañanas, desde que se acuerda,
ha pasado por la tienda de Fidel
a tomar unos tragos de alcohol teñido
antes de sacar la yunta.
El sol va quitándole el frío primero
luego ya le quema la espalda
y cuando es más fuerte, porque el Sol está en medio,
llega su mujer con el almuerzo y el jarro de pulque.
No hablan absolutamente nada,
mastican lentamente, en silencio
y luego ella recoge las cazuelas y se marcha
con pasos menudos
y él vuelve a instalarse detrás de la yunta
hasta que comienza a hacer frío y ya nada se ve.
Entonces vuelve a pasar por la tienda de Fidel
y se para en la puerta, estático, embozado en su poncho;
ve llegar a los chicos a comprar dos centavos de petróleo
o tres de azúcar o un litro de maíz
y luego se toma otros tragos de alcohol teñido
y vuelve, tropezándose, a su choza,
hablando solo en voz muy baja,
saludando a los que tropiezan en el camino,
y se acuesta al lado de su mujer.
El sábado le darán su raya
porque gana setenta y cinco centavos diarios.
Todas las mañanas, desde que se acuerda,
y los domingos, le queda más tiempo
para tomar tragos de alcohol teñido
y hablar, hablar, en voz muy baja, para sí mismo.

(Poemas proletarios.)

11

VIII

como la sed como el sueño como el aullido como el llanto
tu boca tus labios tus dientes tu lengua nunca supe
veía tu carne blanca blanca tus ojos verdes tu silencio
y luego nos desnudábamos y yo abría los brazos

como los muertos de un anfiteatro lado a lado juntos solos
iba a gestarse de nosotros el Universo y los siglos inmortales
que un suspiro que un pensamiento que un recuerdo pueden frustrar
mi pecho entonces mi corazón mis sentidos en mi pecho
tu boca tus labios tus dientes tu lengua
hasta el grito hasta el aullido hasta el llanto hasta la muerte
y ya nunca porque en mí quedó la manzana
la semilla de la manzana en mi pecho solo solo solo
atravesado y muerto por un puñal de oro dos puñales tres puñales
nacerán dos estrellas de tu vejez que el águila verá fijamente
a la orilla de los volcanes que te arrebataron al trópico
a la orilla de la nieve de los caballos de los trenes tardíos
de las cinco de la mañana que nos sorprendía muertos
que alumbrará tu carne sin olor ni dureza
que escuchará el grito desgarrado de mi pecho
solo sin ti sin tus palabras estúpidas sin tu silencio
sin tus dientes fríos serpiente sin tu lengua sin nada
esperándote en las arrugas envejecidas con un cigarrillo
en el olor vacío de tus lirios llenos de podredumbre
cubiertos con polvo morado.

(Never ever.)

GILBERTO OWEN

(El Rosario, Sinaloa, 1905; Filadelfia, E. U. A., 1952)

Owen hizo sus estudios en Toluca y en la Escuela Nacional Preparatoria en México; luego pasó a formar parte del servicio consular mexicano, desempeñando puestos en los Estados Unidos, Colombia, Perú y Ecuador. Estuvo de vicecónsul en Filadelfia por muchos años.

La obra de Owen refleja estrechamente la actitud angustiada de su autor ante la vida. Los temas de la soledad y de la desolación ante un mundo ininteligible y condenado a la destrucción por el tiempo dominan esta poesía desde el principio. En Desvelo (escrito en 1925, pero no publicado hasta 1953), el poeta emplea por lo general versos regulares, y se vale de imágenes y descripciones subjetivas de la naturaleza, así como de personificaciones, para expresar un sentido de soledad y de sufrimiento (ver el poema 2). Puede observarse ya el uso de alusiones a obras y escritores tanto clásicos como contemporáneos.

En Línea desaparecen casi por completo las formas convencionales del verso; Owen escribe muchos poemas en prosa, en los que crea ambientes emotivos mediante el amontonamiento de impresiones y de imágenes. (En el poema 4 la perspectiva de la fotografía crea el sentido de una vida de pesadilla.) Estos poemas pueden relacionarse con el surrealismo en su manera de encadenar las oraciones y los objetos descritos no de acuerdo a un orden lógico o visual, sino para forjar un ambiente subjetivo. Esto se puede ver claro en el poema 3, en el que las frases encadenadas, las impresiones del primer párrafo y el razonar del hablante en el segundo confluyen para crear una actitud desesperada. Owen forja a menudo lo que Carlos Bousoño llama «visiones» —cuadros que forman un equivalente objetivo a la actitud subjetiva. Importa notar cómo cada palabra se ajusta perfectamente al efecto creado, y cómo las alusiones literarias, los cambios de tono y de enfoque y las imágenes que a veces adquieren valor simbólico contribuyen al valor de los poemas. Octavio Paz ha acertado en destacar la importancia de estas obras en la historia del poema en prosa.

El sentimiento de desesperación y el cuadro de un mundo estéril dominan también a Perseo vencido, el libro más importante de Owen. El poeta, igual que el hombre en general, resultan perdidos en un orden artificial y en un universo temporal. Los poemas principales del libro son extensos, razón de la dificultad de representar a Owen en una antología. «Sinbad el varado» es el monólogo de un náufrago; éste se dirige a un «tú» que representa diversas facetas de la vida (la amada, la poesía), y revela desde diversas perspectivas su inhabilidad de hallar el propósito de su existencia. El poema está repleto de alusiones a sitios, personajes y obras de nuestra tradición cultural, y recuerda los poemas de Eliot, a los que alude varias veces. En «Libro de Ruth» Owen altera la leyenda bíblica para mostrar un Booz que anhela una amante que lo salve por medio de la pasión erótica, la encuentra momentáneamente y la contempla en un ensueño amoroso (poema 8), pero acaba volviendo a la conciencia de su propia mortalidad y de su aislamiento (poema 9).

Resulta difícil explicar sistemáticamente los poemas de Owen. Esto se debe en parte a las alusiones, en parte al empleo de sugerencias y de elementos ligados sólo por el efecto que producen, en parte a la carencia de recursos convencionales, en parte a los cambios de perspectiva. Tal vez es mejor empezar enfocando la unidad temática de esta obra, su visión desesperada de la vida; y luego ver cómo ésta se configura en el lenguaje y de qué manera se comunica al lector. Así podremos ver que Owen evita cualquier declaración dramática que convertiría su visión angus-

tiada en hipérbele o en confesión, y logra en cambio reflejar su propia angustia en poemas muy impresionantes. Su empleo de máscaras, de diversas perspectivas y de alusiones es una manera de evitar el confesionalismo.

Owen se ha llamado a sí mismo la «conciencia teológica» de los «Contemporáneos»; su obra representa, con las de Gorostiza y Villaurrutia, el aspecto metafísico de la generación. También ejemplifica, con Villaurrutia y Novo, la expresión de una actitud subjetiva y angustiada ante la realidad circundante. Pero no deje de olvidarse tampoco su manera de expresar esta actitud en formas originales, perfectamente ajustadas a comunicarla, y, por lo tanto, altamente poéticas.

Obra poética:

Línea. Buenos Aires, 1930.—*Libro de Ruth.* México, Ediciones Firmamento, 1944. *Perseo vencido.* Lima, anejo de la revista *San Marcos,* 1948. Incluye el anterior.— *Poesía y prosa.* Edición y «advertencia» de Josefina Procopio, prólogo de Alí Chumacero. México, Imprenta Universitaria, 1953. Recoge los anteriores más *Desvelo,* escrito en 1925.—*Primeros versos.* Toluca, Escuela de Artes y Oficios de Toluca, 1957.

Bibliografía:

José Rojas Garcidueñas: «Gilberto Owen y su obra», *Cuadrante,* III, núms. 1-2 (1954), págs. 5-22.—Frank Dauster: *Breve historia de la poesía mexicana.* México, Ediciones de Andrea, 1956, págs. 162-163.—Raúl Leiva: *Imagen de la poesía mexicana contemporánea.* México, Imprenta Universitaria, 1959, págs. 179-190.—Jesús Arellano: «Las obras de Gilberto Owen», *Nivel,* núm. 40 (1962), págs. 6-7.—Frank Dauster: *Ensayos sobre poesía mexicana.* México, Ediciones de Andrea, 1963, págs. 108-119. Merlin H. Forster: *Los contemporáneos, 1920-1932.* México, Ediciones de Andrea, 1964, págs. 108-116.—José Rojas Garcidueñas: «Gilberto Owen, notas y documentos de su vida y su obra», *Anales del Instituto de Investigaciones Estéticas,* núm. 40 (1971), págs. 75-100.

1

El recuerdo

Con ser tan gigantesco, el mar, y amargo,
qué delicadamente dejó escrito
—con qué línea tan dulce
y qué pensamiento tan fino,
como con olas niñas de tus años—,
en este caracol, breve, su grito.

(Desvelo, en *Poesía y prosa.)*

2

Ciudad

Alanceada por tu canal certero,
sangras chorros de luces,
martirizada piel de cocodrilo.

Grito tuyo —a esta hora amordazado
por aquella nube con luna—
lanza en mí, traspasándome, certera,
con el recuerdo de lo que no ha sido.

Y yo que abrí el balcón sin sospecharlo
también, también espejo de la noche
de mi propio cuarto sin nadie:

estanterías de las calles
llenas de libros conocidos;
y el recuerdo que va enmarcando
sus retratos en las ventanas;
y una plaza para dormir, llovida
por el insomnio de los campanarios
—canción de cuna de los cuartos de hora—,
velándome un sueño alto, frío, eterno.

3

INTERIOR

Las cosas que entran por el silencio empiezan a llegar al cuarto. Lo sabemos, porque nos dejamos olvidados allá adentro los ojos. La soledad llega por los espejos vacíos; la muerte baja de los cuadros, rompiendo sus vitrinas de museo; los rincones se abren como granadas para que entre el grillo con sus alfileres; y aunque nos olvidamos de apagar la luz, la oscuridad da una luz negra más potente que eclipsa a la otra.

Pero no son éstas las cosas que entran por el silencio, sino otras más sutiles aún; si nos hubiéramos dejado olvidada también la boca, sabríamos nombrarlas. Para sugerirlas, los preceptistas aconsejan hablar de paralelas que, sin dejar de serlo, se encuentran y se besan. Pero los niños que resuelven ecuaciones de segundo grado se suicidan siempre en cuanto llegan a los ochenta años, y preferimos por eso mirar sin nombres lo que entra por el silencio, y dejar que todos sigan afirmando que dos y dos son cuatro.

(Línea)

4

PARTÍA Y MORÍA

La casa sale por la ventana, arrojada por la lámpara. Los espejos —despilfarrados, gastan su sueldo el día de pago— lo aprueban.

En ese cuadro en que estoy muerto, se mueve tu mano, pero no puedes impedir que me vea, traslúcida. Acabo de ganar la eternidad de esa postura.

177

y me molesta que me hayan recibido tan fríamente. No me atrevo a dejar el sombrero; le doy vueltas entre mis dedos de atmósfera. Los tres ángulos del rincón me oprimen cerrándose hasta la asfixia, y no puedo valerme. Ese marco rosado no le conviene al asunto. Déjame mirarme en tus dientes, para ponerle uno del rojo más rojo.

Los números me amenazan. Si los oigo, sabré todo lo de tu vida, tus años, tus pestañas, tus dedos, todo lo que ahora cae, inmóvil, como en las grutas —espacio de sólo tres dimensiones.

Nada. Vivimos en fotografía. Si los que duermen nos soñaran, creerían estar soñando. ¿Qué negro ha gritado? Vamos a salir desenfocados, y se desesperará el que está detrás de la luna, retratándonos. El viento empuja el cielo, pero tú dices que ha bajado el telón de la ventana. Duérmete ya, vámonos.

5

X

A todas las amamos, obedeciendo a sus clásicos, sin preguntar sus nombres. Ahora a ti voy a amarte sin preguntar tu cuerpo. Huyes deslizándote en el trineo del frío. Los perros del viento tiran de él. Llevas en la mano una estrella, pero esto no es seguro, porque los domingos hasta las luces más humildes sacan sus mejores galas y se visten de estrellas. Alguien, emocionado, te descubre en la Osa Mayor y te retrata en un planisferio. Te pone un nombre griego o te llama como a sus pobres héroes. Pero tu nombre sólo yo lo sé. El sol no me deja oírlo, el ruido te me borra, me hacen olvidarte; pero de noche yo te sé. Nombre que nada nombras, nadie te impondrá acentos ortográficos, nadie te sujetará, inmóvil y relativamente eterno, en el epitafio de los diccionarios, Innombre.

6

REMORDIMIENTO

Le cerraría a esa tarde que entra de noche sin despertarme
un pez vuela a mi sueño sin arrugar la ⸝piel de espejo del agua
me debiera cortar su frío contacto
la sombra empieza a sangrar ruidos si la hiere la luz más mínima
los mineros que nacen de los antípodas huelen día mi noche
cómo será mi sueño siguiente sin nada más que yo muerto
mi yo mío muriéndome sin ojos

A todas horas es aquella hora siempre
muerta
el paso de los marinos hacía de la tierra otro barco más grande
el mar se quitaba corpiños a cada ola un poco más delgado

yo no hubiera creído nunca la Odisea sin el viento hojeándola
un borracho iba del bar al horizonte con un balanceo armonioso
que Diógenes me dictó aquella dura palabra me duele sin herida
si Dios me tapaba el sol es que era suyo.

7

DÍA VEINTISIETE, JACOBO Y EL MAR [39]

Qué hermosa eres, Diablo, como un ángel con sexo pero mucho más des-
[piadada,
cuando te llamas alba y mi noche es más noche de esperarte,
cuando tu pie de seda se clava de caprina pezuña en mi abstinencia,
cuando si eres silencio te rompes y en mis manos repican a rebato tus dos
[senos,
cuando apenas he dicho amor y ya en el aire está sin boca el beso y la ter-
[nura sin empleo aceda,
cuando apenas te nombro flor y ya sobre el prado ruedan los labios del
[clavel,
cuando eres poesía y mi rosa se inclina a oler tu cifra y te me esfumas.
Mañana habrá en la playa otro marino cojo.

(«Sinbad el varado», *Perseo vencido)*

8

BOOZ VE DORMIR A RUTH [40]

La isla está rodeada por un mar tembloroso
que algunos llaman piel. Pero es espuma.
Es un mar que prolonga su blancura en el cielo
como el halo de las tehuanas y los santos.
Es un mar que está siempre
en trance de primera comunión.

Quién habitara tu veraz incendio
rodeado de azucenas por doquiera,
quién entrara a tus dos puertos cerrados
azules y redondos como ojos azules

---

[39] *Jacob*: patriarca hebreo (ver Génesis, cap. 32) cuyo combate con un angel se
ha empleado como ejemplo de tenacidad.
Sinbad: marino que tuvo una serie de aventuras extraordinarias en *Las mil y
una noches,* que acabó ganando una gran fortuna.
[40] En el *Libro de Ruth* del Antiguo Testamento la viuda Ruth enamora al rico
terrateniente Booz, y éste se casa con ella; el rey David será su descendiente.

que aprisionaron todo el sol del día,
para irse a soñar a tu serena plaza pueblerina
—que algunos llaman frente—
debajo de tus árboles de cabellos textiles
que se te enrollan en ovillos
para que tengas que peinártelos con husos.
He leído en tu oreja que la recta no existe
aunque diga que sí tu nariz euclidiana;
hay una voz muy roja que se quedó encendida
en el silencio de tus labios. Cállala
para poder oír lo que me cuente
el aire que regresa de tu pecho;
para saber por qué no tienes en el cuello
mi manzana de Adán, si te la he dado;
para saber por qué tu seno izquierdo
se levanta más alto que el otro cuando aspiras;
para saber por qué tu vientre liso
tiembla cuando lo tocan mis pupilas.
Has bajado una mano hasta tu centro.

Saben aún tus pies, cuando los beso,
al vino que pisaste en los lagares;
qué frágil filigrana es la invisible
cadena con que ata el pudor tus tobillos;
yo conocí un río más largo que tus piernas
—algunos lo llamaban Vía Láctea—
pero no discurría tan moroso
ni por cauce tan firme y bien trazado;
una noche la luna llenaba todo el lago;
Zirahuén era así dulce como su nombre [41]:
era la anunciación de tus caderas.
Si tus manos son manos, ¿cómo son las anémonas?
Cinco uñas se apagan en tu centro.

No haber estado el día de tu creación, no haber estado
antes de que Su mano te envolviera en sudarios de inocencia
—y no saber qué eres ni qué estarás soñando—.
Hoy te destrozaría por saberlo.

(De «Libro de Ruth», *Perseo vencido*)

---

[41] *Zirahuén:* lago (también población) en el estado de Michoacán en México.

CELOS Y MUERTE DE BOOZ

Y sólo sé que no soy yo,
el durmiente que sueña un cedro Huguiano, lo que sueñas,
y pues que he nacido de muerte natural, desesperado,
paso ya, frencsí tardío, tardía voz sin ton ni son.

Me miro con tus ojos y me veo alejarme,
y separar las aguas del Mar Rojo de nuestros cuerpos mal fundidos
para la huida infame,
y sufro que me tiñe de azules la distancia,
y quisiera gritarme desde tu boca: «No te vayas».

Destrencemos los dedos y sus promesas no cumplidas.
Te cambio por tu sombra y te dejo como sin pies sin ella
y no podrás correr al amor de tu edad que he suplantado.
Te cambio por tu sueño para irma a dormir con el cadáver leal de tu alegría.

Te cedo mi lámpara vieja por la tuya de luz de plata virgen
para desear frustradas canciones inaudibles.

Ya me hundo a buscarme en un te amé que quiso ser te amo,
donde se desenrolla un caracol atónito al descubrir el fondo salobre de sus
                                                                    [ecos,
y los confesonarios desenredan mis arrepentimientos mentirosos.
Ya me voy con mi muerte de música a otra parte.
Ya no me vivo en ti. Mi noche es alta y mía.

EFRAIN HUERTA

(Silao, Guanajuato, 1914)

Hizo sus estudios en León, Querétaro y México, donde terminó la carrera de leyes. Es periodista, y se ha especializado en la crítica del cine. Ha viajado a los Estados Unidos, a la Unión Soviética y a la Europa de Este. Miembro con Octavio Paz, Neftalí Beltrán y Alvaro Quintero Alvarez de la generación de Taller, *Huerta representa aún mejor que los otros el interés de esta época en el valor moral y social de la poesía. Los «Contemporáneos» habían acentuado el rigor formal y la trascendencia del arte; toca a los escritores de* Taller *subrayar su aplicabilidad a los problemas de la sociedad, tan evidentes en los años 1935-1945. En palabras de Octavio Paz «dijeron, 'la poesía entra en acción'», relacionando sus temas con las circunstancias de su mundo. Si la conciencia social lleva a Paz a examinar las bases de los mexicano y tratar los temas de la sociedad y el sentido de la vida, motiva a Huerta, en cambio, a enfocar y a denunciar la injusticia y la corrupción del mundo que le rodea.*

Los temas del amor y de la soledad dominan la poesía temprana de Huerta; predomina una visión subjetiva, creada por imágenes sensoriales, a menudo «visionarias», que nos hacen pensar en el surrealismo. (Los temas del amor y de la soledad volverán a cobrar importancia en su obra reciente.) En Los hombres del alba *estos temas ya se relacionan con la sociedad y con el ambiente de la ciudad moderna, y se expresan en situaciones anecdóticas de nuestro mundo. Surgen poemas excelentes, que tienen que ser leídos con la atención puesta en la perspectiva adoptada y en el empleo artístico de detalles cotidianos (algo así como al leer un buen cuento contemporáneo). La complejidad viene no sólo del lenguaje en sí, sino también de la caracterización, de la relación entre el hablante y lo que éste presenta, de la perspectiva paradójica. (El poema 1 no se limita a un estereotipo, sino crea una experiencia compleja, basada en la ambigüedad del «yo» y de la muchacha, y de la mezcla de imágenes sensoriales y detalles anecdóticos; una mezcla de tonos y perspectivas ocurre también en el poema 6.) En otras obras, Huerta capta las sensaciones negativas creadas por el mundo moderno, empleando imágenes subjetivas, enumeraciones a menudo «caóticas» y lo que Carlos Bousoño ha denominado «visiones» para hacernos sentir la angustia de la situación. (Nótese algunos de estos procedimientos, y también el empleo del ritmo y de la repetición para intensificar el sentimiento, en el poema 2.) Efectos parecidos se logran en los mejores poemas de* Estrella en alto *(1956): la ciudad moderna se personifica, su situación se liga con la de sus habitantes, y viene a representar la tragedia y el horror de nuestra realidad (esto se puede ver en partes del poema 4). En el número 7, procedimientos visionarios encarnan poéticamente una actitud esperanzada, convirtiéndola en experiencia.*

Hay algunas obras de Huerta, sin embargo, en las que su visión del mundo se convierte en alegato. El mensaje predomina en los Poemas de guerra y esperanza, *y también en los* Poemas de viaje: *Huerta se aleja del ambiente de México y del tema de la soledad, y a menudo ofrece propaganda acerca de los Estados Unidos, de la Unión Soviética y de problemas sociales. (Aun en el poema 4 hay secciones en las que predomina la caricatura.) Este tipo de poesía social, entendible en vista de su época, resulta limitado desde una perspectiva más amplia. Pero los poemas en que Huerta emplea las técnicas que he notado para captar problemas de la so-*

*ciedad en toda su complejidad, y con todos sus matices de sentimiento, siguen ase-
quibles al lector.*

*Estos poemas representan un renovado énfasis en el valor comunicativo de la
poesía, en su función de proyectar hacia el lector visiones subjetivas del mundo
circundante y de sus problemas. Marcan además la entrada del lenguaje cotidiano
artísticamente empleado, de la anécdota y de un estilo más semejante al de la ficción en la poesía mexicana, anticipando obras de poetas posteriores.*

OBRA POÉTICA:

Absoluto amor. México, Ed. Fábula, 1935.—*Línea del alba.* México, Ed. Fábula,
1936.—*Poemas de guerra y esperanza.* México, Ediciones Tenochtitlán, 1943.—*Los
hombres del alba.* Prólogo de Rafael Solana. México, Talleres La Impresora, 1944.
(Contiene además la mayor parte de los poemas de *Absoluto amor* y *Línea del
alba.*)—*La rosa primitiva.* México, Nueva Voz, 1950.—*Poesía.* México, Canek, 1951.
Los poemas de viaje, 1949-1953. México, Ed. Litoral, 1956.—*Estrella en alto y nuevos poemas.* México, Colección Metáfora, 1956.—*La raíz amarga.* México, 1962.—
El Tajín. México, Cuadernos del Pájaro Cascabel, 1963.—*Poesía, 1935-1968.* México, Joaquín Mortiz, 1968. Contiene la mayor parte de su poesía anterior, excluyendo
algunos grupos de poemas políticos.—*Poemas prohibidos y de amor.* México, Siglo
Veintiuno Editores, 1973. Incluye poemas políticos y de amor no recogidos antes.
Los eróticos y otros poemas. México, Joaquín Mortiz, 1974.

BIBLIOGRAFÍA:

ANTONIO CASTRO LEAL: *La poesía mexicana moderna* [antología]. México, Fondo de Cultura Económica, 1953, págs. XXVIII-XXIX.—RAÚL LEIVA: *Imagen de la
poesía mexicana contemporánea.* México, Imprenta Universitaria, 1959, págs. 227-
238.—RAFAEL SOLANA: «Efraín Huerta», *Nivel,* núm. 26 (1961), págs. 1 y 4.—JESÚS
ARELLANO: «Efraín Huerta, el poeta proscrito», *Nivel,* núm. 43 (1962), pág. 5.—
CARLOS MONSIVÁIS: *La poesía mexicana del siglo XX* [antología]. México, Empresas Editoriales, S. A., 1966, págs. 58-59.

Feb 12: 1, 3, 4

(1)

LA MUCHACHA EBRIA

Este lánguido caer en brazos de una desconocida,
esta brutal tarea de pisotear mariposas y sombras y cadáveres;
este pensarse árbol, botella o chorro de alcohol,
huella de pie dormido, navaja verde o negra;
este instante durísimo en que una muchacha grita,
gesticula y sueña por una virtud que nunca fue la suya.
Todo esto no es sino la noche,
sino la noche grávida de sangre y leche,
de niños que se asfixian,
de mujeres carbonizadas
y varones morenos de soledad
y misterioso, sofocante desgaste.
Sino la noche de la muchacha ebria
cuyos gritos de rabia y melancolía

me hirieron como el llanto purísimo,
como las náuseas y el rencor,
como el abandono y la voz de las mendigas.

Lo triste es este llanto, amigos, hecho de vidrio molido
y fúnebres gardenias despedazadas en el umbral de las cantinas,
llanto y sudor molidos, en que hombres desnudos, con sólo negra barba
y feas manos de miel se bañan sin angustia, sin tristeza:
llanto ebrio, lágrimas de claveles, de tabernas enmohecidas,
de la muchacha que se embriaga sin tedio ni pesadumbre,
de la muchacha que una noche —y era una santa noche—
me entregara su corazón derretido,
sus manos de agua caliente, césped, seda,
sus pensamientos tan parecidos a pájaros muertos,
sus torpes arrebatos de ternura,
su boca que sabía a taza mordida por dientes de borrachos,
su pecho suave como una mejilla con fiebre,
y sus brazos y piernas con tatuajes,
y su naciente tuberculosis,
y su dormido sexo de orquídea martirizada.

Ah la muchacha ebria, la muchacha del sonreír estúpido
y la generosidad en la punta de los dedos,
la muchacha de la confiada, inefable ternura ¡para un hombre,
como yo, escapado apenas de la violencia amorosa.
Este tierno recuerdo siempre será una lámpara frente a mis ojos,
una fecha sangrienta y abatida.

¡Por la muchacha ebria, amigos míos!

(Los hombres del alba)

2

ESTA REGIÓN DE RUINA

A María Asúnsolo

1

Nada ni nadie aquí,
bajo este vientre o cielo a fuego lento.
Nada; tan sólo el bronco sueño de los desarraigados,
alienta, se agita en esta blanda región
contradictoria, de niebla y besos,
de voluptuoso vaho sobrehumano
y voraz, como si flores turbias,
alcohol y muerte a ciegas la nutriesen.

184

Nada, como no sean latidos presurosos,
fieles propósitos de ruina,
se puede concebir donde las almas
a dura lentitud pierden su esencia.
Nada, sino murmullos y espléndidas blasfemias
germinan en esta zona sin destino,
aguda en las pasiones,
la ira tenebrosa
y el cántico sombrío.
(Suena a orilla del crimen.
Pero es el grave sueño,
el metálico sueño.)

Los hombres tristes y los niños tristes
huyen del natural, sereno y leve
concepto general de la existencia.
Son briznas al azar
o nubes desvalidas
crispadas de miseria.

(No hablo del reposo a cierta luz
ni de la encantadora melodía
de las sábanas claras,
ni me refiero a la frondosidad,
a ese fácil verdor de los jardines
donde vibran mujeres
de anchos ojos azules
—y un niño es un espejo.)

Esta región de ruina,
esta fragilidad de pecera o camelia,
no permite que nadie
manifieste su íntima dolencia
sin sollozar en sangre,
mansamente;
esta pequeña tierra de perfecta tibieza,
este agrio transcurso de agonías,
es, en puras palabras,
la antigua,
la agotada raíz de la ciudad.

II

Ahora bien,
aquí el sueño es el sueño,
la muerte sólo eso: seca muerte.
Muerte por los motivos que tú quieras:

por un clavel pisotcado,
por un beso en un hombro,
porque unos ojos verdes brillan más que otros ojos verdes,
porque tu mano es una mano tonta
incapaz del estremecimiento brutal
y de la caricia lánguida y perezosa;
porque simulas benevolencia,
porque ignoras la gracia de la embriaguez
o porque tu rostro no oculta la compasión,
y porque, en fin, tu reino de acuarelas,
tu música y tus pupilas de madura lluvia
no pertenecen a esta república de llanto,
a este húmedo bosque desfallecido,
aniquilado por desprecios;
a esta región de cobre
donde una madrugada de junio
soñé con la victoria...
Y era tu suave voz
llamándome a la vida.

(3)

LOS FANTASMAS

Árboles, casas, puentes: los fantasmas.
Era una larga niebla sollozante,
pegada al suelo, espesa, estéril,
monstruosa y agobiante, inmunda forma.

Rostros, piernas y manos: los fantasmas.
Y un frío animal bajo la piel del alma.

Era un mundo de plomo este mundo de Ohio.
Primer alba de plomo y de sucia caricia.

Gemidos, besos, risas: los fantasmas.
Grises, verdes fantasmas del deseo y del miedo.
Era como ir muriendo a la mitad del sueño,
fantasma de mí mismo, fiel derrota.

West Lafayette, Ohio [42]
(Los poemas del viaje)

---

[42] Pueblo de unos 1.500 habitantes en la parte central del estado de Ohio, Estados Unidos.

Avenida Juárez [43]

Uno pierde los días, la fuerza y el amor a la patria,
el cálido amor a la mujer cálidamente amada,
la voluntad de vivir, el sueño y el derecho a la ternura;
uno va por ahí, antorcha, paz, luminoso deseo,
deseos ocultos, lleno de locura y descubrimientos,
y uno no sabe nada, porque está dicho que uno no debe saber nada,
como si las palabras fuesen los pasos muertos del hambre
o el golpear en el oído de la espesa ola del vicio
o el brillo funeral de los fríos mármoles
o la desnudez angustiosa del árbol
o la inquietud sedosa del agua...

Hay en el aire un río de cristales y llamas,
un mar de voces huecas, un gemir de barbarie,
cosas y pensamientos que hieren;
hay el breve rumor del alba
y el grito de agonía de una noche, otra noche,
todas las noches del mundo
en el crispante vaho de las bocas amargas.

Se camina como entre cipreses,
bajo la larga sombra del miedo,
siempre al pie de la muerte.
Y uno no sabe nada,
porque está dicho que uno debe callar y no saber nada,
porque todo lo que se dice parecen órdenes,
ruegos, perdones, súplicas, consignas.
Uno debe ignorar la mirada de compasión,
caminar por esa selva con el paso del hombre
dueño apenas del cielo que lo ampara,
hablando el español con un temor de siglos,
triste bajo la ráfaga azul de los ojos ajenos,
enano ante las tribus espigadas,
vencido por el pavor del día y la miseria de la noche,
la hipocresía de todas las almas, y, si acaso,
salvado por el ángel perverso del poema y sus alas.

Marchar hacia la condenación y el martirio,
atravesado por las espinas de la patria perdida,

[43] *Avenida Juárez*: calle principal de la ciudad de México, en la que se encuentra una estatua de Benito Juárez.

ahogado por el sordo rumor de los hoteles
donde todo se pudre entre mares de whisky y de ginebra.

Marchar hacia ninguna parte, olvidado del mundo,
ciego al mármol de Juárez y su laurel escarnecido
por los pequeños y los grandes canallas;
perseguido por las tibias azaleas de Alabama,
las calientes magnolias de Mississippi,
las rosas salvajes de las praderas
y los políticos pelícanos de Louisiana,
las castas violetas de Illinois,
las *bluebonnets* de Texas... [44]
y los millones de Biblias
como millones de palomas muertas.

Uno mira los árboles y la luz, y sueña
con la pureza de las cosas amadas
y la intocable bondad de las calles antiguas,
con las risas antiguas y el relámpago dorado
de la piel amorosamente dorada por un sol amoroso.
Saluda a los amigos, y los amigos
parecen la sombra de los amigos,
la sombra de la rosa y el geranio,
la desangrada sombra del laurel enlutado.

¿Qué país, qué territorio vive uno?
¿Dónde la magia del silencio, el llanto
del silencio en que todo se ama?
(*¿Tantos millones de hombres hablaremos inglés?*)
Uno se lo pregunta
y uno mismo se aleja de la misma pregunta
como de un clavo ardiendo.
Porque todo parece que arde
y todo es un montón de frías cenizas,
un hervidero de perfumados gusanos
en el andar sin danza de las jóvenes,
un sollozar por su destino
en el rostro apagado de los jóvenes,
y un juego con la tumba
en los ojos manchados del anciano.

Todo parece arder, como
una fortaleza tomada a sangre y fuego.
Huele el corazón del paisaje,
el aire huele a pensamientos muertos,

---

[44] *bluebonnet:* aciano, flor oficial del estado de Texas, mediante la cual alude el poeta a los habitantes de este estado venidos a México.

los poetas tienen el seco olor de las estatuas
—y todo arde lentamente
como en un ancho cementerio.

Todo parece morir, agonizar,
todo parece polvo mil veces pisado.
La patria es polvo y carne viva, la patria
debe ser, y no es, la patria
se la arrancan a uno del corazón
y el corazón se lo pisan sin ninguna piedad.

Entonces uno tiene que huir ante el acoso de los búfalos
que todo lo derrumban; ante la furia imperial
del becerro de oro que todo lo ha comprado
—la pequeña república, el pequeño tirano,
los ríos, la energía eléctrica y los bancos—,
y es inútil invocar el nombre de Lincoln
y es por demás volver los ojos a Juárez,
porque a los dos los ha decapitado el hacha
y no hay respeto para ninguna paz,
para ningún amor.

No se tiene respeto ni para el aire que se respira,
ni para la mujer que se ama tan dulcemente,
ni siquiera para el poema que se escribe.
Pues no hay piedad para la patria,
que es polvo de oro y carne enriquecida
por la sangre sagrada del martirio.

Pues todo parece perdido, hermanos,
mientras amargamente, triunfalmente,
por la Avenida Juárez de la ciudad de México
—perdón, *Mexico City*—
las tribus espigadas, la barbarie en persona,
los turistas adoradores de «Lo que el viento se llevó»,
las millonarias neuróticas cien veces divorciadas,
los gangsters y Miss Texas,
pisotean la belleza, envilecen el arte,
se tragan la Oración de Gettysburg y los poemas de Walt Whitman [45],
el pasaporte de Paul Robenson y las películas de Charles Chaplin,
y lo dejan a uno tirado a media calle
con los ojos despedazados

---

[45] *Oración de Gettysburg*: discurso de Abraham Lincoln; *Paul Robeson*: actor norteamericano, miembro del partido comunista, a quien le fue negado el pasaporte por el Departamento de Estado de los Estados Unidos; *Charles Chaplin*: famoso actor cómico.

y una arrugada postal de Chapultepec [46]
entre los dedos.

(Estrella en alto)

Feb 17: 5, 7, 8

(5)

ACERCA DE LA MELANCOLÍA

Cuando el ansia, como amarilla sombra,
endurece los párpados, y el día
sin ruido se ha fugado entre las nubes
lentas y oscurecidas,
un abismo se lanza
sobre los cuerpos
y las almas del mundo.

Sombra a sombra la niebla se agiganta
cegando puertas, bocas,
ventanas y cerebros,
desgarrando edificios,
melodías románticas,
violetas, rosas,
sueños y dulzura.

Entonces la melancolía,
la aceitosa melancolía:
humo blanco en las venas,
como ligeros pétalos clavados
en los nervios y músculos.

La melancolía es otra piel de los hombres.
Otros huesos, otras arterias.
Otros pulmones, otro sexo.
Alguna vez los hombres del subsuelo
dirán que la melancolía
es una gran bandera libertaria.

---

[46] Vale recordar tal vez que en la Academia Militar Mejicana en el parque de Chapultepec se libró un heroico combate contra los norteamericanos en 1847.

6

ESTE ES UN AMOR

Este es un amor que tuvo su origen
y en un principio no era sino un poco de miedo
y una ternura que no quería nacer y hacerse fruto.

Un amor bien nacido de ese mar de sus ojos,
un amor que tiene a su voz como ángel y bandera,
un amor que huele a aire y a nardos y a cuerpo húmedo,
un amor que no tiene remedio, ni salvación,
ni vida, ni muerte, ni siquiera una pequeña agonía.

Este es un amor rodeado de jardines y de luces
y de la nieve de una montaña de febrero
y del ansia que uno respira bajo el crepúsculo de San Angel
y de todo lo que no se sabe, porque nunca se sabe
por qué llega el amor y luego las manos
—esas terribles manos delgadas como el pensamiento—
se entrelazan y un suave sudor de —otra vez— miedo,
brilla como las perlas abandonadas
y sigue brillando aun cuando el beso, los besos,
los miles y millones de besos se parecen al fuego
y se parecen a la derrota y al triunfo
y a todo lo que parece poesía —y es poesía.

Esta es la historia de un amor con oscuros y tiernos orígenes:
vino como unas alas de paloma y la paloma no tenía ojos
y nosotros nos veíamos a lo largo de los ríos
y a lo ancho de los países
y las distancias eran como inmensos océanos
y tan breves como una sonrisa sin luz
y sin embargo ella me tendía la mano y yo tocaba su piel llena de gracia
y me sumergía en sus ojos en llamas
y me moría a su lado y respiraba como un árbol despedazado
y entonces me olvidaba de mi nombre
y del maldito nombre de las cosas y de las flores
y quería gritar y gritarle al oído que la amaba
y que yo ya no tenía corazón para amarla
sino tan sólo una inquietud del tamaño del cielo
y tan pequeña como la tierra que cabe en la palma de la mano.
Y yo veía que todo estaba en sus ojos —otra vez ese mar—,
ese mal, esa peligrosa bondad,
ese crimen, ese profundo espíritu que todo lo sabe
y que ya ha adivinado que estoy con el amor hasta los hombros,
hasta el alma y hasta los mustios labios.

Ya lo saben sus ojos y ya lo sabe el espléndido metal de sus muslos,
ya lo saben las fotografías y las calles
y ya lo saben las palabras —y las palabras y las calles y las fotografías
ya saben que lo saben y que ella y yo lo sabemos
y que hemos de morirnos toda la vida para no rompernos el alma
y no llorar de amor.

(7)

POEMA PARA UN BALLET

Los perros del alba

Trata de la noche, el alba y la mañana, rodeados por todos sus personajes y
elementos. De la ingrata quietud nocturna, se pasa al desorden, al caos de
la luz que es el alba, llegándose por fin
a la armonía y disciplina de la mañana.
Se debe pensar que todo transcurre en
una calle de la ciudad de México, y que
a medida que la luz encuentra su orden, las máscaras van desapareciendo.
Que todo pierda, bajo el dominio de la
mañana, un sentido digamos cósmico,
para darle a la fiesta de luz del desenlace un nítido sentido terrenal, humano.

La antigua noche danza su danza de ceniza.
Pulsa suave guitarra de cuerdas inhumanas
y un invisible fuego tiñe roja su boca
de la que rosas tristes huyen desesperadas.

La noche de metal es la violeta muerta.
Gira en torno a sí misma con doliente locura
y arriba los azules agonizan de miedo
cuando el pájaro agudo del alba se aproxima.

Arde la turbia noche de ceniza y relámpagos.
El penetrante sueño hiere la piel del hombre
y la muchacha ebria es la gata de miel
con el sueño hecho polvo y el destino marchito.

El asesino luce su rojo seco y húmedo.
Dulces adolescentes palidecen de dicha
y roto el equilibrio entre el bien y el mal
surge la aguda nota del pájaro del alba.

Un mundo de penumbras y agria desesperanza
va cayendo al olvido. Del azul que se muere,
de la lenta lujuria, la vida resucita
hasta darse desnuda al alba de metales.

Perros vibrantes, locos, amarillos de odio,
gimen, ladran y mueren con violentos rumores.
Vieja raza propicia al infierno, al deseo:
agresivos y débiles como una espina seca.

Entonces la Piedad hace su aparición.
A sus helados pies de laureles marchitos
caen los pequeños ángeles y la diosa del vicio.
Y se hunden los azules con un dolor de cielo.

A la piedad los perros se acercan cautelosos.
Quedamente se ladran y corean su tragedia.
Saben, como los hombres, que la piedad no es
sino este amor de bestias que todos nos tenemos.

Chorros de tibia leche disciplinan su acento.
Palomas inocentes fabrican la dulzura,
y a pausas de belleza se va creando el prodigio
de la rosa más blanca: el nuevo día perfecto.

La noche no es eterna. La vida no es misterio.
Enmohecidas, negras, las criaturas del miedo
se alejan como muertos cargando su ataúd.
Y una soberbia luz danza su propia danza.

Es un mar de cristales y fría seda educada.
Es el día del amor. La hora del consuelo.
Radiante, vientre puro de la clara mañana.
Esplendor de la dicha, flor de la paz y el triunfo.

Parece una mujer o un haz de trigo dulce.
Abierta al infinito, temblorosa de gracia,
la mañana del mundo y de todos los días
entrega su mensaje de doradas palabras.

1948

(Poemas prohibidos y de amor.)

8

AMENAZA

Bienaventurados
Los poetas
Pobres
Porque
De ellos
Será
El reino
De los
Suelos.

OCTAVIO PAZ

(México, 1914)

Paz termina sus estudios en México, publica sus primeros poemas en revistas en 1931-1933 y su primer libro de poesía en 1933. Viaja a la España republicana durante la Guerra Civil. Al volver a México emprende una gran actividad literaria: ayuda a fundar las revistas Taller *(1938) y* El Hijo Pródigo *(1943), colabora en ellas, publica ensayos y poesía, y viene a ser el hombre de letras más notable de su generación. En 1944-45, dotado de una beca Guggenheim, viaja y estudia en los Estados Unidos; en 1945 va a París, donde establece contacto con André Breton y otros escritores surrealistas. En 1946 ingresa en el cuerpo diplomático de su país, representándolo en París, los Estados Unidos, Suiza, el Japón y la India (donde sirve de embajador entre 1962 y 1968). En 1950 publica* El laberinto de la soledad, *donde analiza brillantemente al hombre y a la cultura mexicana. Entre 1950 y 1960 publica también dos libros de crítica literaria, cuatro de poesía, y su obra poética hasta 1958,* Libertad bajo palabra. *En 1963 obtiene el Gran Premio Internacional de Poesía en Bélgica; entre 1968 (cuando dimite su puesto de embajador) y 1971 enseña en las universidades de Cambridge, Harvard, Texas y Pittsburgh, y participa en un seminario acerca de su obra en Oklahoma. Paz vuelve a México en 1971 y funda allí la revista* Plural.

La experiencia de la soledad forma la base de la poesía de Paz; el «yo» se siente extraño, separado del mundo que le rodea, añorando una trascendencia imposible (poemas 1 y 5). El poeta representa esta condición mediante imágenes claves, como la del espejo. Encuentra en el amor y en la sexualidad una reacción en contra del aislamiento: mediante la conquista y la unión amorosa el hombre trata de sobreponerse a sus límites. La mujer aparece a menudo ligada con lo esencial y duradero de la naturaleza, y con una percepción trascendente de la realidad (ver poemas 5, 6 y 13). La palabra poética se presenta como otra manera de penetrar detrás de las apariencias de un mundo limitado y de recrear la realidad para hallar o forjar una visión más esencial (poemas 3 y 4). Mediante la poesía y el amor, el hombre conquista su «libertad» (logra ser quien es) y su «palabra» (logra expresar una visión positiva).

Esta poesía revela un constante proceso dialéctico: de las oposiciones entre la soledad y el sentido de unión, entre el tiempo lineal y el tiempo cíclico, entre la percepción de la muerte y la experiencia de una vida duradera, el poeta forja visiones totales. La imagen es la base de este proceso: sirve para captar no un orden lógico, sino la experiencia concreta y paradójica de la realidad en que vivimos. El valor lírico de la poesía de Paz reside, precisamente, en su manera de ir más allá de una formulación filosófica para crear experiencias ricas e irreductibles. Además de la imagen, se destacan en la obra de Paz el empleo de una sintaxis fluida y de juegos de palabras para reproducir en el lector el estado de ánimo (véase el poema 1); la oposición dramática de dos perspectivas que desembocan en una actitud final integrada (poemas 8, 9 y 10); el uso de una escena concreta o de una imagen que se amplía, alcanza valor simbólico, y apunta a un significado esencial (2). Este último procedimiento se intensifica aún más cuando la realidad descrita se convierte en fábula o mito de la vida humana (nótese cómo esto ocurre en los poemas 9 y 13, subrayado por imágenes visionarias). También vale notar que Paz emplea logradamente el poema en prosa.

Los mismos temas continúan en los libros recientes de Paz, que ponen aún mayor énfasis en el proceso dialéctico del poema y en la importancia que se le da a la poesía como manera de encarnar opuestos y de recrear la realidad. En Ladera este, empleando como fondo el mundo oriental y la filosofía budista, y contraponiendo perspectivas absolutas a miradas irónicas, Paz demuestra la captación de la realidad paradójica por medio de su arte. En Blanco —poema complejísimo, formado de varias partes entremezcladas y relacionadas paralelamente— presenciamos la creación de un poema y su gradual captación de la realidad por la palabra. El arreglo de los versos y el orden de las palabras corresponde más a la experiencia creada que a la sintaxis normal del lenguaje.

En su dominio de la palabra y de la imagen, así como en su visión trascendente de la poesía, Paz continúa la actitud de los «Contemporáneos». También acepta y lleva más allá la tendencia de algunos de ellos —Villaurrutia, Gorostiza— de indagar por medio de la poesía las angustias filosóficas y existenciales del hombre. Al hacerlo, sin embargo, pone mayor énfasis en el sentimiento y en la experiencia emotiva que en el problema conceptual en sí. En esto representa tal vez la tendencia (ya observada en España en esta época por Gustav Siebenmann) hacia la comunicación de valores subjetivos en la poesía. Vale destacar que Paz evita juegos retóricos y siempre liga la forma con el significado; puede vérsele como poeta que interioriza los descubrimientos verbales de la generación anterior. El énfasis en una realidad paradójica y antilógica, en significados subjetivos y en el empleo de imágenes «visionarias» pudiera unir a Paz con los surrealistas; su uso de la dialéctica lo relaciona con Hegel y con Marx. Pero ambos revelan, más que otra cosa, su constante afán de penetrar detrás de la realidad aparente y de captar la experiencia fundamental —poética— de la vida.

OBRA POÉTICA:

Luna silvestre. México, Ed. Fábula, 1933.—*¡No pasarán!* México, Ed. Simbad, 1936.—*Raíz del hombre.* México, Ed. Simbad, 1937.—*Bajo tu clara sombra.* Valencia, Ediciones Héroe, 1937 (2.ª ed. México, Compañía Editora y Librera ARS, 1941).—*Entre la piedra y la flor.* México, Nueva Voz, 1941 (2.ª ed. México, Ediciones Asociación Civil Yucatán, 1956).—*A la orilla del mundo.* México, Agencia Editorial Mexicana, 1942.—*Libertad bajo palabra.* México, Fondo de Cultura Económica, 1949.—*¿Aguila o sol?* Poemas en prosa. México, Fondo de Cultura Económica, 1951.—*Semillas para un himno.* México, Fondo de Cultura Económica, 1954.—*Piedra del sol.* México, Fondo de Cultura Económica, 1957.—*La estación violenta.* México, Fondo de Cultura Económica, 1958.—*Libertad bajo palabra; obra poética (1935-1958).* México, Fondo de Cultura Económica, 1960 (2.ª ed., subtitulada *obra poética (1934-1957)*, omite bastantes poemas e introduce cambios en otros. México, Fondo de Cultura Económica, 1968; reimprimida 1970).—*Salamandra (1958-1961).* México, Joaquín Mortiz, 1962.—*Viento entero.* Nueva Delhi, 1966.—*Blanco.* México, Joaquín Mortiz, 1967.—*Topoemas.* México, U. N. A. M., 1968.—*Discos visuales.* México, Ediciones Era, 1968.—*Ladera este (1962-1968).* México, Joaquín Mortiz, 1969 (2.ª ed., 1970). Incluye también *Blanco.*—*La centena (1935-1968).* Barcelona, Barral, 1969.

BIBLIOGRAFÍA:

RAMÓN XIRÁU: *Tres poetas de la soledad.* México, Antigua Librería Robredo, 1955, págs. 39-70.—JOHN M. FEIN: «The Mirror as Image and Theme in the Poetry of Octavio Paz», *Symposium,* L, núm. 10 (1956), págs. 251-270. Versión en castellano en *Universidad de México,* XII, núm. 3 (1957), págs. 8-13.—RAÚL LEIVA: *Imagen de la poesía mexicana contemporánea.* México, Imprenta Universitaria, 1959, págs. 205-226.—MANUEL DURÁN: «Libertad y erotismo en la poesía de Octavio Paz»,

Sur, núm. 276 (1962), págs. 72-77. Versión inglesa en Books Abroad, XXXII (1963), págs. 373-377.—RAYMOND D. SOUZA: «The World, Symbol and Synthesis in Octavio Paz», Hispania, XLVII, núm. 1 (1964), págs. 60-65.—CLAIRE CEA: Octavio Paz. París, Ed. Pièrre Seghers, 1965.—ROBERT NUGENT: «Structure and Meaning in Octavio Paz's Piedra de sol», Kentucky Foreign Language Quarterly, XIII, núm. 3 (1966), págs. 138-146.—JUDITH BERNARD: «Myth and Structure in Octavio Paz's Piedra de sol», Symposium, XXI, núm. 1 (1967), págs. 5-13.—GIUSEPPE BELLINI: «Octavio Paz: l'esperienza asiatica nella sua poesia», Quaderni Ibero-americani, XXXIV (1967), págs. 103-107.—MARÍA EMBEITA: «Los avatares del tiempo en Piedra de sol de Octavio Paz», Insula, XXIII, núm. 260-261 (1968), págs. 12-14.—ANNE MARIE REMLEY RAMBO: «The Presence of Woman in the Poetry of Octavio Paz», Hispania, LI, núm. 2 (1968), págs. 259-264.—JULIO ORTEGA: «Notas sobre Octavio Paz», Cuadernos Hispanoamericanos, núm. 231 (1969), págs. 553-566.—JORGE RODRÍGUEZ PADRÓN: «Octavio Paz: el escritor y la experiencia poética», Cuadernos Hispanoamericanos, núm. 243 (1970), págs. 671-678.—RAMÓN XIRAU: Octavio Paz: el sentido de la palabra. México, Joaquín Mortiz, 1970. Excelente estudio; contiene bibliografía.—Books Abroad, XLVI, núm. 4 (1972). Número en honor de Paz; contiene valiosos trabajos de Ruth Needleman, Emir Rodríguez Monegal, Allen W. Phillips, Manuel Durán, Ricardo Gullón, Tomás Segovia y Ramón Xiráu; Revista Iberoamericana, XXXVII, núm. 74 (1971). Número homenaje a Paz, con importantes estudios de Ramón Xirau, Guillermo Sucre, Saúl Yurkievich, Manuel Durán, Jean Franco, Graciela Palau de Nemes, Judith Bernard Goetzinger y otros. Contiene también una bibliografía muy amplia y cuidadosa de Alfredo Roggiano.—RACHEL PHILLIPS: The Poetic Modes of Octavio Paz. Oxford, Oxford University Press, 1972. JASON WILSON: «Abrir/cerrar los ojos: A Recurrent Theme in the Poetry of Octavio Paz», Bulletin of Hispanic Studies, XLVIII (1971), págs. 44-56.—ANDREW P. DEBICKI: «El trasfondo filosófico y la experiencia poética en obras de Octavio Paz». Revista Hispánica Moderna, XXXVII (1972-3), págs. 283-290.

(1)

ESPEJO

Hay una noche, un día,
un tiempo hueco, sin testigos,
sin lágrimas, sin fondo, sin olvidos;
una noche de uñas y silencio,
páramo sin orillas,
isla de hielo entre los días;
una noche sin nadie
sino su soledad multiplicada.

Se regresa de unos labios
nocturnos, fluviales,
lentas orillas de coral y savia,
de un deseo, erguido
como la flor bajo la lluvia, insomne
collar de fuego al cuello de la noche,
o se regresa de uno mismo a uno mismo,
y entre espejos impávidos un rostro
me repite a mi rostro, un rostro
que enmascara a mi rostro.

Frente a los juegos fatuos del espejo
mi ser es pira y es ceniza,
respira y es ceniza,
y ardo y me quemo y resplandezco y miento
un yo que empuña, muerto,
una daga de humo que le finge
la evidencia de sangre de la herida,
un yo, mi yo penúltimo,
que sólo pide olvido, sombra, nada,
final mentira que lo enciende y quema.

De una máscara a otra
hay siempre un yo penúltimo que pide.
Y me hundo en mí mismo y no me toco.

1934

(Libertad bajo palabra.)

2

LA RAMA

Canta en la punta del pino
un pájaro detenido,
trémulo, sobre su trino.

Se yergue, flecha, en la rama,
se desvanece entre alas
y en música se derrama.

El pájaro es una astilla
que canta y se quema viva
en una nota amarilla.

Alzo los ojos: no hay nada.
Silencio sobre la rama,
sobre la rama quebrada.

③

ARCOS

A Silvina Ocampo

¿Quién canta en las orillas del papel?
Inclinado, de pechos sobre el río
de imágenes, me veo, lento y solo,

de mí mismo alejarme: oh letras puras,
constelación de signos, incisiones
en la carne del tiempo, ¡oh escritura,
raya en el agua!

Voy entre verdores
enlazados, voy entre transparencias,
entre islas avanzo por el río,
por el río feliz que se desliza
y no transcurre, liso pensamiento.
Me alejo de mí mismo, me detengo
sin detenerme en una orilla y sigo,
río abajo, entre arcos de enlazadas
imágenes, el río pensativo.

Sigo, me espero allá, voy a mi encuentro,
río feliz que enlaza y desenlaza
un momento de sol entre dos álamos,
en la pulida piedra se demora,
y se desprende de sí mismo y sigue,
río abajo, al encuentro de sí mismo.

1947

4

ESCRITO CON TINTA VERDE

La tinta verde crea jardines, selvas, prados,
follajes donde cantan las letras,
palabras que son árboles,
frases que son verdes constelaciones.

Deja que mis palabras, oh blanca, desciendan y te cubran
como una lluvia de hojas a un campo de nieve,
como la yedra a la estatua,
como la tinta a esta página.

Brazos, cintura, cuello, senos,
la frente pura como el mar,
la nuca de bosque en otoño,
los dientes que muerden una brizna de yerba.

Tu cuerpo se constela de signos verdes
como el cuerpo del árbol de renuevos.
No te importe tanto pequeña cicatriz luminosa:
mira al cielo y su verde tatuaje de estrellas.

199

MÁS ALLÁ DEL AMOR

Todo nos amenaza:
el tiempo, que en vivientes fragmentos divide
al que fui
           del que seré,
como el machete a la culebra;
la conciencia, la transparencia traspasada,
la mirada ciega de mirarse mirar;
las palabras, guantes grises, polvo mental sobre la yerba, el agua, la piel;
nuestros nombres, que entre tú y yo se levantan,
murallas de vacío que ninguna trompeta derrumba.

Ni el sueño y su pueblo de imágenes rotas,
ni el delirio y su espuma profética,
ni el amor con sus dientes y uñas, nos bastan.
Más allá de nosotros,
en las fronteras del ser y el estar,
una vida más vida nos reclama.

Afuera la noche respira, se extiende,
llena de grandes hojas calientes,
de espejos que combaten:
frutos, garras, ojos, follajes,
espaldas que relucen,
cuerpos que se abren paso entre otros cuerpos.

Tiéndete aquí a la orilla de tanta espuma,
de tanta vida que se ignora y entrega:
tú también perteneces a la noche.
Extiéndete, blancura que respira,
late, oh estrella repartida,
copa,
pan que inclinas la balanza del lado de la aurora,
pausa de sangre entre este tiempo y otro sin medida.

6

Visitas [47]

A través de la noche urbana de piedra y sequía
entra el campo a mi cuarto.
Alarga brazos verdes con pulseras de pájaros,
con pulseras de hojas.
Lleva un río de la mano.
El cielo del campo también entra,
con su cesta de joyas acabadas de cortar.
Y el mar se sienta junto a mí,
extendiendo su cola blanquísima en el suelo.
Del silencio brota un árbol de música.
Del árbol cuelgan todas las palabras hermosas,
que brillan, maduran, caen.
En mi frente, cueva que habita un relámpago...
Pero todo se ha poblado de alas.

7

En la calzada

El sol reposa sobre las copas de los castaños.
Sopla apenas el viento,
mueven las hojas los dedos, canturrean,
y alguien, aire que no se ve, baila un baile antiguo.
Camino bajo luces enlazadas y ramas que se abrazan,
calzada submarina de luz verde,
impalpable y de carne al mismo tiempo:
¡verdor que acaba en oro,
luz que acaba en sabor, luz que se toca,
aire vibrante, humano, hecho de alas,
hueco que deja un cuerpo hermoso que se fuga!

Esta calzada desemboca al paraíso de los verdes,
al reino que prometen los invernaderos:
eterna la hoja verde,
el agua siempre niña,
la tierra madre siempre virgen,
la luz esbelta siempre entre troncos sempiternos,
el viento siempre, siempre libre, siempre labios, siempre viento.

---

[47] En la edición de 1960 de *Libertad...*, este poema contiene dos versos más al final: Dime, ¿es de veras el campo que viene de tan lejos / o eres tú, son los sueños que sueñas a mi lado? El texto citado arriba es el de la edición de 1968.

ANDREW P. DEBICKI

Entre la luz filtrada en hojas,
peces sonámbulos y ensimismados,
pasan hombres, mujeres, niños, bicicletas.
Todos caminan, nadie se detiene.
Cada uno a sus asuntos,
al cine, a misa, a la oficina, a la muerte,
a perderse en otros brazos,
a recobrarse en otros ojos,
a recordar que son seres vivientes o a olvidarlo.
Nadie quiere llegar al fin,
allá donde la flor es fruto, el fruto labios.

Quisiera detenerlos,
detener a una joven,
cogerla por la oreja y plantarla entre un castaño y otro;
regarla con una lluvia de verano;
verla ahondar en raíces como manos que enlazan en la noche otras manos;
crecer y echar hojas y alzar entre sus ramas una copa que canta:
brazos que sostienen un niño, un tesoro, una jarra de agua, la canasta del
[pan que da la vida eterna;
florecer en esas flores blancas que tienen pintadas florecitas rojas en las alas,
flores como la nieve,
flores blancas que caen de los castaños como sonrisas o como serpentinas;
rozar su piel de musgo, su piel de savia y luz, más suave que el torso de
[sal de la estatua en la playa;
hablar con ella un lenguaje de árbol distante,
callar con ella un silencio de árbol de enfrente;
envolverla con brazos impalpables como el aire que pasa,
rodearla, no como el mar rodea a una isla sino como la sepulta;
reposar en su copa como la nube ancla un instante en el cielo sin olas,
[ennegrece de pronto y cae en gotas anchas,
caer en gotas anchas,
gotas de fuego,
gotas de sangre al rojo blanco,
como cae la semilla cuando estalla la espiga en el aire,
como cae la estrella en la honda matriz de la noche,
como cae el avión en llamas y el bosque se incendia.

[París, 1946.]

202

8

CONVERSACIÓN EN UN BAR [48]

—Sábado por la tarde, sin permiso.
La soledad se puebla y todo quema.
(El viento del Oeste son dos vientos:
en la noche es un búfalo fantasma,
al alba es un ejército de pájaros.)
—Pardeaba. Les dije entonces:
Saben que iremos, nos esperan...
(—Las muchachas del Sur corren desnudas
en la noche. Sus huellas en la arena
son estrellas caídas,
joyas abandonadas por el mar.)
—Eramos tres: un negro, un mexicano
y yo. Nos arrastramos por el campo,
pero al llegar al muro una linterna...
(—En la ciudad de piedra
la nieve es una cólera de plumas.)
—Nos encerraron en la cárcel.
Yo le menté la madre al cabo.
Al rato las mangueras de agua fría.
Nos quitamos la ropa, tiritando.
Muy tarde ya, nos dieron sábanas.
(—En otoño los árboles del río
dejan caer sus hojas amarillas
en la espalda del agua.
Y el sol, en la corriente,
es una lenta mano que acaricia
una garganta trémula.)
—Después de un mes la vi. Primero al cine,
luego a bailar. Tomamos unos tragos.

---

[48] En la edición de 1960 de *Libertad...*, este poema lleva los versos siguientes, en letra itálica, al principio:

> *Un espejo empañado*
> *y rostros de ahogados*
> *hundiéndose en el vaho del espejo.*
> *Voces de todos los colores*
> *voces de humo, voces de ceniza.*

Al final lleva los versos siguientes:

— El fuego del infierno no es fuego frío.

> *Voces de humo, voces de ceniza.*
> *Y todo el cielo era*
> *El empañado cielo de un espejo.*

En una esquina nos besamos...
(—El sol, las rocas rojas del desierto
y un cascabel erótico: serpientes.
Esos amores fríos en un lecho de lavas...)

9

HIMNO ENTRE RUINAS

> donde espumoso el mar siciliano...
>
> GÓNGORA

Coronado de sí el día extiende sus plumas.
¡Alto grito amarillo,
caliente surtidor en el centro de un cielo
imparcial y benéfico!
Las apariencias son hermosas en esta su verdad momentánea.
El mar trepa la costa,
se afianza entre las peñas, araña deslumbrante;
la herida cárdena del monte resplandece;
un puñado de cabras es un rebaño de piedras;
el sol pone su huevo de oro y se derrama sobre el mar.
Todo es dios.
¡Estatua rota,
columnas comidas por la luz,
ruinas vivas en un mundo de muertos en vida!

Cae la noche sobre Teotihuacán.
En lo alto de la pirámide los muchachos fuman marihuana,
suenan guitarras roncas
¿Qué hierba, qué agua de vida ha de darnos la vida,
dónde desenterrar la palabra,
la proporción que rige al himno y al discurso,
al baile, a la ciudad y a la balanza?
El canto mexicano estalla en un carajo,
estrella de colores que se apaga,
piedra que nos cierra las puertas del contacto.
Sabe la tierra a tierra envejecida.

Los ojos ven, las manos tocan.
Bastan aquí unas cuantas cosas:
tuna, espinoso planeta coral,
higos encapuchados,
uvas con gusto a resurrección,
almejas, virginidades ariscas,
sal, queso, vino, pan solar.

204

Desde lo alto de su morenía una isleña me mira,
esbelta catedral vestida de luz.
Torres de sal, contra los pinos verdes de la orilla
surgen las velas blancas de las barcas.
La luz crea templos en el mar.

Nueva York, Londres, Moscú.
La sombra cubre al llano con su yedra fantasma,
con su vacilante vegetación de escalofrío,
su vello ralo, su tropel de ratas.
A trechos tirita un sol anémico.
Acodado en montes que ayer fueron ciudades, Polifemo bosteza.
Abajo, entre los hoyos, se arrastra un rebaño de hombres.
(Bípedos domésticos, su carne
—a pesar de recientes interdicciones religiosas—
es muy gustada por las clases ricas.
Hasta hace poco el vulgo los consideraba animales impuros.)

Ver, tocar formas hermosas, diarias.
Zumba la luz, dardos y alas.
Huele a sangre la mancha de vino en el mantel.
Como el coral sus ramas en el agua
extiendo mis sentidos en la hora viva:
el instante se cumple en una concordancia amarilla,
¡oh mediodía, espiga henchida de minutos,
copa de eternidad!

Mis pensamientos se bifurcan, serpean, se enredan,
recomienzan,
y al fin se inmovilizan, ríos que no desembocan,
delta de sangre bajo un sol sin crepúsculo.
¿Y todo ha de parar en este chapoteo de aguas muertas?

¡Día, redondo día,
luminosa navaja de veinticuatro gajos,
todos atravesados por una misma y amarilla dulzura!
La inteligencia al fin encarna,
se reconcilian las dos mitades enemigas
y la conciencia-espejo se licúa,
vuelve a ser fuente, manantial de fábulas:
Hombre, árbol de imágenes,
palabras que son flores que son frutos que son actos.

[Nápoles, 1948.]

/naranja

10

UN POETA

—Música y pan, leche y vino, amor y sueño: gratis. Gran abrazo mortal de los adversarios que se aman: cada herida es una fuente. Los amigos afilan bien sus armas, listos para el diálogo final, el diálogo a muerte para toda la vida. Cruzan la noche los amantes enlazados, conjunción de astros y cuerpos. El hombre es el alimento del hombre. El saber no es distinto del soñar, el soñar del hacer. La poesía ha puesto fuego a todos los poemas. Se acabaron las palabras, se acabaron las imágenes. Abolida la distancia entre el nombre y la cosa, nombrar es crear, e imaginar, nacer.

—*Por lo pronto, coge el azadón, teoriza, sé puntual. Paga tu precio y cobra tu salario. En los ratos libres pasta hasta reventar: hay inmensos predios de periódicos. O desplómate cada noche sobre la mesa del café, con la lengua hinchada de política. Calla o gesticula: todo es igual. En algún sitio ya prepararon tu condena. No hay salida que no dé a la deshonra o al patíbulo: tienes los sueños demasiado claros, te hace falta una filosofía fuerte.*

11

VALLE DE MÉXICO

El día despliega su cuerpo transparente. Atado a la piedra solar, la luz me golpea con sus grandes martillos invisibles. Sólo soy una pausa entre una vibración y otra: el punto vivo, el afilado, quieto punto fijo de intersección de dos miradas que se ignoran y se encuentran en mí. ¿Pactan? Soy el espacio puro, el campo de batalla. Veo a través de mi cuerpo mi otro cuerpo. La piedra centellea. El sol me arranca los ojos. En mis órbitas vacías dos astros alisan sus plumas rojas. Esplendor, espiral de alas y un pico feroz. Y ahora, mis ojos cantan. Asómate a su canto, arrójate a la hoguera.

12

APARICIÓN

Vuelan aves radiantes de estas letras. Amanece la desconocida en pleno día, sol rival del sol, e irrumpe entre los blancos y negros del poema. Pía en la espesura de mi asombro. Se posa en mi pecho con la misma suavidad inexorable de la luz que reclina la frente sobre una piedra abandonada. Extiende sus alas y canta. Su boca es un palomar del que brotan palabras sin sentido, fuente deslumbrada por su propio manar, blancuras atónicas de ser. Luego desaparece.

Inocencia entrevista, que cantas en el repecho del puente a la hora en que yo soy un río que deserta en lo oscuro: ¿qué frutos picas allá arriba?, ¿en qué ramas de qué árbol cantas los cantos de la altura?

13

FÁBULA

Edades de fuego y de aire
Mocedades de agua
Del verde al amarillo
                    Del amarillo al rojo
Del sueño a la vigilia
                    Del deseo al acto
Sólo había un paso que tú dabas sin esfuerzo
Los insectos eran joyas animadas
El calor reposaba al borde del estanque
La lluvia era un sauce de pelo suelto
En la palma de tu mano crecía un árbol
Aquel árbol cantaba reía y profetizaba
Sus vaticinios cubrían de alas el espacio
Había milagros sencillos llamados pájaros
Todo era de todos
                    Todos eran todo
Sólo había una palabra inmensa y sin revés
Palabra como un sol
Un día se rompió en fragmentos diminutos
Son las palabras del lenguaje que hablamos
Fragmentos que nunca se unirán
Espejos rotos donde el mundo se mira destrozado

Una mujer de movimientos de río
De transparentes ademanes de agua
Una muchacha de agua
Donde leer lo que pasa y no regresa
Un poco de agua donde los ojos beban
Donde los labios de un solo sorbo beban
El árbol la nube el relámpago
Yo mismo y la muchacha.

14

AQUÍ

Mis pasos en esta calle
Resuenan
En otra calle
Donde
Oigo mis pasos
Pasar en esta calle
Donde

Sólo es real la niebla

(Salamandra.)

15

TUMBA DEL POETA

El libro
El vaso
El verde oscuramente tallo
El disco
La bella durmiente en su lecho de música
Las cosas anegadas en sus nombres
Decirlas con los ojos
En un allá no sé donde
Clavarlas
Lámpara lápiz retrato
Esto que veo
Clavarlo
Como un templo vivo
Plantarlo
Como un árbol
Un dios
Coronarlo
Con un nombre
Inmortal
Irrisoria corona de espinas
¡Lenguaje!
El tallo y su flor inminente
Sol-sexo-sol
La flor sin sombra
En un allá sin donde

Se abre
      Como el horizonte
            Se abre
Extensión inmaculada
Transparencia que sostiene a las cosas
Caídas
      Por la mirada
Levantadas
       En un reflejo
           Suspendidas
Lunas multiplicadas
        En la estepa
Haz de mundos
       Instantes
Racimos encendidos
Selvas andantes de astros
Sílabas errantes
Milenios de arenas cayendo sin término
           Marea
Todos los tiempos del tiempo
       SER
Una fracción de segundo
       Lámpara lápiz retrato
En un aquí no sé donde
       Un nombre
Comienza
    Asirlo plantarlo decirlo
Como un bosque pensante
       Encarnarlo
Un linaje comienza
      En un nombre
Un adán
    Como un templo vivo
Nombre sin sombra
      Clavado
Como un dios
    En este aquí sin donde
¡Lenguaje!
    Acabo en su comienzo
En esto que digo
    Acabo
SER
   Sombra de un nombre instantáneo

NUNCA SABRE MI DESENLACE

(Ladera este.)

16

Sunyata [49]

Al confín
       Yesca
Del espacio calcinado
La ascensión amarilla
Del árbol
         Torbellino ágata
Presencia que se consume
En una gloria sin sustancia
Hora a hora se deshoja
El día
     Ya no es
Sino un tallo de vibraciones
Que se disipan
           Y entre tantas
Beatitudes indiferentes
Brota
     Intacto idéntico
El día
     El mismo que fluye
Entre mis manos
         El mismo
Brasa sobre mis párpados
El día   El árbol

17

Cima y gravedad

Hay un árbol inmóvil
Hay otro que avanza
        Un río de árboles
Golpea mi pecho
       Es la dicha
El oleaje verde
Tú estás vestida de rojo
       Eres

---

[49] Paz mismo indica, en una nota: «*Sunyata* es un término que designa el concepto central del budismo madhyamika: la vacuidad absoluta. Un relativismo radical: todo es relativo e impermanente... La proposición que niega la realidad también se disuelve y así la negación del mundo por la crítica es asimismo su recuperación...»

El sello del año abrasado
El tizón carnal
           El astro frutal
En ti como sol
           La hora reposa
Sobre un abismo de claridades
La altura se nubla de pájaros
Sus picos construyen la noche
Sus alas sostienen al día
Plantada en la cresta de la luz
Entre la fijeza y el vértigo
        Tú eres
      La balanza diáfana

18

De BLANCO (fragmento)

Paramera abrasada
Del amarillo al encarnado
La tierra es un lenguaje calcinado.
Hay púas invisibles, hay espinas
En los ojos.
          En un muro rosado
Tres buitres ahítos.
No tiene cuerpo ni cara ni alma,
Está en todas partes,
A todos nos aplasta:
            Este sol es injusto.
La rabia es mineral.
          Los colores
Se obstinan.
       Se obstina el horizonte.
Tambores tambores tambores.
El cielo se ennegrece
           Como esta página.
Dispersión de cuervos.
Inminencia de violencias violetas.
Se levantan los arenales,
La cerrazón de reses de ceniza.
Mugen los árboles encadenados.
Tambores tambores tambores
Te golpeo cielo
        Tierra te golpeo
Cielo abierto tierra cerrada
Flauta y tambor centella y trueno

Te abro te golpeo
                    Te abres tierra
Tienes la boca llena de agua
Tu cuerpo chorrea cielo
Tremor
          Tu panza tiembla
Tus semillas estallan
                    Verdea la palabra

(*Blanco:* incluido en *Ladera este*)

ALI CHUMACERO

(Acaponeta, Nayarit, 1918)

Chumacero hizo sus estudios primarios y preparatorios en Guadalajara; se radicó en México a partir de 1937. Fue codirector de la revista Tierra Nueva (1940-1942). Ha sido redactor o colaborador importante de varias otras revistas, incluyendo El Hijo Pródigo y Letras de México. Chumacero ha editado varias antologías y obras poéticas y ha escrito crítica literaria muy importante. El Centro Mexicano de Escritores y el Colegio de México le han concedido becas; en 1964 fue elegido miembro de la Academia Mexicana. Es gerente general del Fondo de Cultura Económica.

A diferencia de los escritores de Taller, los de Tierra Nueva no toman una actitud polémica hacia la literatura. Su revista se dedica a publicar una variedad de obras de alto valor estético, y todos ellos subrayan la importancia de la conciencia artística y de la necesidad de adecuar la forma al fondo. Esto se ejemplifica perfectamente en la poesía de Chumacero. Sus temas principales ya quedan claros en Páramo de sueños y en Imágenes desterradas: son la angustia engendrada por el tiempo y la muerte, la desolación producida por nuestro mundo enigmático, y la búsqueda de significados en una realidad llena de momentos pasajeros y de recuerdos perecederos. (El amor se presenta como un modo, no siempre logrado, de encontrar significados.) Chumacero emplea principalmente un verso libre de base endecasilábica con largos períodos sintácticos. Presenta cadenas de imágenes sensoriales; se vale del paralelismo, de la bimembración y del polisíndeton para desarrollar la actitud del hablante, su angustia y su búsqueda (ver poemas 1-5). Varios poemas de estos libros son monólogos dramáticos. Casi todos acaban ofreciendo visiones extensas, que objetivizan logradamente la lucha entre el sentido de desintegración y el anhelo de trascenderlo, recordando la poesía de Villaurrutia o de Vicente Aleixandre.

Los mismos temas y muchas de las mismas características se notan en Palabras en reposo. Siguen apareciendo un mundo sin sentido, una vida humana enigmática, y la búsqueda de algún ideal nostálgicamente anhelado. Pero ahora el vocabulario y las imágenes se concentran más; a menudo una imagen lleva a una idea, y de lo sensorial se pasa rápidamente a un tema universal. (En el poema 6, la muchacha de ojos verdes nos conduce al asunto de una belleza inalcanzable.) Gracias a esta concentración, el asunto emotivo nunca parece sentimental o intrascendente.

A diferencia de poemas anteriores, los de este libro se basan a menudo en una anécdota, a la que se refieren en detalle (números 7 y 8). A veces el episodio descrito se pone en boca de un protagonista bien específico (7). Pero los episodios siempre apuntan a un asunto de mayor alcance (el «soltero» del poema 7 apunta al sinsentido de la vida). A veces, actos cotidianos adquieren sugerencias simbólicas. El empleo de la anécdota le permite a Chumacero objetivizar mejor su visión, anclarla en lo concreto. Por otra parte, los episodios descritos se transforman mediante el lenguaje poético, creando lo que Octavio Paz ha denominado «liturgia de los misterios cotidianos». En su empleo de la realidad anecdótica la obra de Chumacero pudiera relacionarse con las de otros poetas recientes, aunque su manera de transformar lo anecdótico difiere mucho de la de Sabines, por ejemplo.

OBRA POÉTICA:

Páramo de sueños. México, Imprenta Universitaria. 1944.—Imágenes desterradas. México, Ed. Stylo, 1948.—Páramo de sueños seguido de Imágenes desterradas.

213

México, U. N. A. M., 1960. Es la segunda edición de ambos libros mencionados antes.—*Palabras en reposo*. México, Fondo de Cultura Económica, 1956. Segunda edición aumentada, 1965.

BIBLIOGRAFÍA:

RAFAEL DEL RÍO: *Poesía mexicana contemporánea*, Torreón, Revista Cauce, 1955, págs. 83-87.—JESÚS ARELLANO: «Poesía mexicana en 1956», *Metáfora*, núm. 14 (1957), págs. 10-16. [Reseña de *Palabras en reposo.]*—RAÚL LEIVA: *Imagen de la poesía mexicana contemporánea*. México, Imprenta Universitaria, 1959, págs. 261-270.—RAMÓN XIRAU: «Sobre la poesía de Alí Chumacero»„ *Universidad de México*, XV, número 5 (1961), págs. 30-31.—ENRIQUE ANDERSON IMBERT: *Historia de la literatura hispanoamericana*. México, Fondo de Cultura Económica, 1961, tomo 2, pág. 280.— ALFREDO ROGGIANO: [Reseña de *Páramo de sueños seguido de...] Revista Iberoamericana*, XXVIII, núm. 54 (1962), págs. 413-420.—RAMÓN XIRAU: *Poetas de México y España*. Madrid, Porrúa Turanzas, 1962, págs. 157-162.—RAMÓN XIRAU: «La poesía de Alí Chumacero». *Nivel*, núm. 48 (1966), págs. 1-2.

(1)

EN LA ORILLA DEL SILENCIO

Ahora que mis manos
apenas logran palpar dúctilente,
como llegando al mar de lo ignorado,
este suave misterio que me nace,
túnica y aire, cálida agonía,
en la arista más honda de la piel,
junto a mí mismo, dentro,
ahí donde no crece ni la noche,
donde la voz no alcanza a pronunciar
el nombre del misterio.

Ahora que a mis dedos
se adhiere temblorosa
la flor más pura del silencio,
inquebrantable muerte ya iniciada
en absoluto imperio de roca sin apoyo,
como un relámpago del sueño
dilatándose, cándido desplome
hacia el abismo unísono del miedo.

Ahora que en mi piel
un solo y único sollozo
germina lentamente, apagado,
con un silencio de cadáver insepulto
rodeado de lágrimas caídas,
de sábanas heladas y de negro,
que quisiera decir: «Aún existo».

Comienzo a descubrir cómo el misterio es uno
nadando mutilado
en el supremo aliento de mi sangre,
y desnudo se afina, agudiza su sombra
para cavar mi propia tumba
y decirme la fiel palabra
que sólo para mí conserva
escondida, cuidada rosa fresca:
«Eres más mío que mi sombra,
en tus huesos florezco
y nada hay que no me pertenezca
cuando a tientas persigo, destrozando tu piel
como el invierno frío de la daga,
el vaho más cernido de tu angustia
y el poro más callado de tu postrer silencio».

Entonces me saturo de mí mismo
porque el misterio no navega
ni crece desolado,
como germina bajo el aire el pájaro
que ha perdido el recuerdo del nido allá a lo lejos,
sino que es piel y sombra,
cansancio y sueño madurados,
fruta que por mis labios deja
el más alto sabor y el supremo silencio endurecido.

Y empiezo a comprender
cómo el misterio es uno con mi sueño,
cómo me abrasa en desolado abrazo,
incinerando voz y labios,
igual que piedra hundida entre las aguas
rodando incontenible en busca de la muerte,
y siento que ya el sueño navega en el misterio.

(Páramo de sueños)

2

AMOR ES MAR

Llegas, amor, cuando la vida ya nada me ofrecía
sino un duro sabor de lenta consunción
y un saberse dolor desamparado,
casi ceniza de tinieblas;
llega tu voz a destrozar la noche
y asciendes por mi cuerpo

como el cálido pulso hacia el latir postrero
de quien a solas sabe
que un abismo de duelo le sostiene.

Nada había sin ti,
ni un sueño transformado en vida,
ni la certeza que nos precipita
hasta el total saberse consumido;
sólo un pavor entre mi noche
levantando su voz de precipicio:
era una sombra que se destrozaba,
incierta en húmedas tinieblas
y engañosas palabras destruídas,
trocadas en blasfemias que a los ojos
ni luz ni sombra daban:
era el temor a ser sólo una lágrima.

Mas el mundo renace al encontrarte,
y la luz es de nuevo
ascendiendo hacia el aire
la tersa calidez de sus alientos
lentamente erigidos;
brotan de fuerza y cólera
y de un aroma suave como espuma,
tal un leve recuerdo
que de pronto se hiciera un muro de dureza
o manantial de sombra.

Y en ti mi corazón no tiene forma
ni es un círculo en paz con su tristeza,
sino un pequeño fuego,
el grito que florece en medio de los labios
y torna a ser al fin
un sencillo reflejo de tu cuerpo,
el cristal que a tu imagen desafía,
el sueño que en tu sombra se aniquila.

Olas de luz tu voz, tu aliento y tu mirada
en la dolida playa de mi cuerpo;
olas que en mí desnúdanse como alas,
hechas rumor de espuma, oscuridad, aroma tierno,
cuando al sentirme junto a tu desnudo
se ilumina la forma de mi cuerpo.

Un mar de sombra eres, y entre tu sal oscura
hay un mundo de luz amanecido.

JARDÍN DE CENIZA

Haber creído alguna vez
viendo la noche desplomarse al mundo
y una tristeza al corazón volcada,
y después ese cuerpo que oprimen nuestras manos:
la mujer que sonríe
y sobre el lecho se nos vuelve
cadáver mutilado en el recuerdo,
como mentira ínfima
o rosa desde siglos viviendo en el silencio.
Y, sin embargo, en ella nos perdemos,
muertos contra sus brazos, en su misterio mudos
tal una voz que nadie escucha,
frutos ya de cadáver de amor, petrificados;
su placer nos sostiene sobre un mentido mundo,
ahí nos consumimos continuando
en la vana tarea interminable,
y luego no creemos nada,
somos desolación o cruel recuerdo,
vacío que no encuentra mar ni forma,
rumor desvanecido en un duro lamento de ataúdes.

4

DIÁLOGO CON UN RETRATO

Surges, amarga, pensativa,
profunda tal un mar amurallado;
reposas como imagen hecha hielo
en el cristal que te aprisiona
y te adivino en duelo,
sostenida bajo un mortal cansancio
o bajo un sueño en sombra, congelada.
En vano te defiendes
cuando tus ojos alzas y me miras
a través de un desierto de ceniza,
porque en ti nada existe que delate
si por tu cuerpo corre luz
o un efluvio de rosas,
sino temor y sombra, la caída
de una ola transformada
en un simple rocío sobre el cuerpo.

217

Y es verdad: a pesar de ti desciendes
y no existe recuerdo que al mundo te devuelva,
ni quien escuche el lánguido sonar de tus latidos.
Eres como una imagen sin espejo
flotando prisionera de ti misma,
crecida en las tinieblas de una interminable noche,
y te deslíes en suspiros, en humedad y lágrimas
y en un soñar ternuras y silencio.
Sólo mi corazón te precipita
como el viento a la flor o a la mirada,
reduciéndote a voz aún no erigida,
disuelta entre la lengua y el deseo.
De allí has de brotar hecha ceniza,
hecha amargura y pensamiento,
creada nuevamente de tus ruinas,
de tu temor y espanto.
Y desde allí dirás que amor te crea,
que crece con terror de ejércitos luchando,
como un espejo donde el tiempo muere
convertido en estatua y en vacío.
Porque ¿quién eres tú sino la imagen
de todo lo que nutre mi silencio,
y mi temor de ser sólo una imagen?

5

ELEGÍA DEL MARINO

Los cuerpos se recuerdan en el tuyo:
su delicia, su amor o sufrimiento.
Si noche fuera amar, ya tu mirada
en incesante oscuridad me anega.
Pasan las sombras, voces que a mi oído
dijeron lo que ahora resucitas,
y en tus labios los nombres nuevamente
vuelven a ser memoria de otros nombres.
El otoño, la rosa y las violetas
nacen de ti, movidos por un viento
cuyo origen viniera de otros labios
aún entre los míos.
Un aire triste arrastra las imágenes
que de tu cuerpo surgen
como hálito de una sepultura:
mármol y resplandor casi desiertos,
olvidada su danza entre la noche.

Mas el tiempo disipa nuestras sombras,
y habré de ser el hombre sin retorno,
amante de un cadáver en la memoria vivo.
Entonces te hallaré de nuevo en otros cuerpos.

(Imágenes desterradas)

6

LOS OJOS VERDES

Solemnidad de tigre incierto, ahí en sus ojos
vaga la tentación y un náufrago
se duerme sobre jades pretéritos que aguardan
el día inesperado del asombro
en épocas holladas por las caballerías.

Ira del rostro, la violencia
es río que despeña en la quietud del valle,
azoro donde el tiempo se abandona
a una corriente análoga a lo inmóvil, bañada
en el reposo al repetir
la misma frase desde la sílaba primera.

Sólo el sonar bajo del agua insiste
con incesante brío, y el huracán acampa
en la demora, desterrado
que a la distancia deja un mundo de fatiga.

Si acaso comprendiéramos, epílogo
sería el pensamiento o música profana,
acorde que interrumpe ocios
como la uva aloja en vértigo el color
y la penumbra alienta a la mirada.

Vayamos con unción a la taberna donde
aroma el humo que precede,
bajemos al prostíbulo a olvidar esperando:
porque al fin contemplamos la belleza.

(Palabras en reposo)

7

Vacaciones del soltero

De la ciudad ascienden nubes, humo
en olas de perdón
sobre un ayer morado, emblema de los hombres
que al sobrio desertar del cigarrillo
a la oficina asisten,
ajenos a estos días perdidos en el campo.

Ojos de lince contra el lince, el cazador
salió de madrugada:
iba a caballo la violencia al monte
imaginando bestias, vides que la embriaguez
añoran, moribundo
asido a la obediencia de su origen.

Triste morir sin hijos, el espejo
sucumbe a olor de sílabas
y ayes infantiles que nadie agrió en la boca
aunque su luz mirábamos flotar
en desamparo: símbolos
del ser, puñales bajo inútil redención.

La mano al descender con la navaja ahuyenta
el mal del rostro, vence
edades y palabras y destruye
la huella sudorosa del alquilado amor:
oh, la mujer que al lado
está balanceándose en la hamaca.

Luego un paseo al río, a preparar
la noche y distraer
el sueño o la embriaguez latiendo entre las manos,
y al retorno escribir furtivamente
a quien espera lejos:
«El pueblo es sucio, en ti descansa la verdad».

Gracia que al pez evade y precipita en ciénaga,
mañana en la oficina
el campo y la mujer desertarán
del alma: el héroe encenderá su cigarrillo,
absorto en la sospecha
de no haber conocido el más allá.

8

PROSA DEL SOLITARIO

Tras el último sorbo a su café, se levantaba
en súbita marea o párpado
y un «Deséame suerte» precedía
su cotidiano ir hacia la calle.
Al despedirse, el paso amarillento
y el desvaído oler de su perfume
el aire removían, agitaban el humo
como ardiente mirada que perturba.
Después la habitación al orden sucumbía.

Yo miraba la oculta mudez de las alcobas
noche a noche habitadas,
sus oceánicos lechos oscilantes
al gozo de aquel cuerpo de vana arquitectura.
El oído sabía el germen de su luto
al presentir las frases masculinas,
murallas de fulgor y cementerio
irónico que simultáneamente,
mientras yo recorría la longitud del cuarto,
sobre el deleite echaban halos de pedernal,
aire podrido, máscaras humedecidas por el crimen.

La espera hacía recordar vigilias
y escenas polvorientas que encendieron
de pálida vejez
nuestro invisible amor avergonzado.
Del reposo ascendía oscura compasión
para atenuar conversaciones casi conyugales,
hacer propósitos de enmienda
y negarse a pedir auxilio frente a muebles
como tristeza o musgo y ceniceros ávidos.

En óleo del insulto la lengua se tornaba,
era manzana al fermentar, pisoteado
establo y voz que atravesó
por un atardecer como salón vacío.
Sólo un nublar de espadas, un afán
de indolencia y un dormir a la sombra del muro
sin esperanza daban al corazón el testimonio
de latir en la orilla del pecado.
Todo mi ser entonces perdonaba
el «Deséame suerte» en sus tranquilos labios
aún manchados por el sorbo último.

RUBEN BONIFAZ NUÑO

(Córdoba, Veracruz, 1923)

Aunque Bonifaz Nuño se recibe de abogado después de hacer sus estudios en la capital, nunca ejerce esta profesión y se dedica plenamente a las letras. Ha colaborado en muchísimas revistas, dirigido el programa de publicaciones de la Universidad, y enseñado clásicos en la Facultad de Filosofía y Letras; es actualmente coordinador de Humanidades de la Facultad. Bonifaz Nuño es también miembro de la Academia Mexicana. Sus amplios y profundos conocimientos literarios se reflejan marcadamente en su obra poética, tal vez la más importante de su generación.

Desde el principio, Bonifaz Nuño domina con perfección la forma poética. En Imágenes *los temas centrales, la soledad humana y la desintegración de la realidad en el tiempo se expresan en poemas de corte clásico y de economía verbal. (Nótese cómo el poema 1, un soneto, encarna en su forma y en una imagen cuidadosamente desarrollada el sentimiento de desolación.) En* Los demonios y los días *se nota un vocabulario más cotidiano; pero éste se maneja con precisión para producir efectos poéticos. La sintaxis y el ritmo cortado del poema 2 reproducen el estado de ánimo del hablante, mientras que las imágenes del 3 se acumulan para crear una atmósfera negativa que da paso, dramáticamente, a la revelación final. (El libro entero, igual que los que le siguen, tiene una organización unitaria.) Se subraya de nuevo la lucha del hombre contra fuerzas desintegradores, las cuales incluyen ahora la mecanización de nuestro mundo. El amor se destaca como una manera de sobreponerse a estos elementos destructivos.*

Tal visión del amor domina el libro El manto y la corona, *donde Bonifaz Nuño sigue manejando con destreza el ritmo y el vocabulario bastante común. El poema 4 parece una declaración, sin mucha adjetivación, sin imágenes complejas; pero el hablante forja cuadros sensoriales que evocan vívidamente su deseo imposible, y que hacen muy real su desesperado anhelo de salvarse del tiempo.*

En Fuego de pobres *se destaca más el horror de una vida que se desintegra, tema ya notado en* Imágenes *y en* Los demonios. *Los poemas son más extensos; las imágenes se encadenan y llegan a formar «visiones» que reflejan el tema (poema 5). La confusión del mundo se recrea mediante efectos de sonido, mediante encabalgamientos, mediante el tono. Sigue la lucha entre esta confusión y el deseo del hombre de sobreponérsele por el amor y la poesía. (Compárense los poemas 5 y 6, notando cómo el contraste de actitud se refleja en un contraste de tono.) A pesar de los cambios de forma y de enfoque evidentes en la poesía de Bonifaz Nuño, deben destacarse las constantes de su obra: la tensión entre una realidad destructora y el anhelo del hombre, y el empleo preciso de vocablos y formas para expresar esta tensión.*

En Siete de espadas *y* El ala del tigre *se nota la presencia de formas más ceñidas y de una expresión más densa. Los poemas se organizan con mayor exactitud geométrica (ver la estructura del 10). Experiencias fundamentales surgen a base de una sola imagen (poemas 10 y 11), recordando la concentración de los primeros libros del poeta pero añadiendo una mayor riqueza de alusión y de efecto sensorial. En* El ala del tigre *notamos más alusiones clásicas, en* Siete de espadas *se sienten también ecos indígenas. El poeta se vale de una variedad de ritmos y formas estróficas regulares. La temática de estos libros continúa la de los anteriores: se recoge la tensión entre fuerzas positivas y negativas, entre la vitalidad y la muerte. Pero lo que define el valor y la originalidad de esta poesía no son los temas en sí, sino su expresión en un lenguaje rico y concentrado, en el que cada palabra y cada acento cuenta. Esto se deja sentir aún más en* La flama en el espejo, *donde una figura, una amada poetizada, encarna el anhelo del hombre y del poeta de elevarse a una visión trascendente.*

OBRA POÉTICA:

La muerte del ángel. México, Ed. Firmamento, 1945.—*Poética.* México, Los Presentes, 1951.—*Ofrecimiento romántico.* México, Los Epígrafes, 1951.—*Imágenes.* México, Fondo de Cultura Económica, 1953. Incluye también los dos anteriores.—*Los demonios y los días.* México, Fondo de Cultura Económica, 1956.—*El manto y la corona.* México, Imprenta Universitaria, 1958.—*Fuego de pobres.* México, Fondo de Cultura Económica, 1961.—*Siete de espadas.* México, Joaquín Mortiz, 1966.—*El ala del tigre.* México, Fondo de Cultura Económica, 1969.—*La flama en el espejo.* México, Fondo de Cultura Económica, 1971.

BIBLIOGRAFÍA:

RAÚL LEIVA: *Imagen de la poesía mexicana contemporánea.* México, Imprenta Universitaria, 1959, págs. 301-311.—ERNESTO MEJÍA SÁNCHEZ: «*El manto y la corona,* ¿poesía prosaica?», *Universidad de México,* XIII, núm. 5 (1959), págs. 29-30.—JOSÉ EMILIO PACHECO: [Reseña de *Fuego de pobres.*] *México en la Cultura,* núm. 650, 27 agosto 1961, págs. 4 y 8.—RAMÓN XIRAU: *Poetas de México y España.* Madrid, Porrúa Turanzas, 1962, págs. 170-174.—HENRIQUE GONZÁLEZ CASANOVA: «Rubén Bonifaz Nuño», *La Cultura en México,* núm. 77, 7 agosto 1963, págs. 5-7.—«Hablan del admirable libro de Rubén Bonifaz Nuño, *Siete de espadas*», *La Cultura en México,* número 221, 11 mayo 1966, págs. 2-5.—HÉCTOR VALDÉS: «Catulo, Virgilio, Bonifaz Nuño», *La Cultura en México,* núm. 393, 20 agosto 1969, pág. 12.—RAÚL LEIVA: «La poesía de Rubén Bonifaz Nuño», *Cuadernos Americanos,* CLXXIV, núm. 1 (1971), páginas 165-186, y CLXXV, núm. 2 (1971), págs. 167-183.

Feb 26 : 2, 3, 5, 12

1

GEORGETTE

Se alza tu pensamiento en desamparo
y sobre el mar se fija y se consuma:
sobre la verde furia de la espuma
en sí mismo su fuente y su reparo.

Gime desconocido y grande y claro
tu corazón. Y el ansia que te abruma
a viento y luz y sombra y mar se suma
y enciende tu dolor. Torre de faro.

A veces, en la noche, entre la niebla,
un barco altera el horizonte, y sientes
una angosta y precaria compañía.

Y arde la soledad, y se te puebla
de imágenes perdidas, y de ausentes
horas, y de piedad sin alegría.

(Imágenes)

Así he recordado de sueño —brazos—;
dulcemente —piernas, desolada
vida vegetal; y los pulmones
y el aliento cálido—.
                    Desconozco.
No sé de quién son estas sábanas
ni a qué calle miran estas paredes.

Mitad de la noche. Terror. Distancia.
La cama, y el perro que ahora late
no sé donde. Adentro de mí. Seguro.

Y pude sentirlo; estuve, he querido;
columbré los pasos de la gente,
hirientes, menudos, humildes;
escuché pesados vuelos y moscas;
y olí deshacerse, y toqué, las ruinas
huecas de los ángeles, desflecadas
igual que lechugas sin cogollo.

(Los demonios y los días)

3

Entre sordas piedras herrumbrosas,
gargantas y dientes y nudos, y altos
círculos de pájaros y de viento.

Donde el mar, gimiendo, llega turbio
a colgar de hilachos viejos, de espuma,
de cosas abiertas, despedazadas:

de caparazones de cangrejos
que a pausas se rompen y se vacían,
de peces que lentamente se pudren.

En donde un olor confuso y tibio
se mece en el aire espeso, descansa,
y sube de nuevo y flota y revive,

vine a recordarte. Y de tus ojos
algo que no tuve llegó a mis ojos.

224

4

Amiga a la que amo: no envejezcas.
Que se detenga el tiempo sin tocarte;
que no te quite el manto
de la perfecta juventud. Inmóvil
junto a tu cuerpo de muchacha dulce
quede, al hallarte, el tiempo.

Si tu hermosura ha sido
la llave del amor, si tu hermosura
con el amor me ha dado
la certidumbre de la dicha,
la compañía sin dolor, el vuelo,
guárdate hermosa, joven siempre.

No quiero ni pensar lo que tendría
de soledad mi corazón necesitado,
si la vejez dañina, perjuiciosa
cargara en ti la mano,
y mordiera tu piel, desvencijara
tus dientes, y la música
que mueves, al moverte, deshiciera.

Guárdame siempre en la delicia
de tus dientes parejos, de tus ojos,
de tus olores buenos,
de tus abrazos que me enseñas
cuando a solas conmigo te has quedado
desnuda toda, en sombras,
sin más luz que la tuya,
porque tu cuerpo alumbra cuando amas,
más tierna tú que las pequeñas flores
con que te adorno a veces.

Guárdame en la alegría de mirarte
ir y venir en ritmo, caminando
y, al caminar, meciéndote
como si regresaras de la llave del agua
llevando un cántaro en el hombro.

Y cuando me haga viejo,
y engorde y quede calvo, no te apiades
de mis ojos hinchados, de mis dientes
postizos, de las canas que me salgan
por la nariz. Aléjame,

no te apiades, destiérrame, te pido;
hermosa entonces, joven como ahora,
no me ames; recuérdame
tal como fui al cantarte, cuando era
yo tu voz y tu escudo,
y estabas sola, y te sirvió mi mano.

(El manto y la corona)

5

Hay noches en que tiemblan
—agua ciega, inestable— las paredes
de las casas. Cerradas noches
de la sangre en vigilia, de taladros
minuciosos de ascendente lumbre
torcida en caracol y sin descanso.

Las noches de esos días en que pájaros
que en invierno comen de la mano,
se quiebran combatiendo
su alambrada prisión; feroces, húmedos
en la cáscara ardiente de su oscuro
cuerpecillo insaciado.

Hay noches iracundas; hay las noches
en que esos mismos pájaros,
dormidos ya, vivos de muerte, cantan.

Y el canto yérguese, anhelando
como rabia de víbora; se yergue
con las fauces rabiosas muy arriba;
desjaulado, oscilante, estremeciendo
su marea de víboras; hinchando
una sonora nube emponzoñada;
rajando la panza de la nube,
y se deja rodar inquebrantable
como un sol giratorio, como lluvia
circular de relámpagos,
y sacude por dentro, hasta que gimen,
trajes, rincones últimos, vidrieras.

Hay las noches voraces en que el año
se viene encima con la furia
de su pesada primavera, en llamas
de sudor polvoriento;

226

cuando los perros encogidos abren
oculares violetas,
y el chillar de los gatos, prolongándose,
pone, en un vuelco, el corazón de punta.
Y las gentes.
                    (¿Adónde, desde cuándo,
en dónde estás, qué luz, qué está muriendo?)

Hay las noches de las casas inermes,
en que no queda cerradura entera
ni puerta de ladrón a salvo.

Y la sangre y la sombra, con el canto
incontenible del dormido
y la oreja tendida del insomne.

Donde rezuma la presencia
de un rumor de rameras que en hoteles
involuntariamente gozan;
de entrelazadas piernas en calientes
cuartos de vecindad; de gritos
que en hospitales libran condenados
a muerte con dolor; de calabozos
que sigilan hombres que se tocan;
de sábanas suicidas.

(Fuego de pobres)

6

Pues tal vez; quién dijera.
Si estuviera a las vueltas, atmosférico.

Si fuera todo; si el descubrimiento
de América y las islas
fuera cuestión de abrir de par en par
nuestras ventanas carabelas
para encontrarla allí, como en un libro
de la escuela primaria.

Limpia y acicalada, con sus indias
de perlas, con sus indios fumadores
en salones de concha y de palmeras.

Si está girando en torno.
Fuera, quizá, bastante con pensarlo.

227

Si por eso, de golpe, se me acusa
la comezón imperativa
de escribir un poema
de amor; precisamente ahora
que a nadie estoy amando; ahora,
cuando nadie me ama,
y poder hablar de la extranjera
sólida, cálida y concreta,
prefabricada para mi costado,
y que no me recuerda, y se avecina
plena de sales y de azúcares
y de presagios indudables.

Surge, alma mía, de las cosas amargas,
y algo más alto canta, y más alegre.
Endomíngate, alma, en esta hora.

Y pues una botella y su mensaje
náufrago entre las olas justifican
la existencia del mar, ¿de qué afligirte,
si hay tanto barco y tanto tren viajando
y tantas cartas en el pico
de tanta golondrina, y en el aire
—rayas y puntos— tanto telegrama?

Precisamente ahora,
quiero cantar de aquella usted que de repente,
sin saber qué ni cómo,
habrá de ser mi igual irremisible
al llamarme de tú.
                    —Y era bastante,
pensaré, con pensarlo.

Si era cosa de abrir una ventana;
si el mundo gira en torno.

Estoy hablando solo cuando escribo.
A como soy, ajusto y mido y borro.

Pero a la hora en que me leas
sabrás que cuando hablaba era contigo.
Y que no era yo solo.

7

Concha, ruina del mar, bajel varado;
despojo y escena de la sombra
de una furia remota. Y en tu oreja,
sonando, la espiral de su ponzoña

noches de viaje incuba, lenguas
de olor salobre, entrañas sublabiales
de rojas islas entreabiertas.

(Siete de espadas.)

8

Yo no recuerdo el mar. Acaso
el pulso entredormido, las encías
puras de arena y cal: humildes
síntomas de una cólera fastuosa
que llega a descansar. Apenas,
hombre de tierra adentro, yo imagino
la noche en escombros y en derrumbes.

9

El mediodía descargó sus redes
sobre la luz; el humo agobia,
con el azufre y la pescadería
del olor que amo, y en las calles
suda el ruido su calor de humano.
Ciudad, cráter de polvo, tolvanera
primaveral del valle, casa mía.

10

Vestida de plata, simplemente,
vuelves, y de bodas y campanas.
El alba suena, y el sonido
alumbra el camino afortunado.
Ceñida y desnuda, silenciosa
de lámparas —viva— mi alegría.

Y pasan gentes, gozos; limpia
semilla del fuego, resguardada
por cenizas lívidas. Y en sueños
despierta el sueño del dormido.

Campanas doblando, ofrendas; paños
negros, y llagas de murmullos
sobre el silencio traicionado.
Suena la noche, y el camino
va en hombros —de espaldas— desdichado.
Vestida de oro, irrecobrable
de lámparas —muerta— mi alegría.

(El ala del tigre.)

11

Oleaje manso de las cosas
susceptibles a la tristeza.
Trabajo humilde que madura
la mazorca azul de las entrañas.
Moscas de camposanto pobre
sobre flores mustias de noviembre.

En las oficinas, en las calles,
se opaca el amor, o se siembra
hasta la rodilla en el asfalto.
Vida de alquiler en las esquinas
quema otra vez la primavera,
y ceniza y polvo entre los dientes.

Desconocido amor, sembrada
semilla de muerte melancólica,
entre absurdas simientes nace.
Recámara ardiente, compartida
por cansados huéspedes. Ternura
apacentada en mustias flores.

12

Más allá del halo de las llamas
blanquísimas con que se viste;
a la orilla —lejos— de las llamas,
asombradas águilas sangrientas
giran gritando, se detienen
gemidos de tigres aterrados.

Blanca del fuego; del sol, blanca.
Llama de la llama, sostenida
—eterna— por su ardor inmóvil.
Arca solar que vuelve humilde
a quien pueda mirarla; torre
de la fuerza, lumbre coronada.

Qué traslaciones de montañas,
qué detención de ríos, cuáles
cielos despeñados derrumbándose
guarda el silencio de su mano.

Al borde de su voz, qué pueblos
esperan tan sólo que los nombre

para nacer; qué espigas grávidas,
qué graves racimos se reúnen
aguardando, en su palabra, el alba
que en carne y en sangre los alumbre.

En torno a la luz, temen y esperan
los múltiples gérmenes sombríos.

Ella, la intocada, se sonríe
a solas, desnuda y resguardada
por su poder tranquilo, en medio
del templo radiante incorruptible.
Y mira y sabe, y edifica.

(La flama en el espejo.)

JAIME GARCIA TERRES

(México, 1924)

Después de terminar la carrera de abogado en México, hizo estudios de estética y de filosofía medieval en Francia. Ha sido Subdirector del Instituto Nacional de Bellas Artes, Director de Difusión Cultural de la Universidad Nacional, y Embajador de México en Grecia. Actualmente es Subdirector del Fondo de Cultura Económica.

La poesía de García Terrés descubre valores íntimos en escenas cotidianas; trata a menudo el tema de los recuerdos, los efectos del pasar del tiempo, el proceso poético como manera de captar significados. Evita siempre un derroche de imágenes o el empleo de complicados recursos verbales (los críticos han hablado de su «sobriedad» y su «mesura»). En cambio imparte un profundo valor poético a elementos ordinarios. García Terrés suele enfocar una escena común, modificarla por medio de imágenes, y así extender su alcance; nótese cómo en el poema 1 el encuentro en la calle capta el horror de las vidas agobiadas. Los episodios particulares trascienden su significado literal y evocan problemas o situaciones esenciales. En los poemas 5 y 6 el hablante parece narrar hechos, pero en efecto revela actitudes ante la vida. En el poema 9 detalles físicos encarnan una actitud fundamental ante el muerto. A veces, como por ejemplo en el poema 10, una perspectiva inusitada sirve para acentuar una tragedia esencial: el hacer que un muerto se enfrente con problemas cotidianos subraya, sin exagerar el tono, la terrible tragedia de la muerte. La selección cuidadosa de vocablos relaciona el plano concreto con el tema más amplio que se evoca. Y el empleo de un punto de vista y un tono quietos permite a García Terrés evitar toda retórica, sugiriendo el impacto de su tema en vez de declararlo en voz alta. Allí reside, a mi modo de ver, el poder de poemas como el 1, el 9, el 10 y el 11.

El empleo del tono y de la realidad ordinaria por parte de García Terrés recuerda la poesía española de la misma época, y en particular la de Claudio Rodríguez. Igual que éste, García Terrés encuentra las posibilidades metafóricas de la vida anecdótica y del lenguaje cotidiano, y se vale de ellas para forjar experiencias de gran impacto. A pesar de su aparente sencillez, esta poesía nunca se limita a una descripción intrascendente o a un mensaje simplista.

García Terrés maneja su forma con gran sentido artístico (en el poema 2, los adjetivos y las imágenes captan el contraste entre la riqueza natural y las limitaciones del «hermano menor»). Emplea un tono más uniforme y menos dramático que el de Sabines, y depende más de la imagen y la sugerencia. Pero se vale del encabalgamiento, de la cesura y del desarrollo rítmico para guiar la experiencia del lector. Nótese cómo en el poema 3 estos recursos y el arreglo tipográfico producen un sentido de disolución al final, y cómo en el 4 los encabalgamientos y las cesuras definen la trayectoria del protagonista —primero la ilusión que desarrolla y luego la posible pérdida con la que se enfrenta. En general, la poesía de García Terrés representa muy bien la tendencia de captar artísticamente significados esenciales partiendo de la realidad circundante.

Obra poética:

El hermano menor. México, Los Presentes, 1953.—*Correo nocturno*. México, Talleres Tipográficos REM, 1954.—*Las provincias del aire*. México, Fondo de Cultura Económica, 1956. Recoge también los dos libros anteriores.—*La fuente oscura*. Bogotá, Ediciones de la Revista Mito, 1961.—*Los reinos combatientes*. México, Fondo de Cultura Económica, 1961. Incluye el libro anterior.—*Grecia 60. Poesía y verdad.* México, Ediciones Era, 1962.—*Todo lo más por decir.* México, Joaquín Mortiz, 1971.

BIBLIOGRAFÍA:

JESÚS ARELLANO: «Las ventas de Don Quijote», *Nivel,* núm. 41 (1962), págs. 3-4. RAMÓN XIRAU: *Poetas de México y España.* Madrid, Porrúa Turanzas, 1962, páginas 174-178.—FRANK H. WARDLAW: «Jaime García Terrés y la lista negra», *La Cultura en México,* núm. 154 (enero 1965), págs. XIV-XV.—CARLOS MONSIVÁIS: *La poesía mexicana del siglo XX* [antología]. México, Empresas Editoriales, S. A., 1966, página 65.—DAVID HUERTA: «García Terrés: inteligencia y pasión», *La Cultura en México,* núm. 514, 15 diciembre 1971, pág. 11.—MANUEL DURÁN: «Música en sordina: tres poetas mexicanos, Bonifaz Nuño, García Terrés, Aridjis», *Plural,* núm. 8 (1972), págs. 29-31.—JOSÉ LORENZO: «Jaime García Terrés: la búsqueda de la iluminación», *Vida Literaria,* núm. 24 (1972), págs. 25-27.

1

LA CALLE

Se encontraron en una calle oscura
—un estrecho pasaje sin farolas—,
tan humildes, tan llenos de amargura,
que parecían dos pequeñas olas
compartiendo la súbita negrura
de un olvidado mar. Las sombras solas
los vieron cavilar penosamente,
decirse adiós, y continuar de frente.

(Las provincias del aire.)

2

EL HERMANO MENOR

Era un pobre fruto
caído de tu mano débilmente.
El más humilde
entre todas las estrellas olvidadas.
El más opaco.
No tenía, por ejemplo,
la especial redondez de la naranja
ni el profundo sabor de la manzana.
Su delgada presencia no escondía
cálidas tempestades
ni cercanas promesas de árboles frondosos.

233

Sus frágiles muros
apresaban apenas invisibles caminos,
esquivos como el aire del alba,
y vagas semillas y un poco
de rocío. Y de su centro
manaba un silencio tan dócil,
tan pequeño, que cabía sin esfuerzo
en el hueco de un ala de pájaro.
Era, en suma, pobre,
tranquilo. Todo en él relucía
cotidiana penumbra.
Era sólo
el hermano menor de tu mirada,
la sombra de tu sombra.
Casi nada.

3

Destiempo

Algo se recuerda de los años
más íntimos, cuando la pluma
—entre diversos tumbos—
fija la cosecha del día. Cada

frase dibujada apenas rescata
ya brumosos orígenes; la tinta
es el espejo
donde resucitan las memorias
esquivas: una máscara

de puñales marchitos, y derrama
negros puentes de labios sobre el tiempo.

Ayer, ahora. No sabríamos
decantar el arribo,
dividirlo
en dos mitades bruscas.
Todo hierve con una
               misma lenta privanza.

Es
vasallaje común del pensamiento.

4

UNA PALABRA MÁS

Esa palabra
yo la diría con los ojos cerrados.
Hundido en las últimas sombras.
Quieto
como una ola maravillosamente
suspendida.

Los muros del paisaje
se cubrirían de hiedra. El aire
tendría espejos dentados
y amorosos.

Todo callaría después de escucharla.
Y ante el silencio grave de las cosas
yo sentiría que mil ojos
me estarían hiriendo
y que muchos millones de cuerpos
        y cuerpos y cuerpos
me estarían tocando.

La diría como digo
el nombre de mi casa.
Con la misma tristeza
peculiar. Con la misma
exacta mansedumbre.
Y el eco, en otros mundos,
dispensaría sus sílabas
en una causa infinita de menudas estrellas.

La diría. Pero temo
perderla. Esa palabra es
mi única fortuna. Mi solo sustento.
Nada me quedaría una vez que mis labios
hubiesen liberado sus voces de plata.
Nada
que no fuera una ausencia de terribles contornos,
y la tenue fatiga del olvido que aguarda.
y un rastro de canciones
deshechas por el tiempo.

⑤

IDILIO

Adolezco de fútiles cariños
unos con otros ayuntados.
Bebo no sin ternura mi taza de café. Conservo
retratos azarosos y animales domésticos.
Me absorben los rumores en la calle,
los muros blancos al amanecer,
la lluvia, los jardines públicos.
Mapas antiguos, mapas nuevos, llenan mi casa.
La música más frívola complace mis oídos.
Innumerables, leves,
como la cabellera de los astros,
giran en torno a mi destino minucias y misterios:
Red que la vida me lanza;
piélago seductor entre cuyo paisaje voy sembrándome.

(Los reinos combatientes.)

6

JARCIA

Acomodo mis penas como puedo, porque voy de prisa.
Las pongo en mis bolsillos o las escondo tontamente
debajo de la piel y adentro de los huesos;
algunas, unas cuantas
quedan desparramadas en la sangre,
súbitas furias al garete, coloradas.
Todo por no tener un sitio para cada cosa;
todo por azuzar los vagos íjares del tiempo
con espuelas que no saben de calmas ni respiros.

⑦

SOBRE LOS MUERTOS

¡Qué sé yo de los muertos!
        ...están aquí, se sientan a mi mesa,
compartimos la sopa, conversamos
entre viejos aromas; los escucho, los veo,
presenciamos el mismo crepúsculo;
                        mas ellos

236

tienen sin duda penas que no dicen;
acaban yéndose, moviendo la cabeza.

En sus gestos escuálidos me busco;
me lastima su llanto vegetal,
      menguada ceremonia;
mi vida toda clama pronta venganza de sus párpados.
Y sin embargo,

        no, no los comprendo.
Semejante pudor aturde mi sentido.
Tanta derrota fría desparrama
semillas de distancia.

Están aquí: someras alusiones al tedio,
a los maderos apagados en la chimenea.
Reproches al vigor
que danza frescas travesuras
y sacude borracho la preñez dormida.

8

UN PÓRTICO

Todos vamos al centro de la pira,
pero no con iguales andaduras:
unos van más aprisa porque saben
el atajo seguro y no lo dicen;
muchos describen círculos helados
antes de sospechar otro destino;
tampoco faltan los enamorados
entusiastas del sólido minuto,
que niegan la corriente por el prado
sin advertir jamás el remolino
dador de claridades ni la fuente
abisal del paisaje verdadero.
La cauda somos de cometas parcos
en descifrar su propia correría;
las migajas de lumbre que nos besan
esquivan la menor de las miradas
y se deshacen al primer asedio;
marchamos apilando noches, nieblas,
piedras opacas en la luenga ruta,
traidoras llagas en la carne viva,
señuelos y fastidio: tanto monta
decir que zozobramos en blanduras

enmascaradas por el mismo sol
impasible que luego las devora.
Anegados estamos en la nada,
huérfanos de calor al pie del fuego,
inventando cabriolas, desgarrándonos
por el dudoso gusto de matar
el tiempo que se burla de nosotros.
Con todo las parábolas no bastan
a sosegar el cuerpo ni la mente:
siguen doliendo las heridas, sigue
dando rabia la sorna del verdugo
y angustia la raíz mortal del sueño.
¿Cómo lograr que bajen a la tierra
los vapores flamígeros hurtados
por altos demiurgos pendencieros?
¿Cómo fincar en esta lucha nuestra
la suave combustión que nos realza?
Dionisio Solomós, poeta griego
del siglo XIX, guerrillero
virtual entre los suyos, y filósofo,
se murió pergeñando soluciones:
terribles heroísmos y renuncias;
y tras él o delante llueven cien
políticas diversas: el soslayo
quietista de las cosas temporales,
o la antípoda praxis del apóstol [50]
con la mirada puesta en un futuro
que liquide vergüenzas mercenarias
y permita bullir a nuestros hijos
en medio del paisaje depurado;
la música floral que se propone
reproducir en voz plebiscitaria
la partitura directriz del cosmos;
o bien el zafarrancho voluptuoso
que lustra la pasión al consumarla.
Y sin embargo, del plural camino
el hombre no mejora, tiene miedo,
lamentable se opone a su milenio,
prefiere su vejez atormentada,
su consuelo ficticio, sus enjuages,
desoyendo los coros que lo empujan
a cada vez mayores aventuras.
Yo soy un fatalista, no me quejo
(por mi cuenta de poco serviría),
pero a mi alrededor navegan almas

---

[50] *praxis*: labor, práctica.

enterradas en vida malamente:
podrían intentar una salida
mientras llega la hora principal;
quitarse de malditas confusiones,
descubrir cuando menos la mitad.
Con tales cabizbajos a la vista,
sin ambages, en búsqueda batiente,
me pronuncio por ellos y por todos.

(Todo lo más por decir)

9

(De «FUNERALES»)

Lo perdimos de vista,
y al final encontramos
tras de mucho buscar y trajinar, sólo sus restos
cual si lo hubieran devorado
insectos energúmenos.
Bien lo reconocimos por un diente quebrado,
por una cicatriz que le llegaba al hueso,
por la noche y el día cuyas puertas
se abrían en su calavera.
Luego miramos a otro lado,
pensando, madurando frases
con que romper el público silencio.
«Era todo un señor», alguno dijo
sin convicción bastante.
Mentamos a la viuda y a los hijos, en fin
qué triste cosa.

10

(De «FUNERALES»)

Pides que me levante. No podré.
Tengo las manos y los pies raídos
y un féretro de pino por encierro.
Lo sé, lo sé, las puertas de la casa
ya no sirven, igual que las ventanas;
es preciso pintar los cuatro muros,
cortar la yerba que se arremolina;
hace falta dinero para todo.
Y sé también que mi mujer me llama
cuando gimen los huérfanos o no se portan bien.
Pero se me han podrido las pupilas, los dedos,
vastas porciones de mi cuerpo, y pronto

perderé lo demás.
Mejor harías si dijeras
a los parientes más cercanos
que me sueñen, me traigan en su sangre
y rieguen el ciprés que estás mirando,
una vez por semana cuando menos.
Tarde o temprano, necesariamente
vendrá la primavera;
querré sentirlo, cómo crece, cómo
van sus raíces absorbiendo muertes
para ayudarme a renacer un día
entre nuevos retoños y perfumes,
desnudo de mi carne y de mis huesos.

11

Estamos condenados
a contar con los dedos todas las punzaduras
aunque no nos alcancen ambas manos;
a comer a mordiscos el pan nuestro;
a respirar el universo
        por módicas entregas,
            bajo pena de mala digestión;
a curarnos las llagas con saliva,
la guerra con migajas de la paz;
a morir esperando cada lunes
el arribo del martes
                y luego lo demás.

Pues bien, esa condena no caduca
en los enclaves de la poesía.
El papel y la pluma nos infligen
cotos inexorables, guardarrayas
a la conversación,
y la vida se cuela por fatales rendijas
hasta los trancahilos del poema.
                        Tan sólo
podremos conjurar algún fantasma
de vez en cuando,
                    balbucir la cábala
que restituya su calor,
                    muy callandito,
a nuestro lecho de los lunes
para soñar una semana verde,
en ascuas de tan limpios tornasoles
como las mocedades increadas
del amor.

JAIME SABINES

(Tuxtla Gutiérrez, Chiapas, 1925)

Después de pasar unos años en México estudiando humanidades, Sabines volvió a su estado natal, donde trabajó en actividades comerciales (muchos de sus poemas crean la atmósfera de un ambiente de provincia). En 1964-65 fue becario del Centro Mexicano de Escritores. Actualmente desempeña un cargo comercial en México.

La poesía de Sabines tiene un fondo de angustia neorromántica. La soledad del hombre moderno, perdido en un mundo mecánico y en una vida de rutinas agobiantes; las limitaciones que el tiempo y la muerte nos imponen; el deseo de la trascendencia por medio del amor y el desafío a las limitaciones de la vida —éstos son los temas que van apareciendo a lo largo de esta obra. El valor de la obra, sin embargo, radica en su manera de emplear con originalidad un lenguaje ordinario y cotidiano, evitando el lugar común y el sentimentalismo. Sabines maneja cuidadosamente el tono: a veces modifica una escena violenta con un apunte irónico, haciéndonos sentir que el hablante percibe sus limitaciones e intensificando su tragedia para nosotros (poemas 2 y 10). Otras veces desarrolla una actitud ambigua, captando la esencia paradójica de su asunto (la mezcla del idealismo y de las limitaciones de «los amorosos», poema 4). Mediante cambios de ritmo y de sintaxis, el poeta evoca todo un mundo de sensaciones aun antes de revelar su tema (poema 8), o crea diversas actitudes ante la realidad que describe y nos hace sentir las diversas facetas de su intrascendencia (2 y 10). Escoge objetos de la vida moderna y vocablos ordinarios para evitar la vaguedad y hacer resaltar con precisión la experiencia (poema 6) o para crear el ambiente de una existencia mecánica. Selecciona detalles anecdóticos o visuales que adquieren el valor de imágenes: nótese cómo los enamorados pegados a la pared como calcomanías captan la atmósfera de la ciudad en el poema 10. Estas características ya se dejan ver en Horal, y se subrayan en los libros posteriores; la visión del mundo sigue encarnándose más y más objetivamente con el desarrollo de la obra.

Todos los recursos que he comentado le permiten a Sabines valerse de escenas cotidianas y de un lenguaje al parecer directo para captar visiones complejas, paradójicas, esenciales. Sin caer en un simbolismo fácil o en mensajes conceptuales, encuentra en la realidad que le rodea la representación de asuntos fundamentales. El poema 5 parece sólo una viñeta: pero su vocabulario, sus detalles y su ritmo evocan un ambiente prosaico y desagradable y sugieren las limitaciones del mundo descrito. La obra de Sabines ejemplifica muy bien la posibilidad de emplear el lenguaje ordinario con destreza y flexibilidad para crear poesía de primer orden. (Pudiera relacionarse, en esto, con la de José Hierro o la de Angel González.)

OBRA POÉTICA:

Horal. Tuxtla Gutiérrez, Departamento de Prensa y Turismo, 1950.—*La señal.* México, Talleres de la Impresora Económica, 1951.—*Tarumba.* México, Colección Metáfora, 1956.—*Diario semanario y poemas en prosa.* Xalapa, Universidad Veracruzana, 1961.—*Recuento de poemas.* México, U. N. A. M., 1962. Contiene los libros anteriores y otros poemas.—*Yuria.* México, Joaquín Mortiz, 1967.—*Maltiempo.* México, Joaquín Mortiz, 1972.

BIBLIOGRAFÍA:

RAÚL LEIVA: *Imagen de la poesía mexicana contemporánea*. México, Imprenta Universitaria, 1959, págs. 343-352.—JESÚS ARELLANO: «Raíces poéticas de Jaime Sabines», *Nivel*, núm. 33 (1961), págs. 1 y 6.—RAMÓN XIRAU: *Poetas de México y España*. Madrid, Porrúa Turanzas, 1962, págs. 184-187.—FRANCISCO MONTERDE: [Reseña de *Recuento de poemas*] *Anuario de Letras* [México], año III (1963), págs. 347-349. CÉSAR LÓPEZ: «El mundo poético de Jaime Sabines», *Casa de las Américas* [La Habana], núm. 30 (1965), págs. 88-89.—JOMI GARCÍA ASCOT: «Sobre Jaime Sabines», *Revista de la Universidad de México*, XX, núm. 7 (1966), págs. 9-11.—OCTAVIO PAZ: *Poesía en movimiento; México 1915-1966* [antología]. México, Siglo Veintiuno Editores, 1966, págs. 21 y 164.—MANUEL DURÁN: «Jaime Sabines and Marco Antonio Montes de Oca: a study in contrasts», *Mundus Artium* [Ohio University], III, número 11 (1970), págs. 44-55.—DAVID HUERTA: «A la altura del maltiempo», *La Cultura en México*, núm. 558, 18 octubre 1972, pág. 12.

1

SOMBRA, NO SÉ, LA SOMBRA...

Sombra, no sé, la sombra
herida que me habita,
el eco.
(Soy el eco del grito que sería.)
Estatua de la luz hecha pedazos,
desmoronada en mí;
en mí la mía,
la soledad que invade paso a paso
mi voz, y lo que quiero, y lo que haría.
Este que soy a veces,
sangre distinta,
misterio ajeno dentro de mi vida.
Este que fui, prestado
a la eternidad,
cuando nací moría.
Surgió, surgí dentro del sol
al efímero viento
en que amanece el día.
Hombre. No sé. Sombra de Dios
perdida.
Sobre el tiempo, sin Dios,
sombra, su sombra todavía.
Ciega, sin ojos, ciega,
—no busca a nadie,
espera—
camina.

(Horal)

2

YO NO LO SÉ DE CIERTO...

Yo no lo sé de cierto, pero supongo
que una mujer y un hombre
algún día se quieren,
se van quedando solos poco a poco,
algo en su corazón les dice que están solos,
solos sobre la tierra se penetran,
se van matando el uno al otro.

Todo se hace en silencio. Como
se hace la luz dentro del ojo.
El amor une cuerpos.
En silencio se van llenando el uno al otro.

Cualquier día despiertan, sobre brazos;
piensan entonces que lo saben todo.
Se ven desnudos y lo saben todo.

(Yo no lo sé de cierto. Lo supongo.)

3

ENTRESUELO

Un ropero, un espejo, una silla,
ninguna estrella, mi cuarto, una ventana,
la noche como siempre, y yo sin hambre,
con un chicle y un sueño, una esperanza.
Hay muchos hombres fuera, en todas partes,
y más allá la niebla, la mañana.
Hay árboles helados, tierra seca,
peces fijos idénticos al agua,
nidos durmiendo bajo tibias palomas.
Aquí, no hay una mujer. Me falta.
Mi corazón desde hace días quiere hincarse
bajo alguna caricia, una palabra.
Es áspera la noche. Contra muros, la sombra
lenta como los muertos, se arrastra.
Esa mujer y yo estuvimos pegados con agua.
Su piel sobre mis huesos
y mis ojos dentro de su mirada.
Nos hemos muerto muchas veces
al pie del alba.

Recuerdo que recuerdo su nombre,
sus labios, su transparente falda.
Tiene los pechos dulces, y de un lugar
a otro de su cuerpo hay una gran distancia:
de pezón a pezón cien labios y una hora,
de pupila a pupila un corazón, dos lágrimas.
Yo la quiero hasta el fondo de todos los abismos,
hasta el último vuelo de la última ala,
cuando la carne toda no sea carne, ni el alma
sea alma.
Es preciso querer. Yo ya lo sé. La quiero.
¡Es tan dura, tan tibia, tan clara!

Esta noche me falta.
Sube un violín desde la calle hasta mi cama.
Ayer miré dos niños que ante un escaparate
de maniquíes desnudos se peinaban.
El silbato del tren me preocupó tres años,
hoy sé que es una máquina.
Ningún adiós mejor que el de todos los días
a cada cosa, en cada instante, alta
la sangre iluminada.

Desamparada sangre, noche blanda,
tabaco del insomnio, triste cama.

Ya me voy a otra parte.
Y me llevo mi mano, que tanto escribe y habla.

4

LOS AMOROSOS

Los amorosos callan.
El amor es el silencio más fino,
el más tembloroso, el más insoportable.
Los amorosos buscan,
los amorosos son los que abandonan,
son los que cambian, los que olvidan.
Su corazón les dice que nunca han de encontrar,
no encuentran, buscan.

Los amorosos andan como locos
porque están solos, solos, solos,
entregándose, dándose a cada rato,
llorando porque no salvan al amor.

Les preocupa el amor. Los amorosos
viven al día, no pueden hacer más, no saben.
Siempre se están yendo,
siempre, hacia alguna parte.
Esperan,
no esperan nada, pero esperan.
Saben que nunca han de encontrar.
El amor es la prórroga perpetua,
siempre el paso siguiente, el otro, el otro.
Los amorosos son los insaciables,
los que siempre —¡qué bueno!— han de estar solos.

Los amorosos son la hidra del cuento.
Tienen serpientes en lugar de brazos.
Las venas del cuello se les hinchan
también como serpientes para asfixiarlos.
Los amorosos no pueden dormir
porque si se duermen se los comen los gusanos.

En la oscuridad abren los ojos
y les cae en ellos el espanto.

Encuentran alacranes bajo la sábana
y su cama flota como sobre un lago.

Los amorosos son locos, sólo locos,
sin Dios y sin diablo.

Los amorosos salen de sus cuevas
temblorosos, hambrientos,
a cazar fantasmas.
Se ríen de las gentes que lo saben todo,
de las que aman a perpetuidad, verídicamente,
de las que creen en el amor como en una lámpara de
     inagotable aceite.

Los amorosos juegan a coger el agua,
a tatuar el humo, a no irse.
Juegan el largo, el triste juego del amor.
Nadie ha de resignarse.
Dicen que nadie ha de resignarse.
Los amorosos se avergüenzan de toda conformación.

Vacíos, pero vacíos de una a otra costilla,
la muerte les fermenta detrás de los ojos,
y ellos caminan, lloran hasta la madrugada
en que trenes y gallos se despiden dolorosamente.

245

Les llega a veces un olor a tierra recién nacida,
a mujeres que duermen con la mano en el sexo, complacidas,
a arroyos de agua tierna y a cocinas.
Los amorosos se ponen a cantar entre labios
una canción no aprendida.
Y se van llorando, llorando
la hermosa vida.

5

Caprichos: Uno

La niña toca el piano
mientras un gato la mira.
En la pared hay un cuadro
con una flor amarilla.
La niña morena y flaca
le pega al piano y lo mira
mientras un duende le jala
las trenzas y la risa.
La niña y el piano siguen
en la casa vacía.

(La señal)

6

Qué alegre el día

¡Qué alegre el día, sucio, obscuro, lluvioso!
¡Qué alegres las azoteas con las ropas volando
en su sitio, desatándose, atadas,
diciéndole groserías, riendo con el viento!
¡Qué alegre el ruido amontonado en la calle
y el susto del rayo que cayó allí cerca
y los cláxones trepados uno encima del otro [51]
y la lluvia arreciando, apagándome el radio,
mojándome los pulmones, cerrando las ventanas!
¡Qué alegres yo, esa mosca,
la «Monina» ladrando,
las nubes tronando, el trueno, todo mundo!

---

[51] *cláxon* (o *kláxon*): bocina de automóvil.

¡Qué alegre el día de la ciudad idiota,
sin olor a tierra mojada, sin árboles liberados,
con el cemento cacarizo de viejas iglesias,
con sus gentes mojándose bajo los impermeables!
¡Qué alegre la ternura del sol atreviéndose,
haciéndoles caso a los del frío,
pegándose a las paredes como calcomanía!
¡Qué alegre el desventurado día sucio,
qué alegre sin más, qué alegre!

7

En este pueblo, Tarumba,
miro a todas las gentes todos los días.
Somos una familia de grillos.
Me canso.
Todo lo sé, lo adivino, lo siento.
Conozco los matrimonios, los adulterios,
las muertes.
Sé cuándo el poeta grillo quiere cantar,
cuándo bajan los zopilotes al mercado [52],
cuándo me voy a morir yo.
Sé quiénes, a qué horas, cómo lo hacen,
curarse en las cantinas,
besarse en los cines,
menstruar,
llorar, dormir, lavarse las manos.
Lo único que no sé es cuándo nos iremos,
Tarumba, por un subterráneo,
al mar.

(Tarumba)

8

Sobre los ojos, sobre el lomo, cae
como una bestia lenta,
pesa,
respira el agua,
se extiende en la cara de las cosas,
agobia.

---

[52] *zopilote*: aura, ave de rapiña.

Nace en el corazón del aire
y envejece en el tiempo,
tesoro de las piedras,
riñón del árbol,
casa de los ancianos,
trompeta de la muerte.
Animal disperso,
se congrega bajo el sol,
abre la tierra, chupa,
despelleja los ríos,
espanta a las hormigas,
duerme al gato,
y a ti te hace un nudo de víbora
o un huevo aplastado.
Este calor benigno, reparador del mundo,
te entierra a golpes, Tarumba-clavo.

9

Tu cuerpo está a mi lado

Tu cuerpo está a mi lado
fácil, dulce, callado.
Tu cabeza en mi pecho se arrepiente
con los ojos cerrados
y yo te miro y fumo
y acaricio tu pelo enamorado.
Esta mortal ternura con que callo
te está abrazando a ti mientras yo tengo
inmóviles mis brazos.
Mira mi cuerpo, el muslo
en que descansa tu cansancio,
tu blando seno oculto y apretado
y el bajo y suave respirar de tu vientre
sin mis labios.
Te digo a media voz
cosas que invento a cada rato
y me pongo de veras triste y solo
y te beso como si fueras tu retrato.
Tú, sin hablar, me miras
y te aprietas a mí y haces tu llanto
sin lágrimas, sin ojos, sin espanto.
Y yo vuelvo a fumar, mientras las cosas
se ponen a escuchar lo que no hablamos.

(Recuento de poemas)

10

CON LOS NERVIOS SALIÉNDOME DEL CUERPO

Con los nervios saliéndome del cuerpo como hilachas,
como las fibras de una escoba vieja,
y arrastrando en el suelo, jalando todavía
el fardo de mi alma,
cansado, todo, más que mis propias piernas,
hastiado de usar mi corazón del diario,
estoy sobre esta cama y a estas horas
esperando el derrumbe,
la inminente caída que ha de sepultarme.
(Hay que cerrar los ojos como para dormir
y no mover ni una hoja de tu cuerpo.
Esto puede ocurrir de un momento a otro
estarse quieto.
Pañuelos de aire giran lentamente,
sombras espesas rascan las paredes,
el cielo te chupa a través del techo.)

Mañana te has de levantar de nuevo
a caminar entre las gentes.
Y amarás el sol y el frío,
los automóviles, los trenes,
las casas de moda, y los establos,
las paredes a que se pegan los enamorados
al entrar la noche, como calcomanías,
los parques solitarios en que se pasean las desgracias
con la cabeza baja, y los sueños se sientan a descansar,
y algún novio la busca bajo la falda,
mientras la sirena de la ambulancia da la hora
de entrar a la fábrica de la muerte.
Amarás la milagrosa ciudad y en ella el campo soñado,
el río de las avenidas iluminadas por tanta gente que quiere lo mismo
las puertas de los bares abiertas, las sorpresas de las librerías,
el estanco de flores, los niños descalzos
que no quieren ser héroes de la miseria,
y las marquesinas, los anuncios,
la prisa de los que no tienen a dónde ir.
Amarás el asfalto y la buhardilla
y las bombas para el drenaje y las grúas
y los palacios y los hoteles de lujo
y el césped de las casas donde hay un perro guardián
y dos o tres gentes que también se van a morir.
Amarás los olores de las fritangas

que en la noche atraen como una luz a los hambrientos,
y tu cabeza se irá detrás del perfume
que alguna mujer deja en el aire como una boa suspendida.
Y amarás las ferias mecánicas
donde los pobres llegan al vértigo y a la risa,
y el zoológico, donde todos se sienten importantes,
y el hospital, donde el dolor hace más hermanos
que los que puede hacer la pobreza,
y las casas de cuna, y las guarderías en que juegan los niños,
y todos los lugares en que la ternura se asoma como un tallo
y las cosas todas te ponen a dar gracias.
Pasa tu mano sobre la piel de los muebles,
quita el polvo que has dejado caer sobre los espejos.
En todas partes hay semillas que quieren nacer.
(Como una escarlatina te va a brotar, de pronto, la vida.)

11

¿HASTA DÓNDE ENTRA EL CAMPO?

¿Hasta dónde entra el campo a la ciudad, de noche?
el aire de los cerros,
las estrellas, las nubes sigilosas?
Cuando las fábricas descansan
y los motores duermen como algunos hombres,
paso a paso, los árboles penetran a las calles macizas,
y el frío se extiende como una sábana de aire,
sube a las azoteas, se esconde en los zaguanes,
aquieta el agua de las fuentes.
La hojarasca, la ardilla, los rumores, la alfalfa,
los eucaliptos y los álamos, las legumbres adolescentes,
los insectos, el viento, hasta las sombras vienen
la limpiar la ciudad, a poseerla.
(Cuando llega la luz, el campo se retira
como un enamorado culpable y satisfecho.)

12

El mediodía en la calle, atropellando ángeles,
violento, desgarbado;
gentes envenenadas lentamente
por el trabajo, el aire, los motores;
árboles empeñados en recoger su sombra,
ríos domesticados, panteones y jardines
transmitiendo programas musicales.

¿Cuál hormiga soy yo de estas que piso?
¿qué palabra en vuelo me levanta?

«Lo mejor de la escuela es el recreo»,
dice Judit, y pienso:
¿cuándo la vida me dará un recreo?
¡Carajo! Estoy cansado. Necesito
morirme siquiera una semana.

(Yuria.)

13

Pétalos quemados,
viejo aroma que vuelve de repente,
un rostro amado, solo, entre las sombras,
algún cadáver de uno levantándose
del polvo, de alguna abandonada soledad
que estaba aquí en nosotros:
esta tarde tan triste, tan triste, tan triste.

Si te sacas los ojos y los lavas
en el agua purísima del llanto,
¿por qué no el corazón
ponerlo al aire, al sol, un rato?

14

Mi corazón nocturno se levanta
el sábado temprano
(tomar café, lavarse,
empezar el cigarro).
Hay ciertas cosas que he de hacer
según está dictado,
todo eso que se llama
el placer y el trabajo.
Escucho al barrendero allí en la calle
jalar vidrios y sueños y muchachos.
Llega el día friolento
sobre el lomo de un gato.
Y se avecina el trueno,
el cuchillo, el relámpago,
horas amotinadas,
motores a caballo,
gases subiendo
muertos escarpados,

neblinas escondidas
en algunos cuartos.
Todo es puntual y cierto
el lunes, digo el sábado.

(Maltiempo.)

15

LAS MONTAÑAS

En la finca de Orencio López, llamada El Carmen,
municipio de Ixhuatán, Chiapas, conocí las montañas [53].
Las montañas existen. Son una masa de árboles y de agua,
de una luz que se toca con los dedos,
y de algo más que todavía no existe.

Penetradas del aire más solemne,
nada como ellas para ser la tierra,
siglos de amor ensimismado, absorto
en la creación y muerte de sus hojas.

A punto de caer sobre los hombres,
milagro de equilibrio, permanecen
en su mismo lugar, caen hacia arriba,
dentro de sí, se abrazan, el cielo las sostiene,
les llega el día, la noche, los rumores,
pasan nubes, y ríos, y tormentas,
guardan sombras que crecen escondidas
entre bambúes líricos, dan el pecho
a limones increíbles, pastorean arbustos y zacates,
duermen de pie sobre su propio sueño
de madera, de leche, de humedades.

Aquí Dios se detuvo, se detiene,
se abstiene de sí mismo, se complace.

---

[53] *Chiapas*: estado de México, situado al sur del país.

16

Siempre pensé que caminar a oscuras
era lo normal.
Por debajo de puentes, de trenes subterráneos,
de mazorcas de piedra suspendidas
a la entrada de todos los abismos:
por debajo de ríos congelados,
de ciudades hundidas en el lodo
de la avalancha de los días purísimos;
a un lado de las vías que acostumbran los muertos,
por debajo de los lechos nupciales
y de los jardines en la niebla.

Atravesar la oscuridad, la espesa sombra
alrededor del cuerpo, para llegar a uno;
adivinarse próximo, cercano,
como una puerta abierta hacia un patio vacío.

Pero la luz llega de pronto,
una doncella con los dedos largos,
y te hunde los ojos en la cara,
te los destripa para hacer el vino
que bebe, lenta, todas las mañanas.

ROSARIO CASTELLANOS

(México, 1925; Tel-Aviv, 1974)

*Después de estudiar en Comitán, Chiapas, regresó a México en 1941. Allí obtuvo
el grado de Maestra en Filosofía en la Universidad Nacional; luego estudió estética y
estilística en Madrid. Trabajó en el Instituto de Ciencias y Artes en Tuxtla Gutiérrez,
en el Instituto Indigenista en México y en la Universidad Nacional, donde enseñó
en la Facultad de Filosofía y Letras. En 1954-1955 obtuvo una beca Rockefeller. Rosario Castellanos escribió importantes novelas poéticas, de fondo indigenista; también
publicó crítica, obras teatrales y varios extensos —y excelentes— poemas dramáticos
(Lamentación de Dido, Salomé, Judith). Murió a causa de un accidente cuando des-
empeñaba el puesto de Embajador de México en Israel.*

*Su poesía lírica se distingue, desde el principio, por un lenguaje llano y ajeno
a juegos verbales. En sus primeros libros representa diversas actitudes humanas —la
soledad, la desolación ante el amor ·perdido, un sentido de compenetración con el
mundo— mediante imágenes y escenas naturales. Enfoca detalles visuales que con-
figuran perfectamente el estado de ánimo (ver poemas 1 y 2), creando algunas obras
parecidas a la poesía de tipo tradicional.*

*El tema de lo indígena cobra importancia en Poemas; la civilización ancestral
mexicana evoca el tema de un mundo prístino perdido, pero también expresa el deseo
de preservar los valores del pasado y de sobreponerse a los efectos del tiempo. (Véase el poema 3, que subraya este deseo y el carácter arquetípico del ser humano.)
También se destacan en este libro la búsqueda de experiencias esenciales (poema 4)
y el valor de la poesía como modo de captarlas.*

*A partir de Al pie de la letra, aumenta el empleo de episodios anecdóticos y de
alusiones cotidianas. Igual que otros poetas de su generación, Rosario Castellanos
explota con éxito las posibilidades poéticas de lo ordinario. Enfoca detalles al parecer insignificantes y arranca de ellos un tema básico, como el de la vida pasajera
(poema 9); utiliza escenas y personajes anecdóticos para evocar temores y anhelos
universales (poemas 5 y 6). Sigue usando imágenes y cuadros naturales con sugerencias más profundas, pero ahora los particulariza más y los modifica mediante el tono
—a veces un tono juguetón. (Compárese el poema 8 con el 4). Todos estos rasgos
le permiten presentar su visión filosófica sin distanciarla de las experiencias de nuestro mundo y del lector. En el poema 9, por ejemplo, cada detalle añade a la presentación concreta del hablante y al mismo tiempo subraya su búsqueda de la trascendencia, que extiende el alcance de la obra. En el 10 la imagen del juego capta vívida
pero esquemáticamente una terrible relación entre dos seres humanos. En cuanto a
los temas de esta poesía reciente de Rosario Castellanos, adquiere más importancia
la relación entre individuos, y entre el individuo y su comunidad (la del presente y
la del pasado); también se destaca el valor de la memoria para sobreponerse al
tiempo.*

*La obra lírica de Rosario Castellanos no «llama la atención» por su ropaje ex-
terno; pero con su economía verbal, con su certeza de recursos y con su manera de
apuntar a significados filosóficos por medio de lo concreto, cumple muy bien algunos
de los propósitos más importantes de la poesía.*

OBRA POÉTICA:

Trayectoria del polvo. México, Talleres de Costa Amic, 1948.—*Apuntes para una declaración de fe.* México, América Revista Antológica, 1948 (2.ª ed., 1953).—*De la vigilia estéril.* México, América Revista Antológica, 1950.—*El rescate del mundo.* Tuxtla Gutiérrez, Departamento de Prensa y Turismo del Estado de Chiapas, 1952, 2.ª ed., junto con *Presentación al templo:* México, América Revista Antológica, 1952, 3.ª ed., 1953.—*Presentación al templo.* Madrid, 1951, 2.ª ed., con *El rescate...,* México, 1952.—*Poemas (1953-1955).* México, Colección Metáfora, 1957.—*Salomé y Judith (poemas dramáticos).* México, Ed. Jus, 1959.—*Al pie de la letra.* Xalapa, Ed. Veracruzana, 1960.—*Lívida luz.* México, U. N. A. M., 1960.—*Materia memorable.* México, U. N. A. M., 1969.—*Poesía no eres tú. Obra poética: 1948-1971.* Recoge casi todos los libros anteriores y añade nuevos poemas. México, Fondo de Cultura Económica, 1972.

BIBLIOGRAFÍA:

EMMANUEL CARBALLO: [Reseña de *Poemas (1953-1955).*] *México en la Cultura,* núm. 430, 16 junio 1951, pág. 2.—RAÚL LEIVA: *Imagen de la poesía mexicana contemporánea.* México, Imprenta Universitaria, 1959, págs. 333-341.—A. SILVA VILLA-LOBOS: «La poesía de Rosario Castellanos», *Nivel,* núm. 30 (1961), págs. 2 y 5.—RAMÓN XIRAU: *Poetas de México y España.* Madrid, Porrúa Turanzas, 1962, páginas 181-184.—JOSÉ EMILIO PACHECO: «Rosario Castellanos o la rotunda austeridad de la poesía», *Vida Literaria,* núm. 30 (1972), págs. 8-11.

①

ESTROFAS EN LA PLAYA II

Atardece en la playa. En el río madura
una profunda noche duplicada.

Sobre la arena late
—como una estrella viva y desgajada—
una hoguera que el viento apresura, clavándole
sus espuelas agudas y plateadas.

Yo, dividida, voy como entre dos orillas
entre el fuego y el agua:
mitad sangre, mordida de taciturnos peces
y mitad sangre rota de fiera llamarada.

(El rescate del mundo.)

2

ESPERANZA

Alguna vez te cansarás del mar,
de su furia bramando,
de la tierra con sed, del animal que aúlla
y del viento encerrado.
Y vendrás a buscarme como viene
la primavera al árbol.

(Presentación al templo.)

3

Esta tierra que piso
es la sábana amante de mis muertos.
Aquí, aquí vivieron, y, como yo, decían:
mi corazón no es mi corazón,
es la casa del fuego.
Y lanzaban su sangre como un potro vehemente
a que mordiera el viento
y alrededor de un árbol danzaban y bebían
canciones como un vino poderoso y eterno.

Ahora estoy aquí. Que nadie me salude
como a un recién llegado. Si camino así, torpe,
es porque voy palpando y voy reconociendo.
No llevo entre las manos más que una breve brasa
y un día para arder.
                    ¡Alegría! ¡Bailemos!
Quiero jurarlo aquí, amigos: otra vez
como la primavera
volveremos.

(Poemas, 1953-1955.)

4

Toda la primavera
ha venido a mi casa
en una flor pequeña
sólo flor y fragancia.

256

Yo rondo este perfume
como una enamorada,
voy y vengo buscando
loores, alabanzas.

Con el amor me crece
la ola de nostalgia.
¡Cómo serán los campos
en donde fue cortada!

5

VELADA DEL SAPO

Sentadito en la sombra
—solemne con tu bocio exoftálmico; cruel
(en apariencia, al menos, debido a la hinchazón
de los párpados); frío,
frío de repulsiva sangre fría.

Sentadito en la sombra miras arder la lámpara.

En torno de la luz hablamos y quizá
uno dice tu nombre.

(Es septiembre. Ha llovido.)

Como por el resorte de la sorpresa, saltas
y aquí estás ya, en medio de la conversación,
en el centro del grito.

¡Con qué miedo sentimos palpitar
el corazón desnudo
de la noche en el campo!

(Al pie de la letra.)

6

APORÍA DEL BAILARÍN

A Rodolfo Reyes Cortés

Agilísimo héroe:
tu cerviz no conoce este yugo de buey
con que la gravedad unce a los cuerpos.
En ti, exento, nacen,
surgen alas posibles.

257

17

Narciso adolescente.
La juventud se ha derramado en ti
cual generoso aceite
y te unge los muslos
y abrillanta el volumen de tu torso.

¿Qué buscas más allá
del movimiento puro y calculado,
del frenesí que agita el tirso de los números?
¿Qué convulsión orgiástica se enmascara en el orden?

Velocidad y ritmo
son deleitoso tránsito y no anhelado término.
Elevas la actitud
el gesto, el ademán,
hasta el más alto punto de la congelación.

Y la danza se cumple en el reposo.

Pues el oculto nombre
de la deidad que sirves, oh bailarín, es éste:
voluntad estatuaria.

7

Lo cotidiano

Para el amor no hay cielo, amor, sólo este día;
este cabello triste que se cae
cuando te estás peinando ante el espejo.
Esos túneles largos
que se atraviesan con jadeo y asfixia;
las paredes sin ojos,
el hueco que resuena
de alguna voz oculta y sin sentido.

Para el amor no hay tregua, amor. La noche
no se vuelve, de pronto, respirable.
Y cuando un astro rompe sus cadenas
y lo ves zigzaguear, loco, y perderse,
no por ello la ley suelta sus garfios.
El encuentro es a oscuras. En el beso se mezcla
el sabor de las lágrimas.
Y en el abrazo ciñes
el recuerdo de aquella orfandad, de aquella muerte.

(*Lívida luz.*)

QUINTA DE RECREO

A la tierra le es fácil florecer y se cubre
de excesivo verdor. Ramas ornamentales
—dobladas bajo el peso de su propia fragancia—
entran por las ventanas para anunciar una hora
tan joven que aún tiene el rocío en los párpados.

Habla el aire lenguaje de claridad y dice
noticias de países remotos. Ha tocado,
al pasar, los cabellos de la música.

Respetuoso, el sol monta guardia afuera
defendiendo de sí el sueño de los niños
que juegan con imágenes de agua.

Esta es la morada en que el día se despoja
de su armadura y sólo resplandece.

(Materia memorable.)

9

TOMA DE CONCIENCIA

A medianoche el centinela alerta
grita ¿quién vive? y alguien —yo, sí, yo,
no ese mudo de enfrente
debía responder por sí, por otros.

Pero apenas despierto y además
ignoro el santo y seña de los que hablan.

Malhumorada, irónica, levantando los hombros
como a quien no le importa, yo digo que no sé
sino que sobrevivo
a mínimas tragedias cotidianas:
la uña que se rompe, la mancha en el mantel,
el hilo de la media que se va,
el globo que se escapa de las manos de mi hijo.

Contemplo esto y no muero. Y no porque sea fuerte
sino porque no entiendo si lo que pasa es grave,

irreversible, significativo,
ni si de un modo misterioso estoy
atrapada en la red de los sucesos.

Pero la verdad es, que aún soñolienta,
me levanto, me baño, canturreo
pensando en otras cosas.
Y luego desayuno,
tranquila, sobriamente, leyendo la noticia
del viejo avaro al que sus asesinos
buscaron las monedas que escondía
(a puñaladas) dentro de su entraña.

No, me palpo y no siento la herida. Todavía
soy una mujer sola.

Bebo el café y mi mano
no tiembla cuando doy vuelta a la página
y allí, en un arrozal remoto, agazapado,
tiritando de frío y de terror
de un enemigo que también se esconde
y que también tirita,
encuentro a un hombre que es distinto a mí
por el color, por el idioma, pero
igual que el relámpago que ilumina este instante
en que él y su adversario, y yo, que no los veo,
estamos juntos, somos uno solo
y en nosotros respira el universo.

Amor mío, que a veces vienes a visitarme
y me estrechas la mano
o simplemente miras con piedad que envejezco,
no te sientas más próximo que aquel del arrozal
o del que un día lejano
(ya ni siquiera puedo decir dónde)
me dio a beber un sorbo de agua fresca
en jornada de sed y de intemperie.
Porque soy algo más ahora por fin lo sé,
que una persona, un cuerpo y la celda de un nombre.

Yo soy un ancho patio, una gran casa abierta:
yo soy una memoria.

Permaneces allí, imagen del que ha muerto,
rostro del que partió con la promesa
de volver, como flor entre los labios.

260

A mí, como a una hoguera en pleno campo,
se arriman en la noche los de mi tribu y otros
desconocidos y aun algunos animales
cuya inocencia guardo.

En medio de este corro de presencias
soy lo que soy: materia
que arde, que difunde calor y luz. Crepito
la respuesta gozosa: ¡viven todos!

(Materia memorable.)

10

AJEDREZ

Porque éramos amigos y, a ratos, nos amábamos;
quizá para añadir otro interés
a los muchos que ya nos obligaban
decidimos jugar juegos de inteligencia.

Pusimos un tablero enfrente de nosotros:
equitativo en piezas, en valores,
en posibilidad de movimientos.
Aprendimos las reglas, les juramos respeto
y empezó la partida.

Henos aquí, hace un siglo, sentados, meditando
encarnizadamente
cómo dar el zarpazo último que aniquile
de modo inapelable y, para siempre, al otro.

(Poesía no eres tú.)

MARCO ANTONIO MONTES DE OCA

(México, 1932)

Montes de Oca estudió en las Facultades de Leyes y de Filosofía y Letras de la Universidad Nacional; ha desempeñado varios oficios, trabajando en el Departamento editorial de la U. N. A. M. Su mayor dedicación es a su obra poética, que ha obtenido el reconocimiento de la crítica: Montes de Oca recibió el Premio Xavier Villaurrutia en 1959, el «Mazatlán» en 1966, y becas del Centro Mexicano de Escritores, del Colegio de México y de la Guggenheim Foundation.

Desde el principio, la poesía de Montes de Oca se destaca por su extraordinaria riqueza metafórica. Escenas naturales, experiencias personales y episodios ordinarios se recrean mediante una profusión de imágenes, ofreciendo un mundo no ordenado lógicamente pero repleto de sensaciones y correspondencias inesperadas. (La realidad inicial sirve principalmente de base a la experiencia sensorial, creada y captada por el lenguaje. Octavio Paz ha escrito que Montes de Oca «[troca] el desorden de la experiencia en brillantes organismos verbales».) Esta poesía puede ligarse con la de Pellicer en su afán de nombrar de nuevo la realidad, y con la de los surrealistas en su impulso de traspasar los límites de lo lógico y lo aparente para descubrir intuiciones más profundas. Ilustra además una gran ampliación del vocabulario poético —todo tipo de vocablo se emplea poéticamente, en asociaciones a menudo sorprendentes.

Detrás de esta obra late una creencia en el poder descubridor, renovador y preservador de la palabra (ver el número 4), ejemplificada muy bien en los poemas mismos. A veces el derroche de imágenes pudiera parecer exagerado; pero en últimas cuentas representa una aportación muy importante, que subraya el valor insustituible de la poesía.

En sus libros más recientes, Montes de Oca adopta una expresión más breve (ver el poema 7); el empleo más frecuente de objetos cotidianos, a veces con valor metafórico o simbólico; y también el uso de diversos tonos, incluso el irónico (ver el poema 8). A pesar de estos cambios la poesía de Montes de Oca revela una coherencia muy evidente, basada en el valor creador de la palabra y de la imagen.

OBRA POÉTICA:

Ruina de la infame Babilonia. México, Medio Siglo, 1953.—Contrapunto de la fe. México, Los Presentes, 1955.—Pliego de testimonios. México, Colección Metáfora, 1956.—Delante de la luz cantan los pájaros. México, Fondo de Cultura Económica, 1959. Incluye los libros anteriores más «Ofrendas y epitafios».—Cantos al sol que no se alcanza. México, Fondo de Cultura Económica, 1961.—Fundación del entusiasmo. México, U. N. A. M., 1963.—La parcela en el Edén. México, Ediciones Pájaro Cascabel, 1964.—Vendimia del juglar. México, Joaquín Mortiz, 1965.—Las fuentes legendarias. México, Joaquín Mortiz, 1966.—Autobiografía. México, Empresas Editoriales, 1967.—El corazón de la flauta. México, 1968.—Pedir el fuego. México, Joaquín Mortiz, 1968.—Poesía reunida (1953-1970). México, Fondo de Cultura Económica, 1971. Recoge toda la poesía anterior, refundiendo los poemas y cambiando el orden.

BIBLIOGRAFÍA:

LUIS ALBERTO SÁNCHEZ, MAURICIO DE LA SELVA, ALÍ CHUMACERO: «Tres opiniones sobre Montes de Oca», Nivel, núm. 29 (1961), págs. 1, 4 y 6.—RAMÓN XIRAU: Poetas *de México y España*. Madrid, Porrúa Turanzas, 1962, págs. 190-192.—OCTAVIO PAZ: *Poesía en movimiento* [antología]. México, Siglo Veintiuno Editores, 1966, páginas 26-27, 123.—CARLOS MONSIVÁIS: *La poesía mexicana del siglo XX* [antología]. México, Empresas Editoriales, 1966, págs. 69-70.—OCTAVIO PAZ: *Puertas al campo*. México, U. N. A. M., 1967, págs. 122-126.—J. G. BROTHERSTON: «Montes de Oca in the Light of the Revised Versions of 'Pliego de testimonios'», *Bulletin of Hispanic Studies*, XLIV (1967), págs. 28-40.—RAÚL LEIVA: «La poesía de Marco Antonio Montes de Oca», *Cuadernos Americanos*, núm. 6 (1969), págs. 174-193.—«Análisis de 'Poesía reunida'» [trabajos de A. Castro Leal, S. Elizondo y S. Reyes Nevares], *Vida Literaria*, núm. 15-16 (1971).—RAMÓN XIRAU: «Poesía reunida: presencia de milagro», *La Cultura en México*, núm. 483, 12 mayo 1971, pág. 6.—GORDON BROTHERSTON: «Marco Antonio Montes de Oca» and «The Splendor od This World», *Books Abroad*, XLV (1971), págs. 36-41.

1

LUZ EN RISTRE[54]

La creación está de pie,
su espíritu surge entre blancas dunas
y baña con hisopos inagotables,
los huertos oprimidos por la bota de pedernal
o la fría insolencia de la noche.
Los colores celestes, firmemente posados en los vitrales,
esponjan siluetas de santos;
un resorte de yeso alza sobre el piso miserable
sombras que bracean con angustioso denuedo.
Y llama el cuerno mágico a las creaturas gastadas en el dolor,
para que el vértigo maravilloso instaure su hora de resarcimiento
y la ceniza despierte animada en grises borbotones.
La única, espléndida, irresistible creación
está de pie como una osamenta enardecida
y sobrepasa todas las esclusas, toca en cada llama la puerta del incendio
y ensilla galaxias que un gran mago ha de montar,
cuando el espíritu patrulle por el alba
hasta encontrar los pilares del tiempo vivo.

2

DILUVIO CLARO

Para mi hija Mercedes

Soldada y rota en cien partes
La cadena de mariposas
Crece en el silo

[54] Todos los poemas de Montes de Oca proceden de *Poesía reunida*. El número 1 apareció primero en «Ofrendas y epitafios», los 2-4 en *Cantos al sol que no se alcanza*, los 5 y 6 en *Vendimia del juglar*, los 7 y 8 en *Pedir el fuego*.

Donde cada grano es una luciérnaga
Y donde las trenzas del arcoiris
Atrapan dardos de asfodelos.

La cadena de harina migratoria
Crece en pórticos de oro hipnotizado
Y sujeta en el primer escorzo
Que la madrugada pinta
A la tierra y a sus memorias de la infancia.

Así la hermosura gana a cuerpo limpio
Su intacta juventud eterna.

3

A MARCHAS FORZADAS

A Pedro Coronel

Bajo el óvalo de piel vieja que cubre tu rodilla,
la espiga, tan flexible como acero toledano,
en mil reverencias besa con la frente empenachada
el surco de abonos instantáneos.
Se rompen los árboles bajo su carga de perlas matinales,
el alba canta sobre nuestras perplejidades sin fondo
y el apogeo inmortal de las transformaciones
mece los espíritus entre las ondas del vino.

Bebamos, pues:
confundámonos entre la selva de triángulos que suelta el fecundo calei-
[doscopio;
responda nuestra voz a la invitación del paraíso
con una reverberación extrema
y un campo de vidrios cortados.
Andemos el camino que se precipita y hierve
dentro de la olla blanca del volcán;
busquemos lo eterno en poco tiempo,
en menos de lo que canta un gallo,
en mucho menos de lo que una jacaranda necesita [55]
para ser despojada con un solo tijeretazo del verano.

[55] *jacarandá*: planta bignoniácea de la América tropical.

SE AGRIETA EL LABIO, NACE LA PALABRA

Para mi gran amigo Arturo González Cosío

Se agrieta el labio nace la palabra
Surge un otoño de hojas verdes y perpetuas
Aquí es allá el norte ya no existe
Vamos en viaje todos
La isla avienta contra el aire su ancla milenaria

Solas se dicen las palabras
Pálidos rubíes que manan de la plena bonanza
Arados de luz sobre las aguas
Unitarias palabras semejantes
A una selva que se vuelve un árbol
Un mismo árbol creciendo
Como un solitario y fabuloso perchero para pájaros

Hay que apilarlas como pesos de fuego
Pagar con ellas por el milagro que conceden
o echarlas a volar como una baraja de cantáridas
Bajo la piel de ciertos ciegos

Se agrieta el labio nace la palabra
Viajamos por una ventana erizada de sonrisas
El castor hunde su diente minucioso en pilares de ceniza
Caminan las palabras por la calle torturada
Que va desde la garganta hasta el infinito
Marchan las palabras en perfecta disciplina
Hacia la gorjeante emboscada de sí mismas

Ellas nos comunican o nos matan
Denodadas palabras
Llaves maestras de los pechos
Que también abren la caja fuerte y porosa de las piedras
Ellas nos comunican o nos matan
Y suben por la noche los tejados
En que autómatas orean sus camisas de lámina

Se agrieta el labio nace la palabra
El cielo agita su collar sonoro sus brazaletes de campanas
Corremos montados en el ciervo que perseguimos
Aquí es allá
Traspasamos la estallante hornaza

Que mueve rizos de mármol en la cornisa
Hemos llegado
Por una rendija en el misterio
Al corazón de la palabra hemos llegado

5

CORTE TRANSVERSAL DE LA MAÑANA

Desde los arcos de mármol
La dardeante mañana es lanzada
Hacia la comba que el cóndor no perfora.
Dos palmeras, al erguirse,
Rompen el puente verde que formaban;
El camino se despeja,
Abre la materia sus jaulas
Y las danzantes semillas de los átomos escapan.

Bajo el arco del pie
Desfilan ondulantes pedrerías,
Rezos al vuelo enrojecidos de alegría
Porque al fin encuentran labios que los digan.

¡Cuánta abundancia sin esculpir!
¡Con razón el cristal se piramida
E inventa un bosque de columnas cegadoras!
Se ven las aguas virginales
A conocer qué se siente
Al correr bajo los puentes de la gloria.

Arden allá lejos los metales.
Con locura nueva se deslizan
Entre combustibles de ignición inaplazable
Y elementos que ardorosamente se deslíen
Bajo la humilde erupción de su homenaje.

6

MUCHACHA CON SANDÍA

Enmetalados serafines que se incendian
Al contacto de la atmósfera;
Días en que yo temblaba
Porque ninguna gota del torrente se me cayera del regazo;
Agua en andas
Y torres de bolas de nieve

Prodigiosamente equilibradas en un dedo;
Días de cuando nacieron corales
Escupiendo sangre sobre los manteles enterrados;
Días urgidos de serenidad y de cabellos blancos
Y de columnas idas a pique
En las fauces de un verano inabarcable;
Agua en llamas que te entrego,
Legiones de alhelíes que recibes en mi nombre
porque le caes bien a mi destino,
Muy bien a mis guitarras de colores,
Claramente mejor a esa abierta sandía
Tachonada de negras balas
Y grande como el corazón de una nave,
Y que yo te doy para que ablandes el paso
Y te detengas donde la suerte da sus parabienes
A este juglar que te invita a partir la lisa piedra verde,
Esa sandía en cuyo extremo cuelga el mundo
Como una sombra más de nuestros besos.

7

SÍ Y NO

Sentada en el filo de nopales
Mi alma se pregunta qué pregunta.
No sé por qué se ensimisma tanto
Ni qué le arde desde tan temprano;
Quizá sea algún murmullo no visible,
O el recuerdo de un lugar
En que los pájaros ríen y las dalias también.
Ya el estío perdió su candor.
Un viento grande me blinda el oído
Y a duras penas
Cruelmente me consuelo
Dándole de palos a los nardos.
Algo sordo me cae desde la cornisa.
Por mera casualidad
Oigo otra vez
El olvidado fragor de la belleza.

8

POEMA DE LA NUEVA MANO

Dejo mi mano en el llamador de la puerta,
Otra me saldrá, otra nueva que odie consumir la vida

Llamando a puertas clausuradas, a pechos que no se abren
Cuando el ébano azulea en las trastiendas del año
Y otra mano acaricia piafantes espectros
En que la muerte viaja
A cumplir consignas fijas sin volver el rostro.
Pero... ¿qué significan mis manos
Cuando los andamios odian ser izados
Y la realidad arde fuera de mí
Y en los hoteles se tejen vestidos para fábulas
Y una muchedumbre de avispas recibe el amanecer
Con golosas banderas diminutas?
¿Qué significan los significados cuando el hombre nocturno
Rompe contra su pecho las miradas de Minerva,
Pidiendo un poco de fuego embotellado, alguna lámpara,
Mas no para leer jeroglíficos fúnebres, sino al fuego mismo,
A su levadura dorada que nos alza
Sobre el ruido de sirenas trasatlánticas,
Sobre los tambores donde retumba una alta hemorragia de manzanas
Y sobre la confusión de quienes nada dicen ni nada escuchan?
Ah, yo me niego a pertenecer a una civilización
En cuyas aldeas, que ya no vuelan, se implantan reconditeces sin diamante,
Hospitales donde los zapatos entran en súbita agonía
Y donde todo posible equilibrio es sólo una conspiración de peces rotos.
Por eso he dejado mi mano en el llamador de la puerta
Esperando que otra me salga en el camino,
Acaso más torpe si más bondadosa,
Más dada a la caricia que a la manipulación;
Más diestra que siniestra,
No tan diestra que impida el crecimiento de reinos cultivados al amanecer
Y fomente ortigas en floreros de barro
O máscaras de musgo que invadan la lengua
O puñales de azúcar a la medida de cada poro,
De cada espacio en que el muñón se desparrama dentro del guante
Para crear su nueva herramienta: la nueva mano
Que aprenda a deslizarse entre la nata venenosa y el agua estancada,
Lista ya para componer los huesos azules del campanario
Y dar forma a las huellas que la gaviota estampa en el aire.

March 14 : 1, 4, 5

JUAN BAÑUELOS

(Tuxtla Gutiérrez, Chiapas, 1932)

Vino de joven a la capital, donde estudió en las Facultades de Filosofía y Letras y Derecho de la Universidad, y donde trabaja en una editorial. Bañuelos se da a conocer como poeta en 1960 con la aparición de La espiga amotinada, *presentación colectiva de cinco jóvenes que compartían una visión de la poesía. Como sus compañeros, Bañuelos relaciona el acto poético con el deseo de mejorar la sociedad; atribuye al poeta una función a la vez social y profética. (En eso los poetas de* La espiga amotinada *recuerdan la actitud tomada antes por el grupo de Taller, y se sitúan en una línea diferente de la que representarían, por ejemplo, Montes de Oca y Aridjis.) Pero igual que sus compañeros, Bañuelos se salva de caer en un arte propagandístico o de subordinar la creación poética al mensaje. El asunto social se expresa en su obra no como serie de conceptos, sino como conjunto de sentimientos y experiencias captados en el lenguaje. Muchos de sus poemas crean el sentido de la vacuidad y la falta de propósito de la vida y de la ciudad moderna (véase el poema 1), y también del aislamiento del ser humano. El amor aparece como un esfuerzo —a veces un esfuerzo fallido, a veces desesperado— de librarse del sinsentido y de la incomunicación (ver poemas 5 y 6).*

Bañuelos se vale de un lenguaje más cotidiano que el de Montes de Oca o Aridjis. En sus primeros libros tiende al poema largo y al verso libre de mayor extensión, aunque también escribe sonetos bien formados. Adopta a menudo un tono enfático. Alude generalmente a la realidad cotidiana; pero ésta no se presenta anecdóticamente, sino adquiere valor metafórico —los objetos descritos encarnan la actitud subjetiva del hablante (poemas 1 y 2). Así el tema algo romántico de la desilución, de la tragedia de vivir en una época agonizante, cobra realidad en el poema.

La realidad cotidiana se emplea de modo parecido en Espejo humeante; *un objeto o una acción física representa a menudo una actitud subjetiva (poemas 3, 4 y 5). Pero la expresión se concentra, los objetos y su valor metafórico se enfocan con mayor precisión, y el tono se hace menos declarativo. Esto produce poemas excelentes, en los que la desilución ante la esterilidad de la vida, el anhelo de superarla y la resignación surgen de los cuadros concretos.*

OBRA POÉTICA:

Puertas del mundo. En *La espiga amotinada* [poemas de Bañuelos, O. Oliva, J. A. Shelley, E. Zepeda y J. Labastida]. México, Fondo de Cultura Económica, 1960. Contiene prólogos de los poetas y una presentación de Agustí Bartra.—*Escribo en las paredes.* En *Ocupación de la palabra; nuevos poemas de «La espiga amotinada».* México, Fondo de Cultura Económica, 1965.—*Espejo humeante.* México, Joaquín Mortiz, 1968.

BIBLIOGRAFÍA:

FEDERICO ALVAREZ: [Reseña de *Ocupación de la palabra.] Revista de Bellas Artes,* núm. 3 (1965), págs. 91-95.—PORFIRIO MARTÍNEZ PEÑALOSA: *Los cinco poetas de La Espiga Amotinada.* México, Instituto Cultural Mexicano Israelí, 1966, págs. 3-8.—OCTAVIO PAZ: *Poesía en movimiento.* México, Siglo Veintiuno Editores, 1966, páginas 28-30.—ISABEL FRAIRE: «La autenticidad de Juan Bañuelos», *La Cultura en México,* núm. 369, 12 marzo 1969, pág. 9.

1

Sala de cine

Este día huele a lienzo menstrual de adolescente,
  a cosa bien sabida, a níspero y a juncia derramada.
Este día no es más que aquella hormiga lenta
  que rodeaba los restos de un grillo.
Vienen ráfagas de espigas mutiladas desde una oscura
  panadería, viene el diente de yeso amarillento
  del tracoma, y viene una estopa de sol con un cencerro.
Y es que a veces, tal vez por ser tan tarde y desusadamente gris,
  se mojan las yemas de los dedos
  de cierta blancura de alcatraz.
Hoy entré en un cine y vi gotear el tiempo a través
  de rostros ciegos.
Y pregunté por ti, y pregunté por mí, por el tendero y por
  el que me alzó la voz cuando llegué tarde al trabajo.
Y nadie estaba entonces en la esquina esperando mi encuentro.
Es triste saber que nadie lo espera a uno en ninguna parte.
  Sin embargo, sé bien que todos nos aguardan en una alta
  estación, en los talleres de música solar, en los antiguos
  parques y en los mercados que huelen a mandarinas
  de la temporada.
En esta ciudad no hay pájaros como en mi tierra.
A cada cinco calles de aceite o gasolina nos inundamos de lobos,
  nos acuchilla el humo y la basura
  y se desciende a los infiernos en cada paso a desnivel.
Un día, en mi ciudad de flamboyanes, masqué la soledad
  y solapadamente me puse piel de noche.
México me recibió sin arboledas. Y no hubo un río donde
  lavar mi herida.
Comí desprecio y un fétido pescado
  en los largos Comederos para Ciegos.
  Detrás de mucha gente, el tiempo y yo sostuvimos
  una pesada charola:
Palpé con mi nuevo bastón sepulturero quién iba a mi lado,
        quién me oía, quién, afligido, me decía
  «coma usted, compañero».
Y no eran sombras y no eran sombras.
  Lo supe, y desde entonces se me abrió este dolor
  como los ojos de pequeño.
Tal vez esta manera de incendiar la amplia sala de cine
  con los harapos de tantos en mis ojos, no sea sino
  sólo una forma como llevo el mundo y el amor que le tengo.
Mas esperen,
  que traigo una piedra intensa de sollozo

y voy a romper la pantalla para que entre la vida,
para que venga el disco que lanzó el Oriente
contra el rostro de sombras,
Para que vengan, también, el maíz y la paz a nuestras puertas.

(Escribo en las paredes)

2

Con la lluvia y su sonido pálido de helechos

La ballena es sólo el sueño de un náufrago.
Mas yo no hablo del mar. Lo que sueña es la lluvia.

Con espasmo de esponja
La luz se apaga mientras llueve,
El tiempo duerme mientras llueve,
Mientras llueve la arena es un jinete
Sobre las huellas que dejamos;
Caen de pronto las ventanas
Con los rostros olvidados en ellas hace tiempo.
No hay sino el galope y la herradura
De la tierra mojada y las hormigas,
La boca triste de la tarde
Dejada como un guante sobre el hielo,
La cáscara sin nadie y lo que pasa
Sino la espuma y las escamas de esta tarde
Vestida ferozmente,
Cuando entre tumbo y tumbo se astillan las palabras
Y el deseo atropella los huesos y la carne.

Qué tenaz me destrozo mientras llueve,
Porque lluevo tan hondo y sin remedio
Que no soy más que este edificio
Que se desploma a ratos
Cuando cierro los ojos
Y soy husmeado, sin piedad, por el hocico
De todo lo que llueve.

Y evidente es que llueve.
Y es la tarde. Y es lluvia.
Y llueve y llueve y llueve.

3
ESTO ES LA OTRA PARTE

Quiero escribir voces. Que estamos,
que hundimos la mano en un muro
áspero e idéntico a su sombra.
Vamos a alcanzar al primer
terror incendiado que calla
en el corazón de aquellos
que en los duros años han amado,
y que, ferozmente, beben
el tósigo torpe y el tedio.
He visto partir al combate
diario, inapreciables momentos
que guarda la vida
detrás de una puerta fatigada.
Y después, han sido los puentes
de sombra que unen (perseguidos),
lo que han separado los días.
Volvemos, sumisos, a entregarnos,
a meter la mano en el bolsillo,
a encoger los hombros,
a empezar a amar como si fuera
la primera vez, a darnos confianza,
a pesar los días como madera muerta.
Y entre puente y puente
avanza el olvido.
Lo profundo busca
su máscara altiva.
No importa la muerte. Vivimos.

(Espejo humeante)

4
EL MAPA

He mirado la patria largamente.
Se le nota tristeza hasta en el mapa.
Las personas mayores nos explican
que es libre, sin acecho atentísimo de zarpas.
Y a punto estuve de quedarme ciego
porque a la patria la oscurecen llagas,
la pisan botas, se le cierran puertas:
necesaria prisión con calles vigiladas.

Con el sudor de todos levantamos la espera,
pues no hay dolor que dure lo que dura una mancha.
Que sabemos de noches, de sentencias, amigos,
pero también sabemos que llega la mañana.
Despertemos, seamos el metal derretido,
lo que quiera la sed, la tierra trabajada,
lo que quieran las piedras, la sencillez del huerto,
lo que pidan las llamas,
en fin —al fin— la piel abierta en surco.

He visto largamente el mapa.
Pensé en mis hijos. Duele. Y eran todos los niños.
Fui deletreando el nombre de la patria
mientras buscaba dónde, dónde poner los ojos.
Y recordé de pronto algo que sangra:
Mexicano de tierra ensalinada,
desollado haraposo,
comedor de la noche y de las hojas,
catástrofe de costa a costa,
ando buscando a un pueblo,
      ando buscando a un pueblo.
           Habla.

5

CONVERSACIONES

Empuñaduras, cornisas
letales de la fiebre
nos hacen
compactos, cotidianos,
hasta en el exterminio.
Como el día,
como un año va en busca del que sigue
y la semana invita al mes
para el olvido,
habitantes de líquidas sortijas,
no dormimos,
gastamos tiempo y muerte en el deseo,
propagamos el único latido
que hace importante al mundo.
Después callamos,
pequeños propietarios del silencio,
y hay un idioma pegado a nuestro cuerpo.
Salen a recibirnos
puertas, y tantos apellidos

273

de la impudicia espléndida.
Vienen
sombreros, medias, pechos de amantes que aprendieron
antes que tú
y yo
conversaciones desterradas
en el escalofrío.
Aquí te quiero, pues,
como un vaso en la mano,
como abanico o luna,
para morderme a ciegas o enterrarte
en una piedra transparente.
Aquí te quiero, pues,
para poner en ti una herradura
amarga de placer.
Aquí,
carnívora a la hora
del alma,
cenicero de olvido
para dejar mi genital ceniza
(y ya eres sombra y huella y agua
permanente).
Sin embargo,
tal vez no pueda asirte,
quizás mi torpe movimiento
se apague a cada instante,
y dentro del follaje de una lágrima
quiera gritar «ya basta».
Cómo nos cuesta
cambiar de piel, de nombre, de camisa y de espejo,
saber
que es paulatina la cuchara de todo lo que vive.
Y yo quiero decir
que aquí estoy condenado
a ser dichoso entre tus muslos
como un rayo pudriéndose en un tronco.

Cómo nos cuesta
cambiar de piel, de nombre.

El préstamo del día pesa en todo.

6

ARIADNA [56]

Como sombra pegada contra el muro.
Andante, al ritmo
de una oscura muchacha partiendo en dos la llama,
subiendo sangre y ojos por el humo del año,
del día, de ti,
de mí,
con niebla de palomas
en el quiosco de la melancolía,
oh amante, alhaja permanente en el sonido
de una pata de garza anochecida,
pistilo y anca,
pasajera de hojas en el tobillo del otoño,
pregúntale, sacude al que vivió en mí
do va, do está, si vive o qué se ha hecho.

Que diga
con qué lento martillo
quebró la roca y alargó
su territorio de gemidos,
por qué este tambor de arena en la memoria
y esa gavilla de cenizas
que silba en los herbajes de dulzura.
Oh, ven,
desciende poco a poco por la herida
donde le están pegando (no sé quiénes)
a un clavo espeso, frío,
desde que yo nací.
Mueve la embarcación de mi cansancio,
dame una patria abandonada,
acércame el hilo que tú sabes
para salir del Laberinto.

Amor, estrofa inacabable,
una pestaña tuya basta
para mover el mundo.

[56] *Ariadna* (mitología): hija de Minos, que se enamoró de Teseo y le dio un ovillo
de hilo que le permitió encontrar la salida del Laberinto después de matar al Mino-
tauro.

GABRIEL ZAID

(Monterrey, Nuevo León, 1934)

Además de poemas en prosa y en verso, Zaid ha escrito perspicaces ensayos acerca de la poesía y de poetas modernos (algunos se recogen en Leer poesía *y* La máquina de cantar). *Revela una firme creencia en el valor fundamental de la poesía, en su importancia como modo de captar experiencias humanas de manera concreta, sin reducirlas a abstracciones conceptuales. En cierto sentido su visión recuerda la de los poetas de los años 20, aunque subraya más la experiencia personal comunicada por el lenguaje poético y la necesidad de que todo esfuerzo formal produzca tal experiencia. Y señala una confianza renovada en el valor insustituible de la poesía que puede notarse en los poetas de su generación. (Aridjis, Pacheco y Montes de Oca, aunque de maneras bien diferentes, comparten esta confianza.)*

Un asunto común a la poesía de Zaid es la búsqueda de una belleza básica, una búsqueda a veces nostálgica de los valores poéticos de las cosas. A menudo se siente un conflicto entre lo poético anhelado y la realidad pedestre, práctica, del mundo moderno. Este tema, con muchas variaciones, se presenta en obras de expresión muy concentrada y precisa. Zaid tiene el don de enfocar un detalle (suprimiendo todo fondo anecdótico), de modificarlo o de convertirlo en imagen, y de captar así una experiencia básica. Nótese cómo lo que pudiera haber sido una anécdota se hace la experiencia de un ambiente en los poemas 2 y 6. A menudo, Zaid se vale de imágenes visuales precisas, evitando toda vaguedad y cualquier procedimiento visionario; emplea versos cortos, especialmente heptasílabos. Algunos poemas suyos, por su concentración e intensidad, recuerdan el Cántico de Guillén; otros nos hacen pensar en la poesía de tipo tradicional (ver el 3 y el 5, en los que el hablante proyecta una actitud básica). A veces —no muy a menudo— la imagen no se logra, y el poema no cuaja.

En otros poemas, Zaid adopta un enfoque diferente: se vale de la ironía, contraponiendo visiones elevadas a realidades prosaicas, y destacando la manera en que éstas representan una pérdida de la belleza (véanse los poemas 4, 9 y tal vez 8). En estos poemas se nota el manejo muy diestro del tono y el empleo de hablantes y perspectivas ajustadas al efecto creado. A veces un juego de conceptos subraya también la experiencia.

A pesar de la diferencia de tono entre diversos poemas de Zaid, su obra tiene una evidente unidad. La caracterizan su estilo concentrado, su dominio de la imagen y del vocablo, la ausencia de lo onírico y lo visionario, asimismo como el tema de la búsqueda de realidades poéticas en nuestro mundo. Partiendo de una visión y un fondo románticos, los mejores poemas de Zaid expresan sus significados en un lenguaje perfectamente controlado que los reproduce en el lector y los salva del sentimentalismo.

OBRA POÉTICA:

Fábula de Narciso y Ariadna. México, 1958.—*Seguimiento.* México, Fondo de Cultura Económica, 1964.—*Campo nudista.* México, Joaquín Mortiz, 1969.—*Práctica mortal.* México, Fondo de Cultura Económica, 1973. En este tomo se recogen muchos poemas de los dos anteriores, a veces en versiones algo diferentes, y se añaden obras nuevas.

Los poemas 2 y 3 de mi selección proceden de *Seguimiento,* y no aparecen en *Práctica mortal;* todos los demás vienen de *Práctica mortal.* De éstos, el 1, el 4 y el 5 habían aparecido antes en *Seguimiento* (el 1 en forma algo diferente), y los números 6-10 en *Campo nudista*.

BIBLIOGRAFÍA:

SALVADOR REYES NEVARES: [Reseña de Seguimiento.] *La Cultura en México*, número 156, 10 febrero 1965, pág. 15.—ISABEL FRAIRE: «La lucidez de Gabriel Zaid», *La Cultura en México*, núm. 395, 3 septiembre 1969, pág. 13.

1

NACIMIENTO DE VENUS

Así surges del agua,
                    clarísima,
y tus largos cabellos son del mar todavía,
y los vientos te empujan, las olas te conducen,
como el amanecer, por olas, serenísima.

Así todo se aclara, como el amanecer,
y se vuelve palpable el misterio del día.

2

PLAZA LABRADA

La piedra, con dureza
de hermandad verdadera,
deja en el aire al aire,
ya no es perfil de piedra.

Ya es un ámbito vivo,
espacio por su cuenta.

3

LEJOS

Lejos mi corazón,
lejos mi vida
y el verano en sazón.

Estaba el cielo abierto
y era una cerrazón
de luz, ardida y seca
sobre mi corazón.

277

4

TUMULTO

Me empiezan a desbordar los acontecimientos
(quizá es eso)
y necesito tiempo para reflexionar
(quizá es eso).

Se ha desplomado el mundo.
Toca el Apocalipsis.
Suena el despertador.

Los muertos salen de sus tumbas,
mas yo prefiero estar muerto.

5

CANCIÓN

En unos ojos abiertos,
olvidado, me di alcance.
Hoy me esquivan y no sé
ni perderme, ni encontrarme.

6

ASOLADOR

León de sol, fiera suelta
rugiendo en los portales.
Angustia de la siesta.
En la plaza no hay nadie.

Las sombras de un mal sueño,
clavadas como árboles,
quieren huir: no pueden,
o gritar: no les sale.

7

OLEAJES

El sol estalla:
                    se derrumba
a refrescarse en tu alegría.
Revientan olas de tu pecho.
Yo me baño en tu risa.

Olas altas y soles
de playas apartadas.
Tu risa es la Creación,
feliz de ser amada.

8

ALUCINACIONES

Él vió pasar por ella sus fantasmas.
Ella se estremeció de ver en él sus fantasmas.

El no quería perseguir sus fantasmas.
Ella quería creer en sus fantasmas.

Montó en ella, corrió tras sus fantasmas.
Ella lloró por sus fantasmas.

9

MAIDENFORM [57]

Barquilla pensativa,
recostada en su lecho,
amarrada a la orilla
del sueño.

Sueña que es desatada,
que alza velas henchidas,
que se desata el viento
que desata las vidas.

---

[57] *Maidenform*: marca de sostenes para señoras. Los anuncios de esta marca solían describir a una mujer que soñaba estar en diversos sitios llevando el sostén «Maidenform».

10

RÁFAGAS

La muerte lleva el mundo a su molino.

Aspas de sol entre los nubarrones
hacían el campo insólito,
presagiaban el fin del mundo.

Giraban margaritas
de ráfagas de risa
en la oscuridad de tu garganta.

Tus dientes imperfectos
desnudaban sus pétalos
como diste a la lluvia tus pechos.

Giró la falda pesadísima
como una fronda que exprimiste,
como un árbol pesado de memoria
después de la lluvia.

Olía a cabello tu cabello.

Estabas empapada. Te reías,
mientras yo deseaba tus huesos
blancos como una carcajada
sobre el incierto fin del mundo.

11

GACELA

Cobijando tu alegría
bajo la sorpresa de la lluvia,
en el refugio precario,
feliz a la vuelta del sol;
en la tierra como en el cielo
de tus ojos inteligentes,
animal prodigioso,
quiero ser real para siempre.

JOSE EMILIO PACHECO

(México, 1939)

Pacheco estudió Derecho y Filosofía y Letras en la Universidad Nacional. Ha publicado numerosas obras de ficción, que revelan una gran maestría en el empleo de varios puntos de vista para dar significado a episodios ordinarios. También ha escrito crítica literaria muy perspicaz, además de traducciones y de varias obras de teatro; y ha editado dos excelentes antologías. Conocedor profundo de las letras occidentales, ha viajado al extranjero, donde ha enseñado literatura. Ha sido redactor de varias revistas literarias.

Una visión melancólica domina la poesía de Pacheco. El fluir del tiempo, la falta de la permanencia y del progreso, la pérdida de los valores y poderes humanos son sus temas preferentes. Sus primeros dos libros de poesía ya se distinguen por el empleo muy logrado de la imagen. En ellos Pacheco a menudo empieza enfocando una escena natural, la transforma, y hace que esta escena, un proceso natural o un episodio sugiera una visión esencial (ver poemas 1-4, 6 y 7). Las imágenes, las personificaciones, los vocablos escogidos, el ritmo y el encabalgamiento sirven para crear una experiencia básica en el lector. Pacheco elimina los detalles anecdóticos, escoge vocablos que subrayan el efecto subjetivo de la escena y la convierte en una especie de «correlato objetivo» de un estado de ánimo. Domina perfectamente la versificación, a menudo muy regular (tiende al endecasílabo y al heptasílabo, que a veces parecen esconderse en versos cortados). Mediante todo este proceso artístico de seleccionar elementos y de recrear efectos subjetivos, logra presentar visiones absolutas sin reducirlas a mensajes. En su segundo libro, El reposo del fuego, la imagen y el cuadro visual se concentran y se estrecha la relación entre la escena natural y el asunto humano. Los temas de la función del hombre y de la poesía adquieren mayor importancia. (El tomo se organiza cuidadosamente en tres partes de 15 poemas cada una, y se basa en la imagen central del fuego.)

El mismo tema del tiempo y de la desintegración que éste causa continúa en No me preguntes cómo pasa el tiempo. Ahora se subraya más el sentimiento de destrucción y de decadencia, y surgen relaciones entre el tema general y episodios o sitios de nuestra época (poemas 9 y 10). Aparece una mayor variedad de tonos y de perspectivas. (El poema 11 ilustra el empleo combinado de una imagen común, de alusiones modernas y de un tono irónico cuidadosamente controlado.) Aunque estos poemas puedan parecer menos convencionalmente «líricos» que los de libros anteriores, representan una manera más compleja y tal vez aún más lograda de engendrar los temas de Pacheco.

En Irás y no volverás Pacheco trata los mismos temas con una riqueza aún mayor de enfoques y de recursos estilísticos. En el poema 13 contrapone las imágenes de la primera parte a la alusión moderna de la segunda para representar un mundo destruido y destructor. En todo este libro el tema de la destrucción en el tiempo se relaciona con fenómenos negativos de la época y engendra visiones de la realidad en descomposición; surge la impresión de un mundo y un hombre venidos a menos, reducidos a parodias o a versiones insignificantes de sí. A veces —como en el poema 14— una viñeta y una alusión moderna se hacen metáforas, tal vez hasta alegorías de nuestra situación. El tono del libro varía de la ironía a la expresión elegíaca, y a veces cambia dentro del mismo poema; aparecen diversos hablantes diferentes. Se emplean con eficacia alusiones literarias y nuevas versiones de asuntos históricos. (Este libro, igual que los anteriores, contiene excelentes versiones de poemas extran-

jeros.) Todos estos recursos extienden el don de Pacheco de crear experiencias por medio de la imagen y del lenguaje.

Indudablemente, es demasiado temprano para formar una idea general de la poesía de Pacheco y de su generación: pero pudiera sugerirse que la combinación de maestría artística y preocupación con visiones esenciales por una parte, y de atención a circunstancias históricas y a la situación de nuestro mundo por otra, representan una característica de la mejor poesía de la época.

OBRA POÉTICA:

Los elementos de la noche. México, U. N. A. M., 1963.—*El reposo del fuego.* México, Fondo de Cultura Económica, 1966.—*No me preguntes cómo pasa el tiempo.* México, Joaquín Mortiz, 1969.—*Irás y no volverás.* México, Fondo de Cultura Económica, 1973.

BIBLIOGRAFÍA:

ROSARIO CASTELLANOS: «José Emilio Pacheco», *Nivel*, núm. 28 (1961), págs. 1 y 6.—JOSÉ CÁRDENAS PEÑA: «Resumen poético de José Emilio Pacheco», *Revista Mexicana de Cultura,* núm. 844, 2 junio 1963, págs. 8-9.—RAÚL LEIVA: «Influencias en la poesía de José Emilio Pacheco», *Diorama de la Cultura,* 30 junio 1963, pág. 4.— RAMÓN XIRAU: [Reseña de *Los elementos de la noche.*] *Universidad de México,* XVII, núm. 12 (1963), pág. 30.—GABRIEL ZAID: [Reseña de *El reposo del fuego.*] *Revista de Bellas Artes,* núm. 8 (1966), pág. 89.—JULIO ORTEGA: «Lo permanente es lo anacrónico», *La Cultura en México,* núm. 399, 1 octubre 1969, págs. 9-10.—DAVID HUERTA: «Bajo el signo de la concesión», *La Cultura en México,* núm. 617, 5 diciembre 1973, págs. 11-12.—LEWIS H. RUBMAN: «A Sample of José Emilio Pacheco», *Romance Notes,* XIII (1972), págs. 432-440.

1

MAR QUE AMANECE

Navegando en el alba
el gran mar solo
incendia lo que toca.
Pero la espuma
alza su sed de nube; libertada
de sonidos y abismos
cava siglos
en algún cuerpo verde;
da raíces
al camino del río
y en la arena
viene a dormir su sueño de piragua.

Islas,
duras imágenes que la noche ha vencido;
árboles o murallas de las fuentes marinas.
Faros, lentas plegarias, astros del arrecife,
pequeño día de llamas por la sombra del buque.

Atrás, las grandes olas
—devoradas, nacientes, salvajes o vencidas—
como pobres miradas del mar ciego que busca
el final de su cuerpo.

Pero la luz ya nace de su término.
El sol fuegorredondo, el sol desenterrado
lázaro cotidiano, vuelve los ojos, brilla
—alta sílaba roja, estación calcinada.

Inunda el día su sangre
—como el mar baña el tiempo—
y una joven —señora de su leve presencia—
cubre su rostro de agua, llena su cuerpo de agua,
se deshace en el agua
—frágil jardín, océano que su voz hace eterno.

Día, mar que amanece,
espuma, isla, muchacha,
gloria ya derramada, a la deriva, rota,
todo brilla y se muere, todo zarpa del tiempo.

También el mar nocturno
bajo la sal ha muerto.

March 16: 4, 8, 9, 10   *(Los elementos de la noche)*

2

CASIDA

Alrededor del alba
despiertan las campanas,
sonoro temporal que se difunde
y suena
en las últimas bóvedas
de la noche, en el aire
que la luz ha pulido
con su árida resaca.
Dulce motín, paloma de un instante,
ave que zarpa en llamas y regresa.
Milagro, día deshecho
que recoge el silencio.

3

Cierra los ojos, mar.
Que tu mirada
se vuelva hacia la noche,
honda y extensa
—como otro mar de espumas
y de piedras.

4

Sangre y humo alimentan las hogueras.
Nada mella el fulgor. Y las montañas
reblandecen los siglos, se incorporan,
desbaratan su ritmo, son de nuevo
piedra,
      mudez de piedra,
             testimonio
de que nada hubo aquí; de que los hombres
como piedra también
               se tornan viento.
Ser de viento espectral, ya sin aullido,
aunque busque su fin, aunque ya nada
pueda retroceder. El tiempo es polvo;
sólo la tierra da su fruto amargo,
el feroz remolino que suspende
cuanto el hombre erigió. Quedan las flores
y su orgullo de círculo, tan necias
que intentan renacer, darse al aroma
y nuevamente en piedra revertirse.

(El reposo del fuego)

5

Acida incertidumbre que devora
los confines del aire
mientras toco
—con avidez de urna—
tu memoria.
Y es septiembre en el aire hoja quemada
de un árbol que no está
mas permanece
en el viejo sabor ya empalagoso
de mala suerte al fin.
      Y recomienzo.

6

Y a mitad de la tarde los objetos
imponen su misterio, se apaciguan,
y al seguirnos mirando nos permiten
huir antes que avancen y se adueñen
de todo el universo
                  —cuando el hombre,
si se deja vencer,
                será un objeto
inmóvil ya
           y en manos de las cosas.

7

Hoy, esta tarde, me reúno a solas
con todo lo perdido y sin embargo
lo futuro también.

                Y mientras pasa
la hora junto a mí
              va oscureciendo:
en un fuego de nadie se confunden
luz y noche, pasado que no ha muerto,
o ese instante sin nadie que recorren
la ociosidad viscosa de la araña,
la mosca y su hociquito devastador.
Entre el ave y su canto fluye el cielo.
Fluye, sí, está fluyendo, todo fluye:
el camino que lentan los mañanas,
los planetas errantes, calcinados,
que cumplen su condena desgastándose
al hendir sin reposo las tinieblas.

8

Es HOGUERA el poema
                y no perdura

Hoja
   al
      viento
también
también tristísima
Inmóvil
   ya

de pronto
          hasta que el fuego
renazca en su interior
        cada
        poema
epitafio del fuego
            cárcel
            llama
hasta caer en el silencio en llamas
Hoja al viento
          tristísima
              la hoguera.

9

SER SIN ESTAR [58]

(agosto, 1968)

Te preguntas
si entre tantos desastres que no esperabas
mecanismos cuyo admirable funcionamiento desconoces
gérmenes afilados que fermentan
para matar al mundo
hombres que luchan por borrar al hombre
no serás ya un fantasma
o el último vestigio de un fantasma
o la sombra
de una especie extinguida
que interrumpe
con la mirada absorta e implorante
la abyecta procesión del matadero

*(No me preguntes cómo pasa
el tiempo)*

10

ÎLE SAINT-LOUIS [59]

Desde el balcón
el Pont de la Tournelle

[58] Ver la Introducción, pág. 29.
[59] *Île Saint-Louis*: pequeña isla en el río Sena, en medio de París. *Pont de la Tournelle*: puente que liga esta isla con la ribera izquierda.

Una muchacha se detiene y mira

Fluye el Sena
Desgarrado un instante por la isla
corre al encuentro de sus mismas aguas

Aguas de musgo verde
verdes aguas
con el verdor
de miles de veranos

La muchacha se aleja
se extravía
se pierde de mis ojos
para siempre

Arde la misma rosa en cada rosa
El agua es simultánea y sucesiva
El futuro ha pasado
El tiempo nace
de alguna eternidad que se deshiela

LEONES

Como los cortesanos de Luis XV
huelen mal
y veneran la apariencia.

Viven de su pasada gloria, el estruendo
que en pantallas crecientes
les dio el cine.

Reyes en el exilio
no parecen
odiar el cautiverio.

Traen el *show* en la sangre.
Son glotones,
mantenidos y ociosos
que consumen
la proletaria carne del caballo

(otra vida de esfuerzos que termina
arrojada a los leones.)

12

1968 (I)

Un mundo se deshace
nace un mundo
las tinieblas nos cercan
pero la luz llamea
todo se quiebra y hunde
y todo brilla
cómo era lo que fue
cómo está siendo
ya todo se perdió
todo se gana
no hay esperanza
hay vida y
todo es nuestro

13

IDILIO

Con aire de fatiga entraba el mar
en el desfiladero
       El viento helado
dispersaba la nieve de las montañas
Y tú
     parecías un poco de primavera
anticipo
      de la vida bullente bajo los hielos
calor
    de su corteza ensangrentada
Me enseñaste los nombres de las aves
la edad
     de los pinos inconsolables
la hora
     en que suben y bajan las mareas

En la diafanidad de la mañana
se borraban las penas
        la nostalgia
del extranjero
     el rumor
de guerras y desastres

El mundo
        volvía a ser un jardín
que repoblaban
           los primeros fantasmas
una página en blanco
             una vasija
en donde sólo cupo
           aquel instante

El mar latía
        En tus ojos
se anulaban los siglos
           la miseria
que llamamos historia
          el horror
que agazapan su insidia en el futuro
Y el viento
        era otra vez la libertad
que el hombre
ha intentado apresar en las banderas

Como un tañido funerario entró
hasta el bosque un olor de muerte
Las aguas
        se mancharon de lodo y de veneno
Y los guardias
        llegaron a ahuyentarnos
porque sin darnos cuenta pisábamos
el terreno prohibido
        de la fábrica atroz
en que elaboran
        defoliador y gas paralizante

(Irás y no volverás)

289

19

14

Pez

Para la red
       para el arpón
            naciste
Para anzuelos
        asfixias
            y sartenes
Inficionamos por usura tu mar
Ahora te haces justicia
envenenándonos

15

Adiós, Canadá

El olor de madera mojada
La playa en la mañana y sus troncos
La arena gris que en el volcán ha sido llama y catástrofe
El sol de niebla
La montaña de musgo
Islas y su alarmada población de gaviotas
El peso de la nieve que hace visible la caída del tiempo
Un jardín de cristal bajo los fuegos de la lluvia nocturna
serán acaso en la memoria tu olvido
un arcón de marchitas postales
y mapas que se rompen de viejos
necia basura que roba el aire a la existencia: el recuerdo
Pero tu nombre tendrá el rostro o la sombra
de esa muchacha a la que dije adiós para siempre

16

A la que murió en el mar

El tiempo *que destruye todas las cosas*
ya nada puede contra tu hermosura
muchacha

Ya tienes para siempre veintidós años
Ya eres peces
        corales
             musgo marino
las olas que iluminan la tierra entera

17

ESCRITO CON TINTA ROJA

La poesía es la sombra de la memoria
pero será materia del olvido
No la estela exigida en plena selva
para durar entre sus corrupciones
sino la hierba que estremece el prado
por un instante
y luego es polvo
brizna
menos que nada ante el eterno viento.

HOMERO ARIDJIS

(Contepec, Michoacán, 1940)

Aridjis ha trabajado en el periodismo: fundó la revista Correspondencias *y fue jefe de redacción de* Diálogos. *Ha colaborado también en muchas otras revistas, incluso* Pájaro Cascabel, El Corno Emplumado *y la* Revista de Bellas Artes. *Obtuvo el premio Xavier Villaurrutia en 1964 (por* Mirándola dormir), *una beca del Centro Mexicano de Escritores en 1959-1960, y otra de la Fundación Guggenheim en 1966-1967.*

El tema del amor se destaca en la poesía de Aridjis, en la que abundan metáforas y visiones que reflejan emociones producidas por la unión amorosa. Pero el amor y la búsqueda de la amada se relacionan con un asunto más general, el de la búsqueda de valores trascendentes, no limitados por la realidad física y por el tiempo (véanse los poemas 3 y 4). Esto ya se discierne en Antes del reino, *donde el amor y la amada adquieren proporciones cósmicas. Aridjis emplea versos de amplia extensión y series de metáforas, muchas de ellas visionarias —éstas se juntan para concretizar una actitud subjetiva. Maneja cuidadosamente el lenguaje, valiéndose del paralelismo, de la anáfora y de la ordenación sintáctica para trabar sus imágenes dentro de la unidad del poema. Así subraya la coherencia de la experiencia creada.*

En Los espacios azules *sigue destacándose la búsqueda de significados trascendentes. Disminuye la importancia del tema amoroso; ahora se subrayan las posibilidades poéticas de la realidad natural, y también el papel que juega la poesía en descubrir valores esenciales. La expresión se concentra —cada vocablo y cada imagen cobra mayor impacto, y Aridjis tiende a construir el poema alrededor de una imagen central, sea ésta visual (poema 8) o visionaria (poema 5). En* Ajedrez-Navegaciones *vuelve a subrayarse el amor (*Navegaciones *se centra en una sola experiencia amorosa), siempre relacionado con la lucha contra el tiempo y contra las limitaciones de la vida. Abundan en este libro los poemas en prosa, siempre escritos con gran dominio formal y ordenados por medio de recursos sintácticos, de frases paralelas y plurimembraciones, de imágenes, y hasta de la tipografía.*

La poesía de Aridjis pudiera calificarse de neorromántica. No sólo los temas de la búsqueda de la trascendencia y de la lucha contra el tiempo, sino también el énfasis puesto en los sentimientos y en experiencias subjetivas determinan su nota romántica. Pero lo que da valor a esta poesía es su manera de hallar varias formas de objetivizar sus temas y sus sentimientos, de salvarlos del sentimentalismo. De manera algo parecida a la de Vicente Aleixandre, Aridjis combina la imagen, los procedimientos visionarios, y un empleo flexible pero muy controlado de la sintaxis y del verso para dar concreción a su mundo poético.

Detrás de la poesía de Aridjis se discierne la creencia, compartida por sus compañeros de generación, en el acto poético como vehículo para descubrir y captar valores insustituibles. Su obra ilustra muy bien la tendencia a subrayar la unicidad y la trascendencia de la poesía que he comentado antes (ver la Introducción).

Obra poética:

La musa roja. México, 1958.—*Los ojos desdoblados.* México, La Palabra, 1960.—*La difícil ceremonia.* México, Ediciones Pájaro Cascabel, 1963.—*Antes del reino.* México, Ediciones Era, 1963.—*Mirándola dormir.* México, Joaquín Mortiz, 1964.— *Los espacios azules.* México, Joaquín Mortiz, 1968.—*Ajedrez-Navegaciones.* México, Siglo Veintiuno Editores, 1969.

BIBLIOGRAFÍA:

MAURICIO DE LA SELVA: [Reseña de *Antes del reino.*] *Cuadernos Americanos,* CLXXXIII, núm. 2 (1964), págs. 286-287.—GUSTAVO SÁINZ: «Un joven poeta...», *México en la Cultura,* núm. 794, 7 junio 1964, pág. 9.—ARMANDO ZÁRATE: «Dos libros de Homero Aridjis», *La Cultura en México,* núm. 123, 24 junio 1964, pág. 18.— OCTAVIO PAZ: *Poesía en movimiento.* México, Siglo Veintiuno Editores, 1966, páginas 26-28.—RAMÓN XIRAU: «La poesía de Homero Aridjis...» [reseña de *Ajedrez-Navegaciones*], *La Cultura en México,* núm. 398, 24 septiembre 1969, págs. 11-12.— CARMEN GALINDO: «Poemas eróticos de Homero Aridjis», *La Cultura en México,* núm. 496, 11 agosto 1971, pág. 13.

Mar 22: 1, 3, 6, 10

(1)

Y todas las cosas que a mi amor contemplaban
el sonido y la lluvia   los parques y la imagen
se asomaron en ella

Y todos los seres que en el tiempo eran árboles
abrieron sus pestañas a los frutos del día
y el sol fue su mirada reencontrada en el mar

Y era un verano de diamante y de polvo
despierto al borde de la noche dormida
y creció entre la luz y la sombra trenzada

Creció sin detenerse y miré la Vía Láctea
perdido entre las negras mariposas fugaces
y las bocas llamando como rojas campanas

Creció con el amante en verde silencio
vestido de destinos cabalgando las horas
y breves arco iris espontáneos y breves

Y mis manos pudieron ser aire de sus manos
y en medio de la fábula descubrí nuevas fábulas
y el cuerpo de su risa emergiendo del aire

Y tocamos el musgo de sus aguas inmóviles
y sentimos los ojos redondear las palabras
y volamos muy libres adentro de los pájaros

(Antes del reino)

2

Cuando la sombra duerme   su cuerpo se ilumina

Su rostro reflejado atraviesa cristales
y finalmente se instala en todo brillo

Sus dedos trenzan en el aire
los bellos frutos de los días de mayo

Muda en la respiración muda de las cosas
la voz de una mujer pasa buscándola

Desnuda en el esplendor irreparable
sus ojos se abren como un río
de luz y de sonido

3

Te amo ahí contra el muro destruído
contra la ciudad y contra el sol y contra el viento
contra lo otro que yo amo y se ha quedado
como un guerrero entrampado en los recuerdos

Te amo contra tus ojos que se apagan
y sufren adentro esta superficie vana
y sospechan venganzas
y muertes por desolación o por fastidio

Te amo más allá de puertas y esquinas
de trenes que se han ido sin llevarnos
de amigos que se hundieron ascendiendo
ventanas periódicos y estrellas

Te amo contra tu alegría y tu regreso
contra el dolor que astilla tus seres más amados
contra lo que puede ser y lo que fuiste
ceremonia nocturna por lugares fantásticos

Te amo contra la noche y el verano
contra la luz y tu semejanza silenciosa
contra el mar y septiembre y los labios que te expresan
contra el humo invencible de los muertos

4

Más allá de las columnas sonrientes
que nos hacen un guiño de fracaso
de las frases en corrupción
que nos pertenecieron como ademán definitivo
para los cuerpos innombrables

más allá de lo cotidiano y las alcobas
de lo merecido y lo casual
del riesgo de resbalar vencidos por el aire

contra la realidad de sabernos momentáneos
contra la finitud obligatoria del contacto
contra el vacío y la intemperie
que nos hace padecer todo universo
aún hay seres que pueden encontrarse

contra la misma redondez de sus caricias
y contra el silencio largo de las calles
por donde transitan sus fantasmas
de otra mirada y otro espacio

como diciéndose lo que nunca se dirían
como llenando cauces para siempre secretos
como aplazando el tiempo en su propia morada

más allá de sentirse y de tenerse
de la separación y del abrazo
de la desnudez y la semejanza
aún hay seres que pueden encontrarse

más allá del estallido de sombras explosivas
de los pájaros-luz en los que vuelan
de palabras y nieblas y palabras
de las columnas sonrientes
que nos hacen un guiño de fracaso

5

Ángeles se sientan en la luz

entre la mirada y lo mirado
iluminan sin ser vistos

dejan en lo azul
una huella muy clara

295

y en los árboles
un fruto abierto

engendran en los ojos
un ser parecido al sueño

y en el corazón una dicha
parecida a ellos mismos

(Los espacios azules)

6

El caballo que viene como fuego
el caballo   música de chispas
bebedor de distancia   relámpago murado

el caballo
fantasma o sol del instante que acaba

el caballo que vuela sobre el suelo

el caballo que arde
en la velocidad ritual de la animalia

el sol lo encuentra corriendo por el alba
ágil como un poema

7

La altura arde
opresión y desnudez inmensas suben del bajo aire

la carne tiembla
el instante abre en las sienes el mundo revelado

como una llama
el alma de lo vivo en luces se propaga

desnudamente
todo el amor en los ojos de lo puro quema

296

8

Entre las gotas de la lluvia
la hoja que ha tirado el viento
reina en el suelo
rodeada de otras menos verdes
que juntan su color deshojándose
en su frescura   algo de su temblor
se mece todavía en la rama

9

Más rápido que el pensamiento va la imagen
subiendo en espiral en torno   adentro de tu cuerpo
como savia o túnica o hiedra de sonidos

Más rápido que el día va tu mirada
arrinconando horas y dejando ecos
nidos y palabras de la creación meciéndose

Más rápido que la imagen va la imagen
que te busca en el abismo de la luz que es sombra
y te halla visible en lo invisible
como alguien que viviendo brilla

Atrás y adelante del tiempo va la imagen
Adentro de la imagen va otra imagen
Más rápido que la velocidad va el pensamiento

10

así se concentra para el sueño el deseo   así el
otro ser se abre para que lo imaginario atraviese sus días
sobre la tierra   así la mujer recibe al hombre y el hombre no la distingue de sí mismo

pues se ve su escalofrío sobre lo verde y han here-
dado el dolor y lo transmiten y la voluntad de ser y la
transmiten y en su abrazo crean una bestia o algo sin
tiempo que era suyo

pues la máxima fantasía es la vida y un Dios cada
día más grande en su corazón impide que el infierno y
la muerte entren a ellos

(Ajedrez-Navegaciones)

11

y la luz entra al hombre por un instante lateral de
la hora   y ella se acerca a la escalera del día tan des-
ganadamente que parece que desde antes de subirla ya
estuviera cansada

y nuestras cabezas como sauces despeinados dan a
la mañana que las atraviesa silencio   y hacia atrás
van los días ruinosos como un haz sin fin de intempe-
ries toleradas   y nos vemos vivos otra vez como larvas
que viven sobre rocas lavadas por los rápidos y se sostienen por discos de succión o anclas de seda para no
ser arrastradas por el agua   y descubrimos nuestros
cuerpos como parajes quietos entre las corrientes torrenciales   y el poema llega frente aquel que mezcla alma
y cuerpo y asiste al nacimiento de un color e inhala y
respira un Dios

pues el día no tiene puertas

humo azul   tiempo quemado

12

Aquí entre barcas
y olor a tierra húmeda
y torsos de muchachas
y cuerpos de marineros viejos
flacos por el calor del trópico
y muerte súbita
y olas hacia el infinito
ya nada te piensa ni recobra
las gaviotas que a veces se aproximan
parece que transportan soles y lunas
de una lentitud mortal imperturbable

la vida se hace más difícil
lo natural de ayer se vuelve un fardo extraño
y la multitud ociosa
vagando por los muelles
es un largo luto
y acaso ya herida no morirá nunca

y yo
aún te veo

mientras oigo en mi corazón
como en un viento confuso de muchas lenguas
noticias de amores y de hombres
que se deshacen en la lejanía

INDICE